출판 27년 차 베테랑이 알려주는
팔리는 책쓰기의 모든 것

팔리는 책쓰기
망하는 책쓰기

기획과 마인드 편

출판 27년 차 베테랑이 알려주는 팔리는 책쓰기의 모든 것

팔리는 책쓰기 망하는 책쓰기_기획과 마인드 편

초판 1쇄 인쇄 2021년 9월 27일
초판 1쇄 발행 2021년 10월 5일

지은이 장치혁(레오짱)

대표 장선희 **총괄** 이영철
기획편집 이소정, 정시아
마케팅 최의범, 조히라, 강주영, 이정태
디자인 최아영 **표지 디자인** 박진범(공중정원)

펴낸곳 서사원 **출판등록** 제2018-000296호
주소 서울시 마포구 월드컵북로400 문화콘텐츠센터 5층 22호
전화 02-898-8778 **팩스** 02-6008-1673
이메일 cr@seosawon.com
블로그 blog.naver.com/seosawon
페이스북 www.facebook.com/seosawon
인스타그램 www.instagram.com/seosawon

ⓒ장치혁, 2021

ISBN 979-11-6822-000-3 03190

서사원은 독자 여러분의 책에 관한 아이디어와 원고 투고를 설레는 마음으로 기다리고 있습니다.
책으로 엮기를 원하는 아이디어가 있으신 분은 이메일 cr@seosawon.com으로
간단한 개요와 취지, 연락처 등을 보내주세요. 고민을 멈추고 실행해보세요. 꿈이 이루어집니다.

망하는 책쓰기

팔리는 책쓰기

출판 27년 차 베테랑이 알려주는
팔리는 책쓰기의 모든 것

장치혁(레오짱) 지음
기획과 마인드 편

서사원

프롤로그

이 책을 쓰게 된 동기

저는 27년간 수많은 저자분들의 책을 기획, 편집, 홍보 마케팅 해드렸습니다. 그중 11권의 책은 제가 직접 기획하고 집필하여 제 이름으로 출간했고요. 직접 기획한 번역서도 2권 냈습니다. 제가 직접 쓰고 기획한 책 13권은 모두 하나도 예외 없이 베스트셀러가 되었습니다(승률 100%). 제가 담당했던 '남의 책들'까지 전부 베스트셀러가 되었다고는 말씀드릴 수 없어요. 어떤 책들은 기대 이상의 성적을 거뒀고, 어떤 책들은 기대보다 못 미쳤죠. 모든 저자들이 다 제 마음 같이 행동하시진 않기 때문에 어쩔 수 없는 부분이라고 생각합니다. 하지만 자신 있게 말씀드릴 수 있는 건, 제가 직접 쓰고 기획 번역한 책들만큼은 하나도 빠짐없이 모두 베스트셀러로 만들었다는 겁니다.

첫 번째 책, 두 번째 책이었던《나비효과 영문법》《나비효과 KEY20》은 모두 영어 분야 베스트셀러 1위를 차지했습니다. 세 번째 책이었던《우주에서 제일 쉬운 영어책》은 영어 분야 1위는 물론 종합 베스트셀러 10위권에도 진입했습니다. 이어 낸《우주에서 제일 쉬운 영어회화》(상, 하)도 베스트셀러가 됐고요.《스티브 잡스 세상을 바꾼 명연설》도 종합 베스트셀러가 됐습니다.《스티브 잡스 마법의 명언》《오프라 윈프리 마법의 명언》책들 역시 분야 베스트셀러 1~2위를 다투게 만들었습니다.《한토막 논어》《한토막 명심보감》《한토막 손자병법》은 모 서점 종합 베스트셀러 1위를 3권이 동시에 차지하는 기염까지 토했습니다.《88연승의 비밀》《스토리텔링 연습》은 제가 직접 기획해 번역한 책들인데 역시나 베스트셀러가 되었고 지금도 꾸준하게 팔리는 스테디셀러로 자리잡았습니다. 제가 직접 집필한 11권과 기획 번역한 2권을 합쳐 총 13권 모두 베스트셀러를 만든 셈입니다.

그것을 알고 여러 초보 저자분들께서 제게 부탁해 오셨어요. "어떻게 하면 팔리는 책을 쓸 수 있나요?" 하고요. 그분들이 제게 요청한 건 '단순히 원고를 쓰는' 수준이나 단순히 '나도 책을 출간했다'는 차원을 넘어선 것이었습니다. '팔리는 책을 효율적으로 쓰고 잘 파는 방법'까지 물어오셨죠. 그분들의 간곡한 부탁을 받고 방법을 알려드리려 2019년 하반기에 오프라인 수업을 열었습니다. 그러다 우연히 다른 분들이 책쓰기 교육을 하고 있는 현장 이야기를 많은 수강생들을 통해 자세히 전해 듣게 됐죠. 아뿔사! 그 얘길 듣고 제가 완전히 뒤집어졌답니다. 이 판이 완전히 복마전이었습니다.

이 책을 쓰게 된 동기는 단순합니다. "27년간 출판계에서 제가 경험하고 배운 바른 노하우를 제대로 알려드리자!" "혹세무민 하는 사기질이 아니라 책을 쓰고 홍보하는 바른 방법을 똑바로 알려드리자"는 것이었습니다. 저는 단지

'평범한 책을 쓰는 방법'을 알려드리려고 이 책을 쓴 건 아닙니다. '이왕 쓰시는 원고가 널리 사랑받는 책이 되도록 만드는 방법'을 알려드리고 싶었습니다. 그리고 책을 쓰는 가장 효율적인 방법과 바뀐 이 시대에 홍보마케팅하는 방법까지도요.

제가 이 2권의 책에 걸쳐 알려드리는 노하우를 터득하시면 다른 데서 최소 1년 이상씩 걸리는 책쓰기를 단 2개월 만에 끝낼 수 있습니다. 10개월 앞당겨 드리는 셈이죠. 또한 제 노하우를 공부하시면 '확실히 팔리는 책'으로 만들 수 있습니다.

이 책의 핵심 콘셉트 요약

이 책에서 제가 계속 힘주어 주장하는 사항은? "단 하나의 콘셉트로 단순하고 강력하게 써라"는 것입니다. 그런 의미에서 이 책 자체도 한 줄로 요약해 볼까요? 이 책은 '출판 27년 차 베테랑이 알려주는 팔리는 책쓰기의 모든 것'을 알려주는 책입니다. 더 짧게 요약하면? '팔리는 책을 가장 빠르게 쓰게 해주는 가이드북'이죠.

추가적인 홍보 문구를 뽑아본다면 어떻게 쓸 수 있을까요? '기획에서 집필, 계약, 홍보마케팅까지 2권으로 나눠야 할 정도로 끝장 디테일로 설명한 책쓰기 바이블 같은 책!' 정도로 묘사할 수 있겠네요. 책쓰기 노하우 도서 중에 2권으로 낸 것은 최초일 겁니다. 그만큼 자세하게 모든 것을 담았습니다.

어떤 분들을 위해서 쓴 책인가요?

이 책의 첫 번째 핵심 독자는 '책을 한 번도 써본 적 없는 예비 저자들' 입니다. 어떤 분들의 니즈가 가장 높을까요? 제가 직접 겪어본 바로는 '퍼스널 브랜딩 목적으로 책을 내려는 강사분들과 프리랜서들'입니다. 두 번째 핵심 독자는? '장차 커리어 독립을 준비하고 있는 직장인들'입니다. 여기에는 프리랜서로서의 삶을 준비하는 경단녀들, 취업 준비자들과 이직 준비자들도 포함됩니다.

확산 독자들로는 누굴 잡았을까요? 첫 번째 확산 독자는 현재나 과거에 '책을 준비 중이지만 절대 탈고가 되지 않는 사람들'입니다. 방향성을 못 찾고 있어서 그럴 수도 있고, 자신감이 부족해서일 수도 있죠. 두 번째 확산 독자는 '책을 내본 적은 있으나 히트한 적 없는 사람들'입니다. 이들의 문제는 콘셉트력 부족, 기획력 부족, 구성력 부족, 출판 문법에 대한 이해 부족 등입니다. 이렇게 네 그룹의 분들을 염두에 두며 눈앞에서 말 걸듯이 이 책을 썼습니다.

어떻게 구성했나요

최대한 쉽게 풀어 썼습니다. 제가 비밀로 간직했던 기밀사항들까지 하나도 남김없이 보따리를 다 풀어드렸습니다. 할 수 있는 한 최대한 쉬운 비유에 빗대어 쓰고자 했고요. 옆집 친구에게 얘기해주듯이 친근하고 다정하게 썼습니다. 그게 제 본성에 잘 어울려서요. 저는 태생적으로 딱딱하고 엄숙하게 얘기하는 걸 싫어한답니다.

최대한 많은 사례를 들어 생생하게 설명해드리고자 했습니다. "아이들은 예시를 통해 배운다"는 아인슈타인의 원칙에 충실하고자 한 거죠. 단순히 테크닉적인 정보를 제공하지 않고 예비 저자들을 위로하는 코너를 군데군데 넣었습니다. 책을 쓰는 예비 저자가 장차 부딪힐 심리적 어려움을 너무나 잘 알고 있기에 마인드적인 지침까지 많이 드리려 했습니다.

책은 크게 3부로 구성했습니다. 1권에 해당하는 1부와 2부는 〈마인드와 기본기 편〉입니다. 2권의 1부(3부에 해당함)는 〈실전 테크닉 편〉입니다.

1권 1부. WHY

'1장 책을 쓰면 뭐가 좋아요?' 편에서는 여러분이 미처 모르고 있던 책의 놀라운 효용과 활용법을 일깨워 드립니다. '2장 책으로 역전승한 사람들' 편에서는 책을 써서 인생역전 급 성취를 일군 제 주변인들의 이야기와 노하우를 알려드립니다. '3장 망하는 책쓰기의 7가지 원인' 편에서는 여러분의 책쓰기가 왜 망하게 되는지를 7대 병증 진단을 통해 짚어 드립니다.

1권 2부. WHAT

'1장 팔리는 책쓰기의 7가지 대원칙' 편에서는 어떻게 하면 팔리는 책쓰기를 할 수 있는지 그 기본을 알려드립니다. '2장 분야별 책쓰기 비법' 편에서는 책 콘셉팅의 기본과 코로나 이후의 출판 트렌드, 분야별 책쓰기 방법들을 가이드해드립니다. 단순한 일기 수준을 넘어서는 상업적으로

흥하는 책쓰기 방법을 알려드리는 코너도 마련했습니다. 특히 '4장 절대 지지 않는 책 기획 시크릿 9가지' 편에서는 그동안 저만의 일급 비밀이었던 기획 비법 보따리를 정말 큰마음 먹고 다 공개해드립니다. 아울러 저의 트레이드 마크 중 하나인 '새벽 글감옥' 기법의 상세 노하우를 전수해드리는 시간을 기대해주세요. 마지막으로 책쓰기에 필연적으로 따라오는 '슬럼프를 극복하는 마인드 강화법'도 많은 위로가 되실 겁니다.

2권 4단계의 HOW

4가지 단계의 HOW를 다루는 2권은 그야말로 책쓰기의 실습 단계입니다. 철저히 실용적으로 썼습니다. HOW 1편은 탐험가가 되어 떠나는 단계입니다. 콘셉트를 잡고 목차를 짜는 법, 와다다 초벌 요점 쓰는 법을 안내해드리고 실습까지 함께합니다. HOW 2편에서는 과학자가 되어 실험하는 단계입니다. 원고를 늘여쓰고, 다듬어 쓰는 노하우를 전수합니다. HOW 3편에서는 화가가 되어 화룡점정을 하는 단계입니다. 원고를 최종 퇴고하는 노하우를 전수해드립니다. HOW 4편에서는 전사가 되어 승리하는 단계입니다. 투고하고 계약하고 책을 만들어 홍보마케팅하는 모든 노하우를 전수해드릴 예정입니다.

이 두 권의 책에 저의 지난 27년간의 출판 노하우를 하나도 남김없이 다 풀어드렸습니다. 이 책이 예비 저자 여러분에게 작은 길잡이가 되기를 희망합니다. 이 땅의 모든 예비 저자분들의 건승을 기원합니다. 이제 책쓰기라는 신나는 창작의 세계로 함께 여행을 떠나 볼까요.

2021년의 중심에서 레오짱 드림

차례

1부 WHY

1장 책을 쓰면 뭐가 좋아요?

2장 책으로 역전승한 13명의 사람들

3장 망하는 책쓰기의 7가지 원인

2부 WHAT

1장 팔리는 책쓰기의 7가지 대원칙

4장 절대 지지 않는 책 기획 시크릿 9가지

5장 새벽 글감옥 실천 비법

1부 WHY

1장 책을 쓰면 뭐가 좋아요?

"책을 쓰면 뭐가 좋아요? 그냥 복사집에서 제본 떠달라고 하면
안 되나요? 정식 출간하면 뭐가 다른데 그리 호들갑이에요?"

책을 처음 쓰는 분들이라면 그런 질문을 할 법해요. 결론적으로 '완전히 다
릅니다.' 대충 어설프게 복사집 수준으로 짜깁기 해서 '책'이라고 내면 죽도
밥도 안 되고요. 책을 '제대로' 내서 '제대로' 활동하게 되면 완전히 다른 차
원의 무대가 펼쳐집니다. 이제부터 그 얘기를 실제 현장 사례와 함께 증명
해드리죠. 제가 경험해본 바, 책을 쓰면 다음과 같은 것들이 좋습니다.

책쓰기는 나를
저절로 공부하게 한다

"책쓰기는 저자 자신을 저절로 공부하게 해줍니다!" 책쓰기의 첫 번째 효용이에요. 원고를 써가는 과정에서 내 공부가 정리돼요. 남에게 지식을 많이 전달해본 강사분들은 잘 아실 거예요. 남을 가르쳐 보면 그 무엇보다도 '내 자신의 생각이 정리가 잘 된다'는 사실을요. **가르침의 가장 큰 수혜자는 다름 아닌 강사 자신이에요.** 자기가 가르치는 내용에 가장 큰 혜택을 보는 이가 바로 나 자신이 된단 말이죠.

저는 대학 졸업 즈음에 본 토익TOEIC 시험 점수가 꽤 잘 나왔습니다(990점 만점). 당시(IMF 이전) 한창 잘나가던 대기업들에서 영어를 가르치게 됐어요. 현대건설, 삼성전자, 대우그룹 등에서 높은 분들(이사님과 부장님들)에게 토익 과목을 가르쳐 드렸어요. 저는 해외 유학파가 아니며 그냥 독학으로 영어를 공부했었어요. 그때 마침 영어시험 점수가 만점이 나와서 그걸 들이밀고 도전했던 거죠. "저는 대학생이지만 여러분을 가르쳐 드릴 수 있습니다! 당신의 토익 성적 보장!" 이렇게 어필했더니 그 대기업분들이 "아, 괜찮은데?"라고 반응해주셔서 강의를 시작하게 됐습니다.

영어강사 시절 레오짱

다들 매일의 업무에 지쳐 있을 때쯤 젊은 애(당시 20대 중반이던 레오짱)가 들어와서 재밌게 해주고 유익한 영어 강의도 해드리니 다들 좋아하시더라고요. 이 어르신들이 제게 밥도 사주시고 회식할 때도 불러주시곤 했어요.

당시 저는 독학으로 영어 공부를 했었어요. 그래서 영어 지식이 체계화되어 있지 않고, 여기저기 파편처럼 흩어져 있었어요. 그런데 그때 어르신들을 정기적으로 가르쳐야만 하는 상황에 스스로를 몰아넣으니까 뭔가 달라졌어요. 수업을 준비하고 가르치는 과정에서 생생히 느꼈어요. 제 모든 지식들이 마구 정렬되고 체계화되는 것을요. 강의를 많이 해본 강사님들은 제가 이 이야기를 하면 매우 공감하세요, 그죠?

이게 보편적인 진리라서 그런지 이 현상을 묘사하는 전문 용어까지 있어요. 바로 '교학상장敎學相長'이라는 말이에요. '가르침敎과 배움學이 함께相 성장長한다'는 뜻이죠. '남을 가르치면서 나도 배우게 된다'는 뜻의 한자성어에요. 저 레오짱이 너무 사랑하는 말이라서 '레오짱 줌스쿨'에서도 모토로 삼았답니다. 수강생들이 이해를 잘 못하는 대목에 대한 질문에 답하다 보면 개념이 훨씬 명확해집니다. 저 스스로 잘 알고 있다고 여겼던 내용도 다시 생각해보게 되죠. 내가 정확히 어떤 부분을 애매하게 알고 있었는지를 대답해주면서 알게 됩니다.

그때 많이 체험했어요. 혼자 독학했었기에 영어 지식들이 편린(흩어져 있는 조각들)처럼 돼 있었는데 그분들을 가르치면서 모두 다 모아지고 체계화되어 간다는 것을요. 남에게 전달하다 보면 하나의 체계화된 나만의 지식 구조를 갖추게 돼요. '가르침의 가장 큰 수혜자는 가르치는 사람 자신이구나'를 아주 절감했어요. 책쓰기도 남에게 내 경험을 전달하는 일종의 가르치기와 같은 과정이에요. 그래서 비슷한 수혜를 자기 자신이 가장 먼저 보게 돼요.

책을 쓰는 것은 남에게 내 경험을 이야기 형태로 전달하는 거잖아요. 나의 콘텐츠를 대중에게 전달하는 과정에서 수많은 조각들이 깔끔하게 정리돼요(마치 컴퓨터 파일 정리할 때 '디스크 조각 모으기' 실행하는 것처럼요). 그러면서 나만의 사고 체계와 논리 체계가 더욱 굳건해져요. 특히 외부 자료를 찾기 전에 내 생각이 뭔지부터 고민하는 작업에 열중해보세요. 그러면 내 생각의 실체와 본질을 알게 되는 계기가 생겨요. 그 자체만으로 상당히 의미 있는 작업이 된답니다.

이렇게 '과거에' 흩어져 있던 내 경험과 지혜들을 모으는 것도 참 유용한 효능이지만, '앞으로' 공부하고 싶은 주제에 대해 책쓰기를 활용하는 경우도

있어요.《몸이 먼저다》《고수의 질문법》《애매한 걸 정리해 주는 사전》등으로 유명한 한근태 저자님이 특히 그런 경우에요. 그분은 자기가 '앞으로' 공부하고 싶은 주제를 새로 연구해가면서 책을 쓰실 때가 많아요.

실제로《몸이 먼저다》책을 쓰실 때 얘기에요. 헬스클럽에 가서 개인 코칭을 받는 과정

을 책으로 쓰신 거라고 합니다. 헬스 전문가가 아닌 일반인의 입장에서 공부하면서 책으로 쓰셨어요. 트레이너가 해준 조언과 자신의 발전해 가는 모습, 그 과정에서 깨달은 것들을 정리해서 말이죠.

결과는? 베스트셀러가 됐습니다. 헬스 분야 전문가가 전혀 아니셨음에도 불구하고요. 공부해서 쓰는 책도 이렇게 좋은 반응을 얻을 수 있습니다. 그럼 강제적인 외부 동기부여가 작동되기 시작해서 저절로 공부가 잘돼요. 강제력만큼 진도 빼기에 좋은 방법도 없거든요. 공부도 하면서 돈도 벌고 새로운 전문성도 갖추고…. 와우, 그야말로 일석삼조죠. 책쓰기는 정말 멋진 작업이에요.

책을 써놓으면 또 좋은 점이 있어요. 과거 내가 했던 말을 다시 보며 나 자신을 다잡게 된다는 거죠. 내가 과거에 내 앞으로 부쳐놓은 통찰이 가득 담긴 편지를 미래의 내가 보며 아하! 하는 선물 같은 시간을 경험하실 수 있어요. 과거에 내가 쓴 책들에게서 스스로 위안과 영감을 받게 돼요. 과거의 내 시간들이 헛되지 않았다는 보람도 느껴요.

책은 내가 살다간
가장 효과적인 흔적이다

사람들은 누구나 살아가면서 내 흔적을 남기고 싶어 하죠. 그건 생물의 본능이에요. 1차적으론 자기 유전자로 내가 살다간 흔적을 남기려 하죠. 출산을 통해 DNA로 후손을 남길 수 있죠. 하지만 그런 방식은 너무나 지역적이고 국소적이에요. 범용적이지 못해요. 시대를 초월하지도 못하고요. 내 자식을 낳아도 자식의 머릿속에 전해주는 지혜와 통찰이 전 세계적으로 전파되지도 않고 먼 후손에게까지 이어지지도 않잖아요? 말로만 하면 그때만으로 끝나버리니까요.

책이라는 형태는 달라요. 책이라는 큰 그릇에 내 지식과 지혜를 한번 담아놓으면 지역과 시대를 초월해 살아남죠. 가장 효율적인 가성비 갑 형태의 미디어에요. 가격도 얼마 안 하고 가볍죠. 활자라는 형태 안에 얼마나 많은 내용을 담아둘 수 있어요? "요즘엔 유튜브로 올리면 되지 않나요?"라고 묻는 분들도 있어요. 하지만 영상이나 이미지로 이 모든 메시지를 나타내려면 텍스트에 비해 품과 시간이 너무 많이 들어요. 영상이나 이미지는 콘텐츠 생산의 효율이 낮아요. 텍스트화하는 형태만큼 효율 좋고 쉬운 방법이 없어요. 생산도 쉽고 전파도 쉽죠. 그걸 압축적으로 길게 담아낸 게 책이잖아요. 요즘엔 책 안에 사진과 영상 링크까지(QR코드 등으로) 다 담을 수 있으니 표현상 한계도 별로 없어요.

주위에 있는 책을 보세요. 모든 책은 양면인쇄가 돼 있죠. 거기에 가성비의 비밀이 있어요. 책이 양면 인쇄가 돼 있다는 것은 엄청난 효율화의 상징이죠. 보통 그냥 일반 프린트는 한 면 인쇄잖아요. 양면 인쇄 방식은 사실 되게 촘촘하게 편집을 하는 거예요. 그래서 많은 정보를 한꺼번에 다 모아 놓아서 여러 매체를 통틀어 가장 집약도가 좋은 매체가 되죠. 그걸 제본한 뒤 표지에 코팅까지 해놓으면 물도 잘 안 스며들어요. 유광이든 무광이든 코팅이 돼 있으니까요. 모든 책은 기본적으로 두 가지 코팅 중에서 한 가지 코팅은 적용해 제작하거든요. 특히 무광 코팅을 하면 실수로 그 위에 물을 쏟아도 잘 스며들지 않아요. 위아래만 젖지요.

책은 이렇게 매우 보존성이 좋으면서도 압축 효율도 좋고 단가는 싼, 한마디로 가성비 갑인 콘텐츠 보관법이에요. 독일의 구텐베르크가 인쇄술을 보급했죠. 책이라는 형태는 가장 효율적인 기억 보관 방식이에요. 책으로 자기 생각과 경험을 남긴다는 것은 이렇게 의미와 효용이 큰 작업이에요. 내가 살다간 가장 효과적인 흔적입니다.

정식 등록한 책으로 두고두고 인류 유산처럼 남으려면? ISBN이라는 걸 달고 나와야 해요. ISBN은 책의 출생신고서 같은 거예요. 사람에겐 출생신고서, 책에겐 ISBN이 있는 셈이죠. 책이 출생신고서를 정식으로 달고 나오는 순간 국가적인 재산으로 등록됨과 동시에 세계적인 지적 유산으로도 취급받게 돼요. ISBN은 국제 표준이거든요.

일단 정식 ISBN을 받고 나오면 국립중앙도서관이라는 국가 단체에서 의무적으로 책값 정가의 절반 가격에 사가요. 두 권을요(정부 단체에서는 항상 대부분 책을 정가의 반값에 사요). 두 권의 신간을 국립중앙도서관에 납본해요. 그 두 권은 어떻게 활용될까요? 한 권은 대여용인데 외부 반출이 안 돼요. 그 자료가 국가 차원의 자산이기 때문에 함부로 대여해줬다가 파손되거나 분실되면 안 되잖아요. 국가의 가장 중앙이 되는 도서관이라 그 모든 지적 재산을 소중히 관리할 의무를 갖고 있거든요.

국립중앙도서관 보존 서고

그래서 한 권은 그냥 그 자리에서 당일치기 열람용이고, 나머지 한 권은 완전하게 깨끗한 상태로 지하 6층 서고의 쿨링 시스템cooling system에 보관해요. 시설 엄청 좋아요. 100~200년이 지나도 전혀 손상되지 않아요. 사람 손도 타지 않으니까 상처도 안 생기고 깨끗하게 보관이 돼요. 여러분이 잘 모르셔서 그런데, 국립중앙도서관은 사실 어마어마한 규모예요.

보관 서고를 늘리느라고 해마다 지하를 파고 있어요. 아무런 풍화작용을 타지 않는 그런 상태로 수백 년간 내 책이 깨끗하게 보관되는 셈이에요. 국가가 의무적으로 지켜주는 일종의 타임캡슐인 거죠. 얼마나 근사한 내 인생의 흔적인가요.

생각해보세요. 나중에 3, 4대손 손자손녀가 물을 거 아니에요. "우리 증조부 증조모께서는 무슨 일을 하셨어요?"라고요. 그때 그냥 엄마한테 전해 듣는 "너희 할머니, 할아버지는 무슨 무슨 일을 하셨다던데…"라는 막연하고 불확실한 설명보다 훨씬 구체적인 콘텐츠의 실체가 있잖아요. 그분이 직접 쓴 자료와 생각과 철학과 기억이 왜곡 없이 고스란히 다 담겨 있잖아요? 그 책이 자서전 형태로 쓰여 있어도 가치는 충분하죠. 사진이 들어가면 생생한 역사적 자료도 되고 숫자와 도표까지 표시해놓으면 비교적 정확한 팩트들을 확인할 수 있으니까요.

요즘엔 시대가 좋아져서 빳빳한 물성을 가진 종이책 형태 말고도 디지털로도 동시에 보관해줘요. 국립중앙도서관에서는 실물 책을 디지털라이징digitalizing도 해주거든요. 종이책 실물을 가져다가 완전 깨끗하게 스캔해줘요(이건 전자책과는 다른 디지털 스캔 버전인 거죠). 최고 사양 스캐너로 스캔해서 디지털 버전도 동시에 보관해 주는 거예요. 평생 가는 기록물이 되는 것이죠. 평생이 뭐에요. 디지털 형태의 보관은 지구가 폭파되지 않는 한 거의 영원히 보관될 수 있잖아요. 타임캡슐처럼 있는 거예요. 가장 효과적인 인생의 흔적이라고 부를 만하죠.

"소문에 듣자 하니 레오짱님께서 영생하는 비법도 알고 계신다던데…, 좀 알려주세요. 불로초 불사약이라도 발견하신 건가요?"

맞아요. 제가 영생하는 방법을 알고 있답니다. 영원히 사는 방법은 바로 '나만의 작품'을 남기는 겁니다. 작품은 인간이 영생할 수 있게 해주는 유일한 방법이에요. 모차르트는 죽었지만 작품으로 전 세계인의 가슴에 영원히 살아있죠. 피카소도 마찬가지고요. 요절한 프레디 머큐리도, 김광석도, 유재하도 그렇잖아요? 그들은 작품으로 사람들 가슴에 영원히 회자되고 살아남아 있어요. 책이든 그림이든 노래든 영상이든 다 좋아요. 영생하고 싶으시면 후세에 길이길이 남을 좋은 작품을 많이 만들어 놓고 가세요.

소리를 담는 건 오디오고,

이미지를 담는 건 사진과 그림이고,

움직임을 담는 건 영상이라면,

(보이지도 들리지도 않는) 생각과 마음을 담아낼 수 있는 건

오직 글(텍스트)뿐이다.

_레오짱 잠언

몇 해 전 저는《남자의 물건》《에디톨로지》의 저자 김정운 교수님과

함께 한 귀인을 찾아뵈었어요. 전 문화부장관이셨던 이어령 교수님이셨어요. 2021년 기준 89세인 이어령 교수님은 의사로부터 암 선고를 받으셨다고 하죠.

"죽음을 생각할 때 삶이 더 농밀濃密해집니다. 인간이 죽기 직전에 할 수 있는 유일한 일은 유언이에요. 나의 유산이라면 땅이나 돈이 아닙니다. 머리와 가슴에 묻어두었던 생각입니다. 내게 남은 시간 동안 유언 같은 책을 완성하고 싶습니다."

중앙일보와의 인터뷰에서 밝히신 이어령 교수님의 말씀입니다. **결국 글(텍스트, 책)만이 우리 생각의 영생을 도와주는 방법입니다.**

유명 소설가였던 최인호 작가님도 마찬가지에요. 침샘암 발병 후 3년간 수술과 항암치료를 받으며 투병하다가 68세에 돌아가셨죠. 3년의 암 투병 중에 200자 원고지 1200장가량의 장편소설을 완성하셨어요. 1967년 등단 이후 그의 작가인생 44년에서 신문이나 문예계간지에 부분 연재 없이 완성한 전작全作 장편소설은 그게 처음이었다고 하죠.

"내가 아직 살아있다는 사실을 나 스스로에게 증명하고 싶었다"면서 "백기 투항한 3년 동안 몸은 너무 아픈데, 오히려 심안心眼은 밝아지더라. 그러니까 너무 소설이 쓰고 싶었다." 그의 고백입니다. 오직 글(텍스트, 책)만이 우리 생각의 영생을 도와주는 방법입니다.

브랜딩의
중심축이 된다

"책이 브랜딩의 중심축이 되어준다는 말은 몇 번 들었어요. 그런데 왜 그렇다는 거죠?"

퍼스널 브랜딩의 가장 가운데 서서 주춧대 역할을 해주는 수단이 바로 책이에요. 책을 출간하는 것의 진정한 의미는 사실 그거죠. 책이라는 물건 자체보다는 사실은 이걸 주춧대 삼아 할 수 있는 활동의 파급력이 더 크다는 의미에요.

사실 책이라는 '형태'로는 누구나 낼 수 있죠. 그냥 대학가 앞 제본집에서 아래한글 파일을 "종이에 인쇄해서 제본으로 묶어주세요." 하는 것도 책이라고 부를 수 있다면요. 하지만 묶기만 했다고 그런 복사물 수준의 인쇄물을 책이라고 부르진 않아요. 퀄리티가 아주 많이 다르거든요. 거기엔 독자들의 구미에 맞춘 콘셉팅이 들어가 있지 않죠. 교정 교열도 들어가 있지 않고요. 내용 검증도 전혀 돼 있지 않고, 아름답고 효율적으로 콘텐츠가 읽힐 수 있도록 편집디자인도 적용되어 있지 않죠. 책으로 제대로 만들면 퀄리티 자체가 그냥 복사집에서 제본한 물건과는 차원이 달라져요. 우리는 그걸 책이라고 부르죠, 제대로 된 책!

제대로 된 책을 내면 뭐가 달라질까요? 일단 강의할 때 대접이 달라져요. 강의 많이 해보신 분들은 아실 거예요. 저자와 비저자를 구분해요. 각종 기업체나 관공서, 학교 등 어디에서나 책을 쓴 저자를 더 우대하죠(책 있는 강사들에게는 기업체에서도 플러스 점수를 부여하거든요). 그건 누구나 경험해 본 사실이에요.

방송에서도 마찬가지예요. 그냥 "누구 나오셨습니다" 하는 것보다는 "요즘에 이 책이 인기라는데 그 요인을 누구 저자님에게 한번 들어보실까요?" 이렇게 소개하는 게 방송 진행자 입장에서도 자연스럽죠. 신문이나 잡지, 인터넷 매체들과 인터뷰할 때도 마찬가지예요. '그냥 누구'라고 기고하는 것보다 '무슨 책의 저자'라고 같이 나가면 신뢰도가 더 상승해요.

책 덕분에 공식 인물로 등재도 되요. 포털사이트 '인물 검색'에 노출됩니다. 아시는 분은 아시고 모르시는 분은 몰라요. 네이버나 다음 같은 포털 사이트의 초기화면에서 바로 인물 검색이 돼요. 단순한 블로그 검색 결과 같은 걸 말씀드리는 게 아니에요. 공식적으로 '정식 등재'된 인물로서 당당하게 사진과 함께 상세 경력이 공개된다는 얘기에요. 그럼 공신력이 확 높아지죠.

책 덕분에 포털사이트 '인물 검색'에 노출됨

네이버 초기화면에서 '장치혁'을 바로 쳐보세요. 그럼 '고려합섬 회장' 다음에 저 뜨죠? 이름이 특이한 경우라서 동명이인이 두 명밖에 없어요. 네이버에 사진과 함께 상세이력이 같이 뜨는 인물이 되어 있죠. 하여튼 이렇게 초기화면에 바로 걸리는 인물이 되는 거예요. 원래 포털 사이트 인물 등재 원칙이 공인이거나 유명인(즉 셀러브리티이거나 연예인)이거나 하는 조건이죠.

그런데 공인의 영역에 작가가 포함돼요. 작가는 일종의 공적인 글쓰기를 해서 퍼블리싱을 공식적으로 한 사람이라는 뜻이에요. 서점에 등록된 내 책의 링크를 네이버 같은 포털에 신청하는 거예요. 본인이나 매니저가 인물검색 등록 신청을 보내는 거죠. "저는 작가가 맞습니다" 하면서 예스24나 교보문고에 정식 등록되어 있는 내 책의 링크를 보내 주는 거예요. 그게 작가 증명이에요. 그러면 포털사이트 담당자들이 검증을 하죠. "아 네, 맞습니다. 당신이 보내준 링크대로 서점에 들러봤는데 진짜 책을 내신 게 맞더라고요." 하면서 오케이 하면 등재가 되는 식이에요. 책을 쓰면 이렇게 공인이 되는 거예요. 그냥 사제 출판하면 등재가 안 되겠죠?

책으로 내 콘텐츠를 출간하면 전문가 인증 효과도 생겨요. '이 사람은 도대체 얼마나 오래 이 분야를 팠으면 책까지 냈을까?'라고 사람들이 생각해주죠. 만약 같은 주제의 강의를 뛰는 두 사람이 있다고 가정해 봐요. 강의만 많이 뛴 사람과 책으로 연구 결과물까지 갖고 있는 사람 중 누구를 고르실래요? 대접이 많이 달라요. "그 책 봤는데 참 내용도 알차고 좋던데요, 책도 쓰셨으니 그 내용으로 강의도 한번 모실게요." 이렇게 섭외가 훨씬 많이 들어와요. 반면, 아무리 강의를 잘해도 그 사람을 찬찬히 들여다볼 만한 책이나 교재가 없으면? 삶이 일회적이고 휘발적이죠.

책은
가장 두꺼운 명함이다

"책은 '가장 두꺼운 명함'이다. 와우, 의미는 아직 잘 모르겠지만 표현 너무 좋은데요? 직접 만드신 말이에요?"

네, 이 표현은 제가 개발한 거예요. 좋죠? 우리가 처음 만난 사람들과 인사할 때 명함 하나만 쓱 내밀죠. "전 이런 일을 하는 사람입니다." 하면 사실 상대방이 무슨 일 하는지 머릿속에 하나도 안 남아요. 그렇지만 책에 자기 스토리를 담고 자기 철학과 사상을 담고 자기 사진까지 보여주고, 풍부한 메시지 전달이 있으면? 그것만큼 엄청난 명함이 없죠.

책을 주면 자기 일에 대한 소개와 소신과 철학, 생각에 대한 설득까지 한방에 자연스럽게 돼요. 조금 더 나아가면? 그 책을 읽는 사람들을 내 팬으로 만들 수도 있어요. 책이라는 긴 주제의 글을 계속 읽다 보면 독자들은 저자의 이야기에 점점 동화돼서 감명받게 되거든요. 독자가 한 저자의 글들을 계속 긴 하나의 주제를 통해(즉, 책이란 형태를 통해) 접하다 보면 어떤 작용이 생길까요? 묘한 앵커링 현상, 뇌리의 고착 현상이 발생해요. 그래서 책을 쓰면 팬을 확보하게 되는 거예요. 책 읽고 저자에게 팬심을 품게 됐다는 사람들이 실제로 굉장히 많아요(직접 만나고 교류하다 좀 다른 이면을 발견해서 그 환상이 깨지는 한이 있더라도 말이죠).

책을 두꺼운 명함처럼 잘 활용한 저자의 이야기

　저희가 책으로 내드렸던 저자의 사례를 말씀드릴게요. 구두를 수제로 만들어 파시는 사장님이 계셨어요. 편안한 컴포트 슈즈 분야를 사업으로 하시는 분이셨죠. 중학교만 나와서 취직도 잘 못하고 돈도 없어서 엄청 고생하셨던 분이에요. 그러다 서울로 상경해 동대문 기술자 밑에서 미싱을 배우셨죠. 성실히 배우고 죽어라 고생해서 자리를 잡으셨어요. 지금은 본인이 만든 수제구두 브랜드가 백화점에 들어가요. 이 분이 자기 책을 두꺼운 명함처럼 잘 활용하신 분이에요. 《멋진 인생을 원하면 불타는 구두를 신어라》는 책의 저자로서 21세기북스에서 저희가 담당했습니다.

　이 분은 책이 발휘할 수 있는 새로운 역할에 눈을 뜨신 거예요. 저자가 출판사에서 직접 자신의 책을 구입하면 시중가보다 훨씬 싸게 사실 수 있어요. 보통은 책 값에서 30% 정도 할인받을 수 있어요. 그런데 이 분은 자기 돈으로 무려 3000부를 한꺼번에 사가신 거예요(그래서 더 싸게 할인받으실 수 있었죠). 그렇게 구입한 책을 마치 명함처럼 사용하시더라고요. 주변에 아는 사람에게도

주고 처음 만난 사람들에게 인사할 때도 선물하고요. 그랬더니 이게 엄청난 효과를 낸 거예요. "아, 사장님 다시 봤습니다. 이렇게 존경할 만한 분이신 줄 몰랐어요!" 주위 거래처들부터 그런 반응을 보이면서 사업까지 승승장구 잘 풀리시는 거예요.

이 분이 만든 구두가 현대백화점에 들어가요. 안토니 구두라고 하는데 대외적인 브랜드 이름은 바이네르에요. '발이 편한 수제 구두' 이렇게 돼 있어요. 효도 신발로 지금도 잘 팔려요. 현대백화점 정식 입점업체이고 매출이 300억~400억 원 정도 해요. 직원도 100명 넘게 고용하시고 구내식당도 운영하세요(구내식당에 놀러 갔더니 저한테 "고추가 맛있죠? 유기농이에요. 저희 텃밭에서 직접 재배해요." 이렇게 말씀하시면서 권하시더라고요).

중요한 건 그분이 책으로 자기 홍보를 하면 효과가 매우 높다는 사실에 눈을 떴다는 거예요. 책을 명함처럼 뿌리는 효과를 우연히 아시고 자기 이야기를 책으로 내셨어요. 그게 중요한 포인트죠. 물론 처음부터 베스트셀러는 아니었으니까 먼저 본인이 거래처와 지인들에게 열심히 선물하셨죠. "저는 이런 스토리를 가지고 있는 사람입니다."라면서. 그랬더니 주위 분들이 다 감동하는 거예요. 예상보다 아주 열렬한 반응들이 나오는 거죠. "아니, 그냥 구두 만드는 분인 줄만 알았는데 이렇게 인생극장 같은 삶을 사셨네요!" "너무 감동이에요!" "사장님, 다시 봤습니다!"

책으로 내 이야기를 스토리텔링을 하면 이렇게 좋은 평가와 친근한 인지도가 만들어져요. 나중에는 자기가 수제 구두기술을 배웠던 이탈리아 현지 장인에게도 책을 보여주려고 영문판 버전도 만드셨어요. 《Wear the Burning Shoes》라고 해서 개인 기념용 비매품으로요. 이 사장님이 이탈리아 장인을 만나러 갈 때 그 영문판을 선물로 주셨대요. 그랬더니 그분이 "Bravo! Mr. Kim. I didn't know you were such a wonderful person."(미스터 킴, 당신이 이렇게 멋진 사람인지 몰랐다.) "당신이 이렇게 훌륭한 인생을 살아온 사람이었는지, 이렇게 눈물 나는 역정이 있는 사람인지 몰랐다."라며 극찬을 했대요.

결과적으로 국내며 해외며 거래처가 아주 탄탄하게 굳어지는 효과까지 보셨죠. 여러분도 책을 명함처럼 뿌려 보세요. 세상에 이렇게 두꺼운 명함이 어딨어요? 나의 스토리를 제대로 전달하는 명함이죠.

책 쓰는 시간 자체가
가장 농밀한 자기계발 시간이다

"저는 글이라고는 가끔씩 휴대폰 메모장에 끄적이는 간단한 일기 정도밖에 없어요. 초등학교 때 숙제로 쓰던 습관을 간간히 잇고 있는 셈인데요, 이런 건 책 쓸 때 전혀 도움이 안 되겠죠?"

일기 쓰는 습관을 갖고 있다면 예비 저자로서 이미 훌륭한 자질을 가지신 거예요. 그 정도도 흔한 경우는 아니거든요. 정식 종이 노트에 쓰는 일기가 아니어도 괜찮아요. 휴대폰에 메모하듯 핵심 단어나 키워드만 적어도 이미 일기입니다. 그런 식으로 가끔씩이라도 일기를 쓰신다면 책도 금방 잘 쓰실 가능성이 높아요.

저 레오짱도 사실은 '일기족' 출신이에요. 고등학교 때 어떤 선생님이 해주신 말씀 중에 제가 좋아서 가슴에 새긴 대목이 있거든요. "일기를 10년 이상 쭉 써온 사람은 인생을 보는 눈이 달라진다. 10년 후의 그 사람은 뭐라도 이룬 사람이 돼 있을 것이다."라는 말씀이셨어요.

그 말만 철썩같이 믿고 고2 때부터 30년이 넘은 지금까지도(매일은 아니지만) 저만의 일기장에 하루 단상을 적어 두는 게 습관이 됐어요. 아날로 그 시대에는 노트로 된 일기장에 적었고요. 본격적으로 컴퓨터를 쓰기 시작한 1996년부터는 전자 문서와 각종 일기쓰기 앱, 메모장 등에 일기를 써 뒀어요(전체 일기를 책으로 묶으면 50권은 가뿐히 넘을 듯싶네요).

책을 쓰면 생각 정리가 잘된다

사실 하루를 정리하는 일기만 써도 그렇죠. 일기를 쓰면 잘 쓰고 못 쓰고를 떠나서 하루가 깔끔하게 정리되는 기분이잖아요. 내면에 있던 고민거리도 밖으로 토로하고 나면 개운해지고요. 하루 단위의 정리 글만 써도 그런 효과가 있어요. 그러니 책이라는 긴 주제의 글을 쓰면 얼마나 생각 정리, 마음 정리가 잘 되겠어요?

책은 한 주제에 대해 가장 깊이 생각해볼 수 있게 하는 매체에요. 인류 역사상 책처럼 한 주제에 대해서 깊이 파고 들어가는 미디어가 있었나요? 신문이? 논문이? 방송이? 잡지가? 다른 매체들이 아무리 용을 써봐야 책보다는 분량이나 깊이가 얕아요. 책의 페이지는 이론상으로는 거의 무한대까지 늘일 수 있거든요. 또 여러 권 분권해서 낼 수도 있고, 시리즈로 낼 수도 있죠. 그런 지식을 담은 그릇의 형태를 우리가 '책^{book}'이라고 부르잖아요? 잡지나 신문이라 부르지 않죠. 책의 형태란 것은 그렇게 '지식의 무한성'을 담은 그릇 같은 매체^{medium}를 대표하는 말이에요.

책으로 쓰다 보면 내 생각이 뭔지 또렷이 알게 돼요. 글로 옮겨 보기 전엔 생각이 구체화되지 않고 머릿속에 뱅뱅 돌아요. 글로 옮겨보면 내 생각이 구체화돼서 매만질 수 있게 돼요. 내가 주로 근거로 대는 자료나 논리, 배경 이야기들이 뭐였는지도 또렷이 알게 되죠. 자기 지식의 어느 대목이 비어 있는지도 발견하게 돼요. 외부 자료를 뭘 더 찾아야 하는지도 알게 되고요. 아예 뭘 봐야 하는지 생각도 안 날 경우엔? 내가 어떤 공부를 추가로 해야 하는지까지 알게 되죠. 책을 쓰는 작업이 그렇게 나를 더욱 튼실한 지식인으로 만들어줘요.

책쓰기야말로 진정한 자기계발의 시간이다

"하나만 여쭤 봐도 돼요? 책 한 권 분량을 만들려면 A4로 보통 몇 장을 써야 될까요? 평소 너무 궁금했던 거라서 여쭤 봐요."

네, 워드나 아래한글의 A4 문서 기준으로 80장 정도를 쓰시면 일단 기본 책 분량은 됩니다. 아주 충분히 넉넉히 쓰고 싶다면? A4 100장을 쓰세요. 보통 평균적으로는 80장만 쓰셔도 돼요. 보통 A4라는 문서가 담는 글자 수가 실제로 책으로 나왔을 때는 세 배수를 감당하거든요. 그러니까 80 곱하기 3배수, 240쪽짜리 신국판 책이 되는 거예요. 레오짱이 가르쳐 드리는 방식대로만 하시면 A4 문서 기준 80페이지 원고를 쓰는 데 1~2개월이면 충분합니다. 기존 다른 분들 방식으로는 보통 6개월에서 1년도 넘게 걸립니다. 아니, 애초에 1년이 걸려도 마무리 못하는 경우가 더 많죠.

레오짱 방식으로 15일×5p씩 집필=75p의 초고를 완성할 수 있습니다. 오전 2.5페이지 집필, 오후 2.5페이지씩 집필해보세요(A4 문서 기준). 그걸

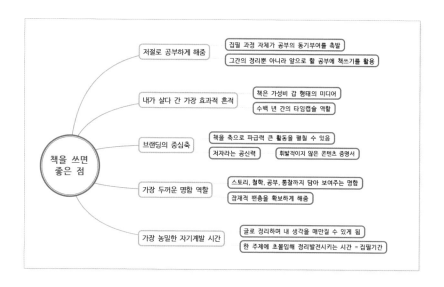

책을 쓰면
좋은 점

- 저절로 공부하게 해줌
  - 집필 과정 자체가 공부의 동기부여를 촉발
  - 그간의 정리뿐 아니라 앞으로 할 공부에 책쓰기를 활용
- 내가 살다 간 가장 효과적 흔적
  - 책은 가성비 갑 형태의 미디어
  - 수백 년 간의 타임캡슐 역할
- 브랜딩의 중심축
  - 책을 축으로 파급력 큰 활동을 펼칠 수 있음
  - 저자라는 공신력
  - 휘발적이지 않은 콘텐츠 증명서
- 가장 두꺼운 명함 역할
  - 스토리, 철학, 공부, 통찰까지 담아 보여주는 명함
  - 잠재적 팬층을 확보하게 해줌
- 가장 농밀한 자기계발 시간
  - 글로 정리하며 내 생각을 매만질 수 있게 됨
  - 한 주제에 초몰입해 정리발전시키는 시간 = 집필기간

다시 추가 15일×5p씩 퇴고하면 총 75페이지를 완성할 수 있습니다. 오전 2.5페이지 퇴고, 오후 2.5페이지 퇴고를 실천해보세요(A4 문서 기준). 75페이지의 원고가 완성됩니다. 75페이지×3배수=신국판 225페이지의 분량을 써내는 셈입니다(이 책의 경우는 분량이 일반 책들보다 훨씬 많아서 더 오래 걸렸습니다만, 저 레오짱은 보통 다른 책의 경우는 15일×6p씩 집필= 90p의 초고와 퇴고를 한 달 내에 써냅니다.).

그 한 달이라는 집중의 시간 동안 저자는 자기 생각의 에너지를 오로지 그 주제 하나에 온전히 몰입하게 됩니다. 무려 한 달 내내 초집중, 초몰입해서 자기의 생각과 감정을 정리하고 발전시키는 시간이 책쓰기입니다. 어느덧 한 달 동안 자기도 모르게 진짜 자기계발을 하게 되는 거죠. 책쓰기는 단순히 긴 글을 쓰는 과정이 아닙니다. 그 과정 자체가 더 없이 소중한 자기계발 시간이 되는 효과가 있습니다. 그 한 달(혹은 더 걸리는 분들은 2~3개월)의 시간은 오롯이 당신의 잠재력을 업그레이드시키는 시간입니다. 나만의 '현자의 돌'을 연마하는 시간이지요. 현자의 돌^{Sorcerer's Stone}은 전설 속에 존재하는 물질이에요. 싸구려 금속도 순금으로 바꿀 수 있는 능력을 가졌다고 전해지는 돌이죠. 서양 '연금술'에서 최고로 쳤던 물건이에요. 과학이 발달된 현대에는 폐기된 개념이지만요.

    책쓰기의 이런 효과를 알고 있는 분들은 해마다 새로운 책을 쓰려고 매번 또 도전합니다. 설혹 이번 책이 성공하지 못하더라도 말이죠. 해마다 신간을 내시는 분들이야말로 진정한 자기계발가들입니다. 책쓰기가 가지고 있는 의외의 효능이죠. 책쓰기는 곧 최고의 자기계발입니다.

책에는
스노우볼 효과가 있다

"책 써서 얼마 벌어요?" 이런 다소 무례한 질문도 가끔 받아요. 사실 책을 써서 벌어들이는 인세는 생각보다 매우 적을 수 있어요. 단순히 단가로만 환산해 보면 강의나 컨설팅 한 시간 해주는 게 시급 기준으로는 더 나을 수 있죠. 맞아요. 그건 사실이에요.

그렇지만 그게 전부가 아니라는 걸 알아야 해요! 그런저런 이유로 언제까지나 책은 안 쓰고 강연 같은 형태로만 돈을 벌어들이려 해서는 발전이 없어요. 한마디로 근시안적인 돈 벌기 방식이에요. 인생을 너무 단기적으로만 보는 사람이에요.

시급으로 따지면 상대적으로 더 적은데도 불구하고 책을 써야 하는 진짜 이유는 뭘까요? 장기적으로 비교도 되지 않는 후광효과를 나에게 만들어주기 때문이에요. 책을 낸 저자가 되면 멋진 후광효과가 만들어져요. 실제로 저를 통해 책을 출간하게 된 많은 수강생분들도, 책을 출간한 뒤 몸값의 수준이 달라지셨어요. 강사분들은 기존 강의료의 2배를 받게 되신 분들도 많아요.

저 레오짱도 첫 책을 출간한 뒤 인맥의 수준이 달라졌어요. 생각지도 않았던 팬들이 카페라는 채널을 중심으로 1만 명이나 생겼어요. 그들과는 20년 가까이 아주 좋은 관계를 유지하고 있죠. 그 팬과 저자로서 만난 사람들과 수많은 비즈니스 기회도 얻었고, 소개의 소개를 받아 다른 좋은 일들(유료 포함)도 많이 할 수 있게 됐어요. 각개각층 사람들로부터 전화와 이메일, 인사를 받아 새로운 인연과 기회를 얻었죠. 인플루언서들과도 쉽게 인맥이 닿게 된 것도 큰 소득이었어요.

이것은 마치 눈덩이 효과snowball effect와 비슷해요. 처음엔 눈덩이가 작죠. 하지만 그렇게 애초에 하나로 모아놓은 구심점 덩어리(=책)를 만들어 놓고, 그 작았던 덩어리를 언덕 위에서 굴리게 되면(=책을 중심으로 활동을 하게 되면) 점점 더 큰 덩어리가 만들어져요. 눈덩이 굴리기 효과와 같은 원리에요. 이때 전제할 사항은? 덩어리를 만들어만 놓고 가만 있으면 안 된다는 겁니다. 굴리기라는 활동을 계속 수행해야만 덩어리가 점점 더 커져요.

저도 처음부터 대박 인맥들이 만들어졌던 건 아니에요. 책을 내고 처음에는 그냥 편하게 무료 강연회를 했어요. 토즈 같은 공간대여점 한 칸을 빌려서 50명 대상으로 1시간짜리 오프라인 특강을 열었죠. 끝나고 나서는 희망자들에 한해 근처 생맥주 집으로 가서 뒷풀이를 했고요. 그렇게 몇 번의 특강으로 새로운 사람들과 인연을 맺었어요. 그랬더니 어느 순간 그들에게서 더 좋은 제안들이 쏟아져 들어오더라구요? 그것이 저의 최초의 스노우 볼이었어요.

그렇게 책을 축으로 활동하던 제 모습을 보고 어느 신문사 기자가 인터뷰 제안을 주셨어요. 그 인터뷰 기사가 나가자 새로운 추가 후광효과가 생겨, 더 많은 특강 의뢰와 만남 제안이 들어왔어요. 다른 회사에서 멋진 스카우트 제의도 들어왔고, 출판사들에게서 먼저 책 계약 제안을 받기도 했어요. 이런 과정들을 거치며 좋은 인맥의 풀pool이 점점 더 커져 갔어요.

흔히들 인맥 늘이기에 대해 착각하고 계시는 분들이 많아요. 제가 아는 동생들도 맨날 무슨 술자리 모임, 무슨 인맥 모임, 무슨 강연 모임 등에 기웃거리고 다니는 '꾼들'이 있어요. 그냥 무슨 모임에 가서 명함 뿌리고 자주 빼꼼거리고 다니면 그것이 든든한 인맥이 되어 내게 좋은 기회를 많이 줄 거라고 생각하죠? 커다란 착각입니다.

각종 모임을 그렇게 보험처럼 챙기고 다니던 애들 치고 잘 나가는 애들을 거의 못 봤어요. 거기서 "누구에게 실망했다"는 등, "상처받았다"는 등 사람 관계에 치이는 경우를 더 많이 봤어요. 그렇게 피상적으로 맺은 인맥은 좋은 결과로 잘 이어지지 못해요. 상대방이 나에 대한 온전한 신뢰를 갖기 힘들기 때문이죠. 거꾸로 상대방 입장에서 생각해보세요. 단순히 알게 된 사람에게 내 돈이 걸린 일 의뢰를 마음 편하게 할 수 있나요? 그렇게 되긴 힘들어요.

좋은 일을 의뢰 받거나 소개 받으려면 신용, 즉 후광효과가 필요해요. 여기서 책을 낸 저자라는 객관적 사실이 당신을 '실력 있는 사람'으로 비춰주는 후광효과를 가져다줘요. 사람들은 내 진짜 실력을 알 수 없어요.

사실 어떤 사람의 진짜 실력을 바로 옆에서 하루 종일 뜯어보지 않는 이상 누가 어떻게 알겠어요? 한두 번 만나 이야기해봤다고 상대방의 진짜 실력을 어찌 파악하겠어요? 절대 쉽게 알 수 없죠.

'책'이라는 눈에 보이는 지혜와 노하우의 결과물(결정체)을 통해서 상대의 실력을 추정하고 신뢰할 수 있게 돼요. '저런 분량으로 책까지 썼을 정도면 최소한 실력이 없지는 않겠네!'라는 인상을 주죠. 내가 책 쓸 자격이나 실력이 되는지를 고민하지 마세요. 그렇게 망설이고 머뭇거릴 시간에 글을 한 꼭지라도 더 써서 책으로 출간하세요. 고민하고 있을 시간에 한 번이라도 더 투고를 시도하세요. 그렇게 만든 최초의 눈덩이가 당신에게 두고두고 커다란 후광효과를 가져다줄 테니까요.

왜
책을 쓰려고 하세요?

"위의 말씀들에 매우 공감해요. 그런데 세상에는 별의별 사람들이 다 있잖아요. 각자 자신만의 책을 내려는 이유가 모두 다를 것 같아요. 그렇지 않나요?"

네, 맞아요. 책을 내려는 이유는 정말 다양해요. 《동물농장》《1984》로 유명한 영국 소설가 조지 오웰도 이 고민을 했었대요. 본인이 도대체 왜 책을 내려고 하는가에 대한 자문자답을 하셨어요.

1. 순전한 이기심 때문에 책을 내려고 한다.

자기 표현 욕구 때문에 쓰려고 덤빈다는 거죠. 돋보이고 싶은 욕구 같은 거요. 사람들에게 널리 인정받고 싶은 인정 욕구도 포함되겠죠.

2. 미학적 열정 때문에 책을 내려고 한다.

미적인 것에 대한 추구와 그에 대한 기록을 남기려 책을 쓰는 경우도 있을 거고요.

3. 역사적 충동 때문에 책을 내려고 한다.

내가 경험한 일을 잊지 않고 기록으로 남겨두려고 책을 쓰는 경우도 있을 겁니다.

4. 정치적 목적 때문에 책을 내려고 한다.

내 책으로 타인과 사회에 변화를 주려고 책을 쓰는 경우도 있을 테고요.

이런 4가지 이유 때문에 집필을 하게 된다고 조지 오웰 씨는 생각했어요. 조지 오웰 아저씨의 이런 분석을 참고해서 당신 스스로에게도 한번 물어보세요. '내가 책을 내려는 진짜 이유는 뭘까?' 하고요. 그 질문이 좀 어렵다면 '내 글이 어떤 사람들에게 필요할까?'를 생각해보는 것도 좋아요. '그들이 내 글을 돈 내고 사서 읽어야 할 이유가 뭘까?' '어떤 포인트 때문에 구매하려 할까?'를 곰곰히 생각해 보시면 어떤 식으로 원고를 써 내려가야 할지 방향을 정하실 수 있을 겁니다.

왜 책을 쓰려고 하는지 나만의 동기를 찾아라

"무엇 때문에 몇 시간씩 딱딱한 의자에 앉아서 적절한 표현을 찾느라 고생해야 할까요? 책쓰기가 이렇게 힘든 작업인 줄 알았으면 시작 안 했을 거예요."

네, 책쓰기는 기본적으로 육체적인 노동이에요(의자가 딱딱하긴 하죠. 좋은 의자로 바꾸세요. 좋은 컴퓨터와 좋은 의자는 글쓰기 노동에서 가장 훌륭한 투자에요). 하지만 진짜 문제점은 '집필 동기가 있느냐' 여부에요. 어떤 작가에게 재능이 있어요. 그러나 그 작가가 책을 계속 써야 하는 여러 가지 이유 중 어떤 강력한 이유 하나가 그에게 없다면? 길게 볼 때 그 대목이 근본적인 문제점으로 작용해요. 자기 내면에게 물어보세요. "내가 애초에 왜 책을 쓰려고 했지?" 진정한 이유를 찾아보세요.

책을 쓰는 동기가 강력하지 않으면? 모든 것이 효력을 잃게 된답니다. 단지 '책을 쓰고 싶다'는 막연한 희망만으로는 그 긴 작업을 감당해내기 버거워져요. 내가 애초에 왜 책을 쓰고 싶은가를 분명히 알아야 해요. 자신이 책을 쓰려는 이유를 끝까지 파헤쳐보세요. 이 세상에 대한 불만 때문에 책을 쓰는 사람도 있어요. 불만스러운 세상을 변화시켜보려고 글을 쓰는 사람도 있고요. 인기를 끌고 싶어서 글을 쓰는 사람도 있고, 돈을 벌려고 글을 쓰는 사람도 있죠. 자신의 고민거리를 떨쳐버리고 싶어서 글을 쓰는 사람도 있고, 삶의 기쁨을 표현하려고 글을 쓰는 사람도 있어요. 자기 분야에서 그간 이룬 성과와 경험들을 알리고 싶어서 책을 쓰는 사람도 있죠(책이라는 길고 깊은 매체가 아니면 자신의 성과와 경험을 어떻게 충분히 알릴 수 있겠어요? 자신이 한 줌의 흙으로 돌아간 후에도 이 지구상에 내가 살다간 흔적을 남겨놓으셔야죠! 이것 역시 책이라는 가장 길고도 깊은 매체가 가장 효율적이에요).

자신이 글을 쓰는 이유를 남에게 알려야 할 필요는 없어요. 하지만 자기 자신만은 그 이유를 알고 있어야 해요. 왜? 집필 기간 동안 반드시 경험하게 될 지치고 맥 빠지는 순간에 쓰기를 포기하지 않으려면요. 자신만 알고 있는 그 집필에 대한 참된 이유를 되새겨볼 수 있어야 계속 쓸 수 있기 때문이죠. 그 이유가 강력한 버팀목이 돼줄 거예요.

내가 책을 쓰는 이유가 변할 수는 있어요. 그래도 괜찮아요. 다만 어떤 이유든 적어도 한 가지 이상의 동기는 가지고 글을 쓴다는 게 중요해요. 그래야만 수없이 의지가 꺾여도 그 이유 때문에 집필을 의식적으로 밀고 나갈 수 있게 돼요. 파이팅!

코로나 시국에도
꼭 책을 써야만 하는 이유?

"책쓰기가 제 오랜 로망이긴 한데, 길어진 코로나 문제 때문에 마음도 불안하고 글도 통 손에 안 잡혀요. 이런 어수선한 때에 책을 써야 할까요?

코로나 시국이니까 오히려 더 열심히 쓰셔야죠. 지금은 집콕, 대외 출입이 제한되는 반강제 글감옥(2부 1장 '글감옥' 내용 참조)하기에 최적의 조건이잖아요. 바깥은 위험해요. 그런데 그렇게 계속 집콕만 하다 보면 우울증 와요. 위기를 기회라고 생각을 전환할 필요가 있어요. 책쓰기는 가장 긴 호흡의 글을 쓰는 작업이죠. 그래서 반강제적 자기 감금(글감옥) 각오가 꼭 필요해요. 지금이 자의반 타의반으로 그걸 할 수 있는 절호의 시간들인 셈이잖아요.

코로나 위기 상황을 거꾸로 '창조를 위한 좋은 기회'라 생각하세요. 이런 대 유행병이 아니었으면 당신은 여전히 정신없이 돌아다니느라 에너지 다 소진하고, 책쓰기 작업에 집중도 못하고, 작심은 잘 했다 할지라도 책쓰기 진도 절대 못 뺐을 거예요.

코로나로 집 밖만 위험해진 게 아니에요. 당신 직업도 위험해요. 앞으로 몇 년 내 당신 직장, 직업도 없어지게 될지도 몰라요. 지금 시대에 이미 평생 직장은 없어진 지 오래죠. 코로나로 그게 더 극심해질 거예요. 그럼 당신은 앞으로 제2 인생을 어떻게 준비하려고 하시나요? 60세에 정년퇴직을 해서도 40년이나 더 경제활동을 하며 살아야 하는 100세 시대인데요.

어떤 주제의 책 저자가 되면 커리어상의 새로운 이동이 가능해져요. 생각보다 아주 쉽게, 신뢰도를 주면서 커리어 전환을 할 수 있게 되죠. 그냥 강의 나가면 된다고요? 설명했듯이 그냥 강사와 책 쓴 강사는 대접이 많이 달라요. 몸값이 달라요. 책을 쓰면 전문가로 인정받을 뿐 아니라 강의료를 2배 더 많이 받을 수도 있어요. 미디어에 전문가로도 초대될 명분이 생기고요. 자동소득의 일종인 인세가 정기적인 용돈처럼 따박따박 수입으로 들어오게 되고요.

제가 지난 27년간 지켜봤잖아요. 수백 명 저자들의 사례에서 너무나 똑똑히 목격했어요. 수백 명 저자들이 책 출간을 통해서 커리어 전환과 몸값 업그레이드를 너무나 성공적으로 해내셨어요. 대면 강의 기회는 갈수록 줄고 있으니 경쟁은 더 치열해지고 좁아지고 있는 게 요즘 프리랜서 시장이죠. 이 판국에 자기 책도 없는 프리랜서가 무슨 경쟁력이 있겠어요?

다른 방법도 있지 않냐고요? 있기야 있겠죠. 하지만 그것들은 한시적이고 휘발적, 일회적일 뿐 책처럼 공고하게 중심축 역할을 해주진 못해요. 아무렇게나 책만 쓴다고 되는 건 아니에요. 자기가 앞으로 브랜딩할 내용으로 아주 전략적으로 콘셉트 제대로 잡아 책을 써야 해요.

나만의 콘텐츠로 포장해
세상에 발표하라

넷플릭스에서 〈곤도 마리에 스페셜〉이라는 다큐 프로그램을 보신 적 있나요? 못 보셨다면 강추합니다. 처음에 곤도 마리에라는 여자가 정리법으로 떴다길래 저는 이렇게 생각했어요. '우리 고모도 정리의 화신이고 곤도 마리에도 정리하는 사람인데, 두 사람의 차이가 뭘까?' 우리 고모는 여전히 평범한 가정주부로 살고 있는데 왜 저 여자는 세계적 유명인사가 됐지?

정리의 테크닉 자체는 별 차이가 없어요. 가장 큰 차이는 바로 이거죠. '평범해 보이는 나만의 소소한 노하우를 자기 콘텐츠로 만들어 세상 밖으로 내보냈는가, 자기만의 울타리에만 그 콘텐츠를 가둬 놓았는가'의 차이.

곤도 마리에는 별 것 아니게 보이던 정리 수납법을 자기만의 콘텐츠로 세상에 발표해 글로벌 유명인사가 돼 버린 거죠. 이것이 '콘텐츠 발표의 힘'입니다. 암만 좋은 콘텐츠를 가지고 있어도 '책' 등의 '발표 콘텐츠'로 만

들지 않으면 세상은 절대 몰라요.

당신도 용기를 내보세요. 나에게는 너무나 평범하고 당연했던 내용도 다른 어떤 이에게는 굉장히 흥미롭고 절실한 콘텐츠가 될 수도 있으니까요. '에이, 누가 이런 평범한 내 이야기에 관심을 갖겠어?'라고 스스로 지레 포기해 버리는 것이야말로 가장 큰 내부의 적이랍니다.

방구석에서 그래미상을 타는 세상

방구석에서 그래미상을 탄다고요? 네, 요즘은 개인을 드러낼 기회가 너무나 많아진 시대예요. 더 이상 옛날처럼 엄청난 유통회사나 거대 미디어를 통해야만 내 콘텐츠를 발표할 수 있는 시대가 아닌 거죠. 요즘 세계적으로 뜬 신세대 유명 가수들을 보세요. 다 '자기 방구석에서 음악을 만든 사람들' 출신이에요.

2001년생인 빌리 아일리시^{Billie Eilish}를 보세요. 방구석 자기 침대 위에서 만든 음악으로 2020년 그래미상 4개 부문을 휩쓸었잖아요? 자기가 만든 노래를 2016년 초 '사운드 클라우드'에 올린 게 첫 계기였다고 하죠. 같은 해 3월에 뮤직비디오도 공개했는데 13살 소녀가 만든 이 비디오가 공개 하루만에 1천만 뷰를 기록해 빵 터졌어요. 그로 인해 유명 레코드 회사들의 컨택까지 받게 됐고, 첫 앨범이 650만 장이나 팔렸어요. 역시나 사운드 클라우드를 통해 팬층을 키워온 톰 미쉬^{Tom Misch}도 마찬가지예요.

이런 신세대들이 자기만의 콘텐츠를 발표하는 모습을 보면 그야말로 '방구석'이에요. 앨범 자켓도 가족이 만든 거고요. 유명 소속사와 계약도 않고 직접 만들

베드룸 팝

어 소통하는 시대인 거죠. 그래서 '침대 위 팝Bedroom Pop'이라는 장르 이름까지 생겼어요. '자기 방구석에서 만든 음악'이란 뜻이죠.

'슈퍼 오르가니즘 밴드Superorganism Band'라는 혼성 8인조 다국적 밴드도 마찬가지예요. 이 멤버들이 서로 어떻게 만나게 된 줄 아세요? "알고리즘이 먹혔어요"가 그들의 대답이에요. 유튜브 알고리즘의 추천으로 서로 연락하게 됐다는 거죠. 팀의 결성은 물론 서로 간의 협업도 모두 원격으로 완성했대요. 그렇게 "밴드와 곡들이 모두 원격으로 만들어졌다"는 스토리로 유명세를 탔어요. 게임 OST에도 삽입돼 대박도 났고요.

이 모든 현상이 다 무엇 덕분이에요? 개인을 드러내는 플랫폼이 점점 많아져서 그래요. 한마디로 개개인이 돈 벌 기회가 많아진 시대예요. '완벽하진 않아도 즐기면서 재밌게 하는 콘텐츠 생산 방식인 아마추어리즘'이 통하는(오히려 각광받는) 시대예요. 이들의 표어는 한 마디로 이런 식이죠. "I'll Do Me, You Do You(난 나를 할 테니, 넌 너를 해!)" 즉, "난 내 맘대로

표현하고 공유할 테니 상관하지 말고 너도 네 갈 길을 가!"라는 메시지에
요. 자유로운 개인 표현주의 성향이 시대와 잘 맞물려가고 있는 거에요.
여러분도 자기를 콘텐츠로 마음껏 (눈치 보지 말고) 세상에 발표해 보세요. 요즘
엔 꼭 거대 유통사나 출판사를 거치지 않아도 가능해요. 도전할 수 있는 공개 플
랫폼과 채널들이 많으니, 일단 창작해 발표를 시도해보세요(Just go do it!) 그럼
좋은 일이 많이 일어날 거에요.

"저는 글재주가 정말 없어요. 국어 시간에 맨날 졸았고, 글쓰기도 자신이 없어서 이과에 갔을 정도에요. 저처럼 이렇게 글쓰기에 자신도 없고 지식이 없는 사람도 책을 쓸 수 있을까요?"

　책쓰기는 글쓰기 실력과 별로 상관없어요. 글쓰기 실력보다 더 중요한 것은 뭘까요? 바로 자기 전문성이죠. 사실은 이게 진짜 핵심입니다. 자기가 전문적으로 얘기할 내용이 있느냐가 더 중요한 관건이라는 말씀입니다. 표현력이 시인처럼 뛰어난 사람이 아니라면 요즘에는 글솜씨라는 것은 오십보백보로 다들 크게 차이가 나지 않아요.

　글씨가 악필이라고요? 옛날처럼 원고지에 손글씨로 쓰지 않고 모두들 타이핑을 하는 시대잖아요. 아무리 못 쓰는 사람도 악필 소리를 들을 필요가 없어요. 물론 아주 가끔 출판사에 투고하시는 60대 이상 저자분들이 계세요. 그중에는 아직도 손으로 꾹꾹 원고지에 눌러쓴 '육필원고'와 함께 인화한 지 오래 돼서 휘어진 사진 수십 장을 옛날식 원고지에 첨부한 뒤 우편으로 보내신 분들도 봤어요('반송 꼭 요망'도 사이좋게 적혀 있죠. 반송하는 데 재포장도 해드려야 하고 우편료도 들어요. 요즘엔 다 컴퓨터 문서로 원고 작업하지 않으면 애초에 투고해도 승산이 없어요).

　실용적인 책쓰기를 할 때 글솜씨 자체는 중요한 게 아니에요. 요즘 트렌드는 옛날처럼 뭔가 문학적인 표현을 쓰는 게 아니고요. 옆집 순돌이에게 편하게 말하듯이 서술하는 트렌드거든요. 친구에게 말하듯이 그냥 편하게 반말로 쓰는 저자들도 있어요. 글이 자신 없으면 녹음을 한 뒤 그 녹음한 걸 그대로 풀기만 해도 어느 정도 초고는 만들어낼 수 있어요.

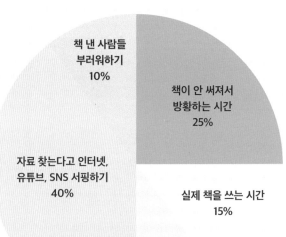

당신이 책을 쓸 때 벌어지는 일

책 낸 사람들 부러워하기 10%

책이 안 써져서 방황하는 시간 25%

자료 찾는다고 인터넷, 유튜브, SNS 서핑하기 40%

실제 책을 쓰는 시간 15%

주변에 집필 중이라고 떠들고 다니기 10%

2장 책으로 역전승한 13명의 사람들

이제부턴 제가 실제로 출판했던 사례들을 말씀드릴게요. 대부분 사례는 실제로 제가 다 기획하고 만들었던 책들이에요. 기획부터 편집, 제작, 홍보까지 제가 전부 책임지고 진행한 책들이 많아요. 책을 써서 커리어에서 역전승을 거둔 분들 위주로 말씀드릴게요.

역전자 1:
레오짱 자신

첫 번째 역전자는 바로 레오짱 저 자신입니다(자백 아니에요. 저도 비하인드 스토리가 워낙 많아서요). 제가 YBM시사영어사 재직 시절에 직원 신분으로는 첫 책을 썼는데요. 오른쪽 사진에 보이는 책인데 YBM Si-sa라고 돼 있죠. 이 책 두 권을 제가 한 달 만에 썼어요. 거의 동시에 냈는데 그때의 광고 전단지입니다. "접었던 영어를 펴라, 접었던 날개를 펴라." 제 인생의 첫 책이었는데 나오자마자 교보문고, 예스24, 알라딘, 인터파크 등 주요서점 전체를 통틀어 모두 1위를 했어요. 초보 저자였는데 전 서점 영어책 분야 1등을 석권해버린 거죠.

그랬더니 사내에서 위상이 크게 달라졌습니다. 일단은 편집자 동료들로부터 인정을 많이 받았어요. 그 전에는 별 교류가 없었던 영업부에서도 굉장히 잘 대해주기 시작했습니다. 회사 상사들도 저를 높이 인정해서 회사의 중요한 핵심 프로젝트를 많이 맡게 됐고 승진도 잘 됐고요.

YBM시사영어사는 토익 주관사예요. 토익시험을 주관하는 굉장히 큰 조직이죠. 당시 YBM은 토익 교재 판매에 특화돼 있었어요. 당시엔 이런

《나비효과 영문법》《나비효과 KEY 20》광고 전단지

일반 영어책 판매에는 강점을 가지고 있진 않았어요. 비 교재 영어책에 속하는 이 책이 1위를 휩쓸자 회사 분들도 좋아해주셨어요. 영업부에서도 "어떻게 1위를 했냐. 우리가 더 밀어주겠다" 하시면서 제 책에 추석 선물세트 같은 것도 구성해주셨어요. 덕분에 아주 뿌듯한 명절을 보냈죠.

첫 책 두 권이 나란히 베스트셀러에 올랐고, 이후 위즈덤하우스라는 출판사로 상승 이직도 하게 됐어요. 제가 YBM Si-sa에서는 편집장(차장급)이었는데 위즈덤하우스에는 더 높은 직급인 실장(본부장급)으로 가게 된 거죠. 이직해서도 직원 신분으로 세 번째 책을 또 썼습니다. 그게 또 다시 영어책 베스트셀러 1위를 했죠. 바로《우주에서 제일 쉬운 영어책》입니다.

잉크라는 브랜드는 제가 위즈덤하우스 출판사에 들어가서 만들었던 서브 브랜드예요.《창피모면 굴욕예방 영어상식 99》나《영단어 이래도 모르겠니》도 저희 팀이 기획해서 만들었던 책들이었죠. 나란히 베스트셀러 1, 2위를 석권하고 있죠? 나머지 순위에는 랜덤하우스코리아 이런 유명한 다른 출판사 책들이 있고요. 제 책《우주에서 제일 쉬운 영어책》도 전

서점에서 영어 분야 1위를 했고, 모든 분야를 통틀어 순위를 매기는 종합 부문에서도 베스트셀러가 됐습니다(이런 것을 '종합 베스트셀러'라고 부릅니다).

이렇게 되니까 역시나 이번에도 좋은 일이 많이 일어났어요. 신문 인터뷰도 여러 차례 하게 됐고요. 〈중앙일보〉에서 특집 기사를 써달라는 의뢰도 받았어요. 〈중앙선데이〉는 〈중앙일보〉 프리미엄 버전 주말판으로 유료로 파는 신문인데요. 여기에 특집 기사로 단독으로 대서특필을 한 적도 있습니다.

그랬더니 새로 이직한 위즈덤하우스에서도 사내 위상이 달라졌습니다. 동료들도 "우리 장 실장님" 하면서 존경해주고, 영업부에서도 친하게 다가와줬어요. 사장님도 매우 좋아하셔서 여러 가지 좋은 기회를 많이 맡겨 주셨습니다. "사장님이 장 실장님만 보면 눈에 하트가 뿅뿅 켜지시는 게 옆에서도 느껴져요!" 당시 제 팀원들이 제게 들려줬던 고백입니다.

이건 최근 일인데 삼성SDI 사내방송에도 출연하게 됐어요. 삼성SDI 사장님께서 제가 번역한 책 《스토리텔링 연습》을 아주 좋게 보셨대요. 그래서 저를 단독으로 10분 이상 영상 촬영을 해서 삼성SDI 사내방송에서 반복적으로 송출되기도 했습니다. 〈조선일보〉의 데스크칼럼이라는 굉장히 비중 있는 코너에도 제가 번역한 책이 큼지막하게 메인으로 실렸고요.

여기서 여러분에게 드리고 싶은 메시지는 이겁니다. "월급쟁이라도 작가의 꿈을 키우면 회사 안팎으로 좋은 일이 많이 생긴다."는 걸 기억해두세요. 첫번

인터파크 영어 분야 1위, 종합 베스트셀러 52위 랭킹

교보문고 영어 분야 1위 랭킹

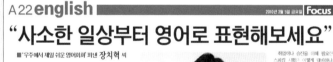

당시 무가지로 유명했던 <포커스> 신문에 실린 저자 인터뷰 기사

저자로서 특별 기고한 칼럼이
<중앙선데이> 주말판에 대서특필됨

책 출간 이후 삼성SDI 사내방송에도 출연

째 책, 두 번째 책, 세 번째 책을 쓸 당시에 저는 월급쟁이였잖아요. 시사영어사에서도 위즈덤하우스에서도 직원이었습니다. 직원 신분으로도 책을 쓰면 회사 안팎으로 이렇게 좋은 일이 많이 생겨요. 여러분을 위한 퍼스널 브랜딩의 초석이 다져지는 겁니다. 회사에서 인정도 받고 퍼스널 브랜드도 높아지고 인세도 받고, 일석삼조죠.

"레오짱님 글감옥 코칭 수강생 중에서도 그런 사례 없나요? 책을 내고 커리어 전환을 성공적으로 이뤄 낸 케이스 말이죠!"

그렇게 물으신다면《라이브 커머스 성공 전략》으로 요즘 상종가를 달리고 계신 이현숙 저자님을 빼놓으면 섭할 듯해요. 이 분은 제가 개최한 오프라인 원데이 클래스였던 '하루만에 책쓰기(행복한 글감옥)' 과정에서 처음 콘셉트를 잡아드렸어요. 이후 별도의 개인 코칭 과정을 통해 함께 본격 여정을 시작했죠.

이현숙 저자님은 원래 잘 나가던 쇼호스트였기 때문에 '역전자'라기보다는 '책을 출간하면서 전문가로서 새로운 날개를 달았다'라고 표현하는 게 좋겠어요. 한편 이현숙 저자님은 방송에는 베테랑이었지만 책은 한 번도 써본 경험이 없던 초보 저자셨기 때문에 맨 처음부

터 가이드를 드렸어요. 그런데 막상 원고를 써내려가기 시작하니까, 오! 기본적으로 자기 분야가 뚜렷했던 전문가시라 생각보다 빠르게 초고를 작성하시더라고요. 이후 제가 다시 피드백을 드려서 몇 번 고쳐 쓰기를 반복하시면서 더욱 완성도를 높이셨고요. 곧 이어 저의 적극적인 영업으로 도서출판 서사원과 출판 계약을 하게 되셨어요.

이 분은 20여 년간 홈쇼핑 채널에서 쇼호스트로 활동하셨던 분이에요. 책을 내면서 본격적으로 활동 영역을 바꿔 1인 방송인 라이브 커머스 분야로 전향하시려던 참이었어요. 경영전략 용어 중에 피보팅pivoting이라는 말 아시죠? 중심축인 핵심 역량은 그대로 둔 채 전략만 수정하는 것을 말하죠. 이현숙 저자님은 책 출간과 함께 피보팅을 성공적으로 하신 거죠. 마침 '라이브 커머스' 영역은 정부에서도 적극 밀어주는 분야였어요. 이제 막 붐이 일기 시작하는 타이밍에 그 영역의 1호 책을 선점하신 겁니다.

선점할 때 가장 효과적인 깃발 꽂기가 뭐다? 네, 바로 그 주제의 1호 저자가 되는 겁니다. 그 테마로 처음 나온 책이 되면 최고인 거예요. 이제 막 뜨려는 테마에서 1호 저자로서 깃발을 먼저 꽂는 것은 엄청난 위력이 있습니다. 여러분도 타이밍 너무 재지 마시고 요즘 뜨려는 분야가 있다면 무조건 빨리 출간하세요. 깃발을 가장 먼저 꽂고 첫 책을 내면 전국에서 강연 요청이 들어와요. 특히 그 주제가 트렌드라면 파급 효과는 엄청납니다.

핫한 주제라 교보문고 등 서점 측에서도 적극적으로 노출시켜줬어요. 무려 웰컴 페이지(홈페이지 들어가면 보이는 첫 화면)의 가장 상단인 '오늘의 책'으로 노출됐습니다. 광고단가로 환산하면 일주일에 수백만 원입니다. 서점에 잘 영업해주신 서사원 출판사에 감사드려요.

뜨는 주제를 선점하면 또 뭐가 좋을까요? 그 주제를 적극적으로 띄우려는 외부 업체와 제휴가 많아져요. 장차 뜰 트렌드에 대한 감이 좋고 발 빠르기로 소문난 분 중에 김미경 원장님이 계시죠. 책 출간 덕분에 그분과의 만남

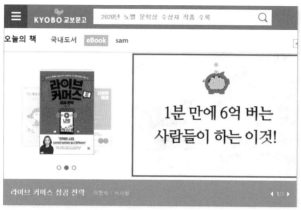

교보문고 '오늘의 책'으로 선정되어 웰컴페이지에 노출됨

도 성사됐죠. 김미경TV는 당시 유튜브 구독자 120만 명에 달하는 파워 인플루언서 채널이었어요. 거기서 '라이브 커머스 북토크' 첫 방송 영상이 공개된 후 아주 뜨거운 반응이 올라왔어요.

이후 배에 순풍을 단듯한 여정이 펼쳐졌습니다. 김미경 대표님의 제안으로 MKYU(김미경 유튜브 대학)에서 좀 더 본격적으로 '라이브 커머스' 프로그램까지 20강으로 찍게 됐어요. 이후 팬층이 한층 더 깊어지고 넓어지게 됐죠. 이제 전국에서 서로 모셔 가려는 저자로 몸값이 수직 상승하게 됩니다. 신문 방송과 글로벌 컨퍼런스에도 초청되시고, 각종 시도 교육청과 지자체, 기업체, 소상공인 연합회… 등 열거하면 입이 아플 정도로 비상하시게 된 거죠.

김미경TV에 출연한 이현숙 저자

예를 들어, 책이 뜬 이후 TBS FM 〈경제발전소 박연미입니다〉에 라이브 커머스 편으로 출연하셨고요. 중소벤처기업진흥공단이 만드는 월간지 《기업나라》 3월호에도 인터뷰 기사가 나갔어요. LG생활건강과 환경재단이 함께하는 라이브 커머스 쇼호스트 양성과정에 강사로도 서게 되셨습니다. 각종 단체에 초빙돼 실전 라이브 커머스 코칭 수업을 진행했는데, GRIP 방송 등을 현장에서 실습하고 코칭해주는 방식입니다.

각종 온라인 강연회에서 책 구매 인증도 받게 되셨고요(대량 추가 구매 발생). 전국 78곳의 작은 도서관에 책을 기증하는 훈훈한 소식도 이어졌어요. 쇼호스트 업계의 기라성 같은 대선배인 유난희 쇼호스트 같은 분들도 이현숙 저자님의 책을 적극 추천하고 인증하는 일도 일어났답니다. 책도 출간된 지 몇 개월도 안 되어 5쇄가 나가는 베스트셀러 겸 스테디셀러로 확실하게 자리를 잡았습니다.

이 모든 마법 같은 일들이 '책으로 그 분야 1호 선점'을 하지 않았던들 일어났을까요? 절대 아니죠. 책을 통한 퍼스널 브랜딩이란 바로 이런 겁니다. 책은 이렇게 활동의 초강력 주춧돌이 되어줍니다.

이 책이 베스트셀러가 되면서 JTBC오락예능 프로그램에도 장동민 씨, 허영지 씨와 심사위원으로 출연하셨어요. 라이브 커머스 오디션 예능 〈개천에서 용나G〉라는 프로그램이 기획된 배경과 저자분이 심사위원으로 섭외된 것도 모두 이 책 덕분이었다고 해요.

제작사인 JTBC스튜디오 룰루랄라의 기획자분이 이 책 《라이브 커머스 성공 전략》을 읽고 인사이트를 얻어 이 콘텐츠를 기획하게 되었다고 밝힌 바 있습니다. 당연히 이현숙 저자가 MC겸 심사위원 캐스팅 1순위가 된 것이고요. 연예인도 아닌 분이 난생 처음 예능 프로그램을 한 것은 순전히 책 한 권에서 시작된 셈이죠. 준비되어 있는 저자분들에게는 언제나 기회의 문이 활짝 열립니다. 여러분!

글로벌 컨퍼런스에 초정된 이현숙 저자

JTBC 오락예능 프로그램에 심사위원으로 활약하게 된 이현숙 저자

역전자 3:
유수연 저자

유수연 강사라고 아세요? TV에도 많이 나왔던 유명인인데, 이 분도 역시 제가 기획한 책의 저자세요. YBM Si-sa 편집장 시절에 제가 기획하고 편집해서 토익 책도 출간해드렸죠. 나중에 저와 함께 낸 자기계발서가 종합 베스트셀러가 되자 전국적으로 유명해져서 텔레비전에도 많이 나왔어요.

유수연 강사님은 원래 신림동 고시촌에서 영어 강사를 했어요. 이후 제가 근무하던 YBM Si-sa라는 영어교육 시장의 본 무대로 옮겨서 한 번 승부를 보겠다며 왔던 사람이에요. 그러니까 원래는 자기계발 강사가 아니라 영어강사였어요. 그중에서도 토익 분야에 새로이 도전장을 냈던 강사였죠.

제가 YBM Si-sa를 10년 넘게 다녔는데요. 그때 유수연 씨는 토익강사로서는 거의 새로 출발하던 입장이었어요. 사람들에게 아직 많이 알려져 있지 않던 시기였죠. 20명 정도 수강생들 앉혀 놓고 강의하던 초창기였어요. 저는 그때 김대균이라는 당시에 최고로 유명했던 스타 토익강사 담당 편집장이었어요. 당시에 사람들이 그분의 강의를 들으려고 종로의 빌딩들을 한 블록, 두 블록, 세 블록을 빙 둘러싸서 새벽부터 기다렸어요. 그 광경이 어마어마했어요. 출근길에 그런 장면을 보고 '세상에 이럴 수도 있구나. 일개 강의에 사람들이 이렇게 폭발적인 반응을 할 수도 있다니!' 하고 여러 번 놀랐어요. 아침에 출근해서 보니 사람들이 비를 맞으면서도 계속 줄서 있더라고요. 제가 그분의 전담 편집장이었어요. 그분의 책을 냈으니 베스트셀러 전담 편집장이었던 셈이죠.

그랬던 제게 유수연이라는 처음 보는 강사가 찾아왔어요. 자기 책을 좀 내달래요. 그래서 물었죠. "선생님, 수강생이 몇 명인데요?" "20명 정도요." "나중에 좀 더 많아지면 오시죠?" 그랬더니 "아니에요, 저 엄청 잘 할 수 있어요. 한번 밀어주세요, 편집장님!" 처음 인사했을 때 목소리가 엄청 걸걸했어요. "저기요, 편집장님. 저는 엄청 독한 여자예요. 제 깡을 믿고 책 내주세요."라고 계속 어필하더라고요.

제가 청강을 한번 해봤어요. 정말 강의를 엄청 독하게 하는 거예요. 상당히 특이한 캐릭터의 강사더라고요. 돈 내고 온 애들한테 회초리로 때릴 듯한 분위기로 강의하시더라고요. 아이들이 졸면 뺨도 때릴 것 같던 그 카리스마가 맘에 들어서 일단 토익 책을 내드렸어요.

그 후 제가 위즈덤하우스라는 신생 출판사에 편집장으로 이직을 했어요. 당시에 단행본 히트작 몇 개로 출판계에서 막 입소문을 타던 곳이었죠. 거기서 1년 뒤에 다시 유수연 씨를 보니 많이 성장해 있는 것 같아서 다시 만났어요. "선생님은 사실 자기계발서가 더 어울립니다. 선생님은 센 언니 스타일이니까 세게 씁시다. 독기 서린 누나나 언니의 회초리 때리는 말로 들려주는 에세이로 갑시다. 선생님에게는 그게 더 어울립니다.

거칠게 써주세요!" 그래서 이 책으로 나오게 된 거죠.《20대, 나만의 무대를 세워라》.

실제로 책도 엄청 독하게 썼어요. 목차부터 내용까지 엄청 세게 말이죠. '머리? 여우처럼 생각하지 말고 곰처럼 굴려!' '세상 일을 대할 때는 머리부터 들이밀어! 몸은 따라 들어가는 거야!' 이런 식의 메시지들이었죠. 독한 언니의 센 말들. 그랬더니 독자들 반응이 바로 올라왔어요. 결국 책을 엄청 많이 팔아서 누적 45만 부를 판매했어요. 이건 당시에 제가 찍어놨던 판권인데, 8개월 만에 52쇄라고 쓰여 있죠? 이 정도면 당연히 종합 베스트셀러예요.

여기에는 사실 티핑 포인트가 있었어요. **책의 톤을 세게 썼기 때문에 그 책을 기반으로 어울리는 타깃을 공략하기로 했어요.** 가장 세게 굴리는 집단이 어디예요? 군대죠. 일단 20대에게 하는 말이고 빡세게 굴리는 거니까 군

부대랑 잘 맞는 책이었어요. 그래서 군인 대상으로 강의를 '미친듯이 많이' 뛰셨어요. 주 공략 대상을 군 부대로 잡아 집중했죠. 나태한 청춘들에게 죽비 때리기 잔치와도 같던 책이었거든요. 그랬더니 장성들부터 감동하는 거예요. "군 장병들의 정서 함양에 도움이 많이 된

20대, 나만의 무대를 세워라

초판 1쇄 발행 2008년 10월 1일
초판 52쇄 발행 2009년 6월 24일

지은이 유수연 펴낸이 신민식

출판 8분사_편집장 장치혁
책임편집 도은주
마케팅분사_권대관 이희태 임대순 정주열

펴낸곳 (주)위즈덤하우스 출판등록 2000년 5월 23일 제13-1071호
주소 경기도 고양시 일산동구 장항동 846번지 센트럴프라자 609호
전화 031)936-4000 팩스 031)903-3891
홈페이지 www.wisdomhouse.co.kr
종이 화인페이퍼 출력 미광원색사 인쇄 영신사 제본 서정바인텍

© 유수연, 2008 ISBN 978-89-6086-135-0 03810

8개월 만에 52쇄 발행한 당시 판권면

다"는 반응이었죠.

여러분 진중문고라고 아세요? '선진강 군 신병영 진중문고는 장병 정서 함양 및 교양 증진을 위해 국방부에서(나랏돈으로) 배부하는 도서임'이라고 쓰여 있죠. 이 진중문고에 선정되면 나랏돈으로 한꺼번에 6,000부씩 사줘요. 그런데 이 책은 무려 두 번이나 선정이 됐어요. 1만 2천 부를

진중문고에 선정되었다는 문구가 책 안에 표기됨

나랏돈으로 군 부대에서 사간 거예요. 대박이죠. '중대급 이하 부대에 배부하여 활용한다.'는 선명한 문구를 보세요.

책이 왜 진중문고에 선정됐겠어요? 이 책의 핵심 독자 중 하나였던 군인들에게 미친듯이 강연을 많이 하고 다녔던 덕이 컸죠. 제가 기억하기로 50회는 뛰었을 걸요? 그래서 종합 베스트셀러가 됐어요. 이후로 계속 많이 팔려서 연말 판매 왕중왕전 격에 해당하는 예스24 '올해의 책'에도 선정됐어요. 결론적으로 누적 45만 부의 대박 셀러가 됐습니다.

책이 많이 팔리면 방송가에서도 가만두지 않아요. 피디들과 작가들이 항상 베스트셀러 작가들을 지켜봐요. 얘기거리가 되고 화제거리가 되는 사람이기 때문이죠. 그래서 러브콜을 많이 받게 돼요. 유수연 저자도 그래서 tvN 〈스타 특강쇼〉에서 단독 특집 방송으로 총 5회 출연했어요. 〈스타 특강쇼〉는 당시 최고 인기였던 김미경 원장급만 단독으로 출연할 수 있었어요. 그런데 베스트셀러 작가로 등극한 덕분에 유수연 씨도 단독으로 여러 번을 나갈 수 있게 된 거죠. 그 이후부터 쭉 잘 나가세요. 개인적인 학원 사업에도 약

tvN <스타 특강쇼>에서 단독 특집 방송으로
총 5회 출연해서 열강중인 유수연 저자

30억 투자를 받으셨어요.

여러분이 이 분에게 얻을 수 있는 힌트는 뭘까요? 거칠더라도 자기 캐릭터에 맞는 톤으로 써야 해요. 그래야 먹혀요. 이 책은 원래 중간에 편집자의 수정을 거칠 때 잠깐 유순한 원고로 바뀌었던 적이 있어요. 그러니까 "이건 제 말투가 아닌데요⋯." 그러면서 본인이 싫어하더라고요. 그래서 원고의 톤을 다시 엄청 세게 유지했어요. 센 톤으로 날을 더 세웠죠. 좀 거칠더라도 자기 결에 맞게 책을 써야 돼요.

그 다음에 타깃에 맞는 홍보 활동이 중요해요. 이 책의 경우는 20대 군인들이죠. 타깃에 가장 어울리는 집단들을 겨냥해 '미친듯이 많이 뛰어야' 해요. 그러면 큰 결실이 찾아와요. 오래 걸린다 해도 6개월 이내에 찾아와요. 자기 캐릭터에 맞는 톤 설정과 타깃 설정이 중요합니다.

역전자 4:
우지은 저자

우지은 저자는 제가 위즈덤하우스 편집장일 때 처음 만났어요. 저에게 자기 첫 원고를 투고하셨던 분이에요. 당시 프리랜서 아나운서로 지방에서 활동 중이셨어요. 책을 너무 내고 싶어 하셨어요. 투고하신 원고를 보고 제가 "저자님, 내용이 좋습니다. 계약합시다!" 그랬더니 그 얘기를 듣고 지하철에서 펑펑 우셨대요. 그 장면이 유튜브 어딘가에도 나오더라고요. 자신의 인생 첫 책을 무척 열망하셨기 때문이겠죠.

우지은 저자님은 계약 직후 "책은 어떻게 수정해서 써야 하나요?"라고 물으셨어요. "특히 새벽에 집중적으로 두세 시간 정도를 감옥처럼 스스로를 가두고 쓰세요."라고 조언해 드렸어요. 그때도 저만의 '새벽 글감옥' 방식을 말씀드렸던 셈이지요. 이 분이 열망이 크신 분이기 때문에(당시 베스트셀러였던《시크릿》의 열렬한 신봉자) 한 달 만에 신국판 300쪽 이상 되는 분량의 원고를 수정 보완해서 탈고하셨어요.

출간 후에 또 말씀드렸죠. "가만히 계시면 안 됩니다. 강연회를 열심히 뛰세요!" 100명의 기가 센 주부 영업사원들 대상으로 첫 강연회를 잡아 드

렸던 날, 대중 강연은 처음이라 그랬는지 생각보다 조금 떠시더라고요. '참 여린 면도 있으시구나' 했는데, 몇 번 강의하시더니 바로 감을 잡으셨어요. 이후 여러 가지 현실적인 핸디캡을 딛고 계속 열심히 하시더니 6개월여 만에 강남에 학원을 차리셨어요.

　　'우지은 W스피치커뮤니케이션'이라는 스피치 학원이죠. 책을 축으로 삼아 학원을 알리고 확장하는 전형적인 모델이죠. 개업 당시 여윳돈도 별로 없으셨던 것으로 아는데 다행히 학원 사업이 잘 됐어요. 불과 1년여 만에 시청점, 을지로점, 명동점 등 4개 지점에 확장 오픈하셨을 만큼 비즈니스에 날개를 다셨어요.

　제가 깜짝 놀라서 "아니 어떻게 1년 만에 4개 지점에 학원을 오픈하셨어요?" 하고 물었더니 "제가 실행력이 좋은 편이거든요." 그러시더라고요. 이후 방송에도 많이 출연하셨어요. 어느 종편 예능 프로그램에 단골 패널도 되셨더라고요.

　이 분에게 여러분이 얻을 수 있는 힌트는 뭘까요? 새벽 집필 시간 확보를 중요시하셔야 된다는 점입니다. 새벽이 아니면 사실 책쓰기가 힘들어요. 대부분 직장생활을 하시니까 에너지가 여러 가지 잡무에 분산되잖아요. 책쓰기는 집중해서 계속 뭔가를 파고들어가야 할 수 있는데, 에너지가 분산되면 집필이 잘 안 돼요. 그래서 새벽에 집중적으로 쓰시라는 거예요.

　또 책을 사업으로 현실화시키는 실행력이 굉장히 중요합니다. 이 분은 책의 기세가 꺼지기 전 6개월 이내에 이 책을 교재로 삼을 수 있는 학원을 차려 활용했어

'우지은 W스피치커뮤니케이션'이라는
스피치 학원을 총 4개 지점으로 확장 오픈한 우지은 저자

공중파 TV에 출연중인 우지은 저자

요. 강남 부근에는 "내 스피치 어때요?" 하고 CEO들이 개인 코칭 의뢰를 많이 하는데 여기서 먼저 잘 돼서, 다른 지점으로까지 파격적으로 뻗어갈 수 있었던 거죠. 책을 사업의 축으로 꼭 활용해보세요.

역전자 5:
전지현 저자

그 다음 역전자입니다. 전지현 씨인데요(여러분이 추정하는 그 배우 아닙니다. 이 분도 그분과 동명이인이라서 놀림 많이 받으셨대요). 23만 원만 들고 서울에 올라오셨던 분이세요. 사회 초년생 때 고생을 많이 하셨지만 지금은 편의점 점주세요. 보통 편의점 하시는 분이 책을 쓴다는 것은 잘 생각을 못하잖아요? 그런데 이 분은 책의 새로운 가치, 책을 가지고 할 수 있는 어떤 활동에 대해서 누구에게 얘기를 들은 거예요. 그래서 여러 우여곡절 끝에 첫 책《창업자금 23만 원》이라는 책을 쓰셨어요.

이 분은 서울 한복판에 있는 편의점 점주도 아니고 경기도권에 있는 남양주 점주세요. 서울에서 한 40분에서 1시간 정도 들어가야 할 만큼 외진 곳에 있어요. 서울에서 최고 매출을 달성하는 점주도 아니었는데 편의점 점주로서는 처음 책을 낸 경우였죠. 그런 멋진 도전 덕분에 독보적인 포지션으로 자리매김하

78

게 됐어요.

이 분이 책을 내고 나서 가장 먼저 한 일이 뭔지 아세요? GS한마당이라는 행사에 나간 거예요. GS편의점 점주 대상으로 해마다 열리는 가장 큰 해당 그룹사 연중행사인데, 여기 행사장에다가 조그마한 단독 부스를 열었어요. 자기 책을 진열해 오가는 사람들에게 알리기 시작했어요. 여러 점주들도 오고 회사의 높은 분들도 오고 기자들도 많이 오는 자리니까요.

그랬더니 GS그룹 허창수 총괄 회장님이 책 인증샷도 함께 찍어주시고 이후 그룹사에서 대량구매도 해주셨어요. 취재 나왔던 〈조선일보〉 기자가 인터뷰도 해주고 좋은 일이 연이어 발생했어요. 실제 〈조선일보〉 종이 신문에도 대문짝만하게 특집 인터뷰 기사가 났어요. 조선닷컴 사이트에도 여전히 잘 검색됩니다.

<조선일보>
기사 링크

'23만 원 쥔 소녀가 매출 40억 편의점 여왕 됐다'라는 타이틀로요. 대박이죠. 기자들은 뭔가 좀 더 업그레이드시켜서 크게 얘기하는 걸 좋아하잖아요. [창업스타를 만나다] 이렇게 갑자기 '창업 스타'가 되시기도 하고요. '편의점 대모'도 되셨네요. 책 한 권 냈을 뿐인데 갑자기 이렇게 특별한 포지셔닝을 얻게 되신 거죠. 얼굴도 대문짝만하게 나오고 기사의 분량도 어머어마하게 길죠. 이 정도 특집 기사는 거의 전면 광고 수준의 값어치를 지니죠. 당시 〈조선일보〉 전면 광고 1회 단가는 1,850만 원이었어요. 이건 광고도 아니라 취재 기사니까 효과가 더 엄청난 겁니다.

이후로 이 저자분에게 좋은 일이 참 많이 일어났어요. 지금 이 분은 삼성전자에 고정으로 출강 나가시는 아주 귀한 몸이세요. 강의료도 많이 올

GS한마당 행사에서 GS그룹 허창수 총괄 회장님과 함께
인증샷을 찍는 전지현 저자

GS그룹 허창수 총괄 회장님 만남과 거의 동시에
<조선일보> 인터뷰로도 이어짐

랐고요. 편의점 운영에도 큰 홍보가 돼서 이 분이 운영중인 남양주 지점은 일부러 찾아가는 사람들이 많을 정도입니다.

이 분에게 여러분이 얻을 수 있는 힌트는 뭘까요? 책을 낸 후 작은 이벤트를 꾸준히 하시라는 거예요. 그러다 보면 좋은 일이 많이 생긴다는 겁니다. 대부분의 저자는 안 그러거든요. 책을 내놓고 가만히 있어요. 그래서는 아무런 일도 생기지 않아요. 책을 내고 나면 가만 있지 않으셔야 돼요. 그 책을 기반으로 이벤트건 강연회건 부스를 차려 홍보하든, 뭔가 활동을 계속하면 주변에서 보이지 않게 사람들이 자꾸 지켜봐요. 그래서 괜찮다 싶으면 누구에게 추천도 해주고 입소문도 내고, 취재 기회를 얻게 되기도 하고요.

결과적으로 여러 형태의 귀인들이 많이 나타나요. 회장님이나 기자들 같은, 이런 사람들 말이죠. 힘들더라도 어떻게든 책을 내서 작은 이벤트를 꾸준히 하다 보면 좋은 일이 많이 생긴다는 것, 꼭 기억해두세요.

역전자 6: 시리즈 책으로 빌딩주가 된 사람

이 친구는 좀 극비 사항이지만 독자 여러분에게만 살짝 공개하겠습니다. 그동안은 아무에게도 알려주지 않았어요. 이 사람은 창업 당시 출판 문외한에 돈도 없었는데 시리즈 책으로 서울 시내 중심가에 빌딩 3채를 세웠습니다. 세계적인 유니콘 기업, 즉 기업 가치가 1조 원이 넘는 유명한 스타트업이 이 사람의 건물에 무려 10년 통임대 계약을 해서 임대료 걱정도 없습니다. 10년 동안 월세를 따박따박 달러로 받아요. 이런 건물을 2개나 소유한 건물주가 되었고, 최근에 건물을 하나 더 샀습니다. 돈이 전혀 없던 사람인데 책 덕분에 삽시간에 빌딩 세 곳의 건물주가 된 거예요.

이 사람이 그 전에는 무얼 했느냐? 출판에는 경험이 전무했던 문외한이었어요. 처음에는 출간한 책을 보관할 창고도 없어서 조그만 안방 같은 사무실에 3,000부를 쌓아놓고 매일 아침 서점에서 주문이 오면 직접 박스 포장해서 일일이 택배를 보냈대요(원래 다른 출판사에서는 물류업체에 대행을 맡기는데 그런 것도 몰랐던 거죠). 그렇게 힘들게 창업 초기를 지냈던 친구에요.

언급했다시피 이 분은 출판계 출신이 아니에요. 대학원 석사과정을 다

약 4년 만에 시리즈 100권 출간으로
건물을 3채나 소유한 건물주가 된 출판사 대표

니던 중에 직접 책을 내고 싶어서 경험도 없이 그냥 출판사를 차린 거예요. 그래서 한 3년 절치부심 고생을 엄청나게 했어요. 힘겹게 힘겹게 버티다가 대박 터진 게 시리즈에서였어요. '세계문학 컬렉션 시리즈'라고 들어보셨죠? 서점 매장에서 조그만 책들 무더기로 쌓아 놓은 것 보신 적 있을 거예요. 미니북이라고, 미니 중에서도 진짜 초미니북이 있어요. 그걸 서점 매대에 잔뜩 진열해 놓고 팔거든요. 오프라인 서점에 가시면 다 있어요. 심지어 별도의 매대가 있어요. 이 대표가 서점에 자기 돈 내고 매대를 다 제공한 거예요. 그 비용을 뛰어넘을 만큼 사람들이 책을 훨씬 더 많이 사니까 투자할 만하죠.

이 컬렉션 시리즈를 결국 100권을 채워 냈어요. 처음부터 100권을 낸 게 아니고, 처음에는 10권 정도만 냈어요. 10권 내다가 그걸 판 돈으로 다시 추가로 더 내고, 다시 팔고 또 시리즈를 이어서 내고…, 이 작업을 계속 반복한 거죠.

미니북 시리즈는 책이 작기 때문에 제작 단가는 얼마 안 들어요. 책 가격은 5,000원 안팎으로 저렴하지만 제작단가 대비해서 생각하면 싼 가격은 아닌 셈이에요. 출판사 입장에서 따지면 수익율이 높은 형태의 제작 방식이죠.

이 대표가 수익율을 더 높인 비결은? 나중에 물류센터를 자체적으로

성공의 가장 큰 원동력이 되어준 시리즈의 힘

확보해서 직접 처리하기 시작했기 때문이에요. 수많은 이 자잘한 책들의 관리와 포장, 후속 처리 등을 외부업체에 맡겼다면? 아마 관리도 힘들고 여러 가지 골치 아픈 일이 많이 생겼을 거예요. 그런데 이 대표자는 돈을 조금 벌었을 때부터 본격적으로 자체 물류창고를 확보한 거예요. 파주 인근에요. 그것이 이 미니북 시리즈의 수익율을 대폭 높여줬습니다. 이런 시리즈를 계속 내서 빌딩을 세운 셈이에요.

그럼 이걸로 어떻게 빌딩이 세워지느냐? 진짜 비밀은 시리즈의 힘이죠. 시리즈는 많아질수록 힘이 세지거든요. 책을 한 권만 내면 약해요. 아무리 많이 팔려도 팔리다가 어느 순간 판매 추이가 뚝 떨어지거든요. 선물용으로도 적합하게 디자인해서 만든 책인데, 시리즈가 한 100권쯤 되면 홈쇼핑에도 들어갈 수 있어요.

홈쇼핑에서 판매하면 1시간 만에 1억 원씩 매출을 달성할 수 있어요. 홈쇼핑에서는 세트 할인 가격으로 엄청난 물량을 단 시간에 와락 팔아 제끼기 때문에 큰 매출이 금방 일어나요. 낱권 판매로는 홈쇼핑에서 수지타산이 안 맞으니까 100권을 세트로 한꺼번에 판 거예요. 선물도 끼워주고 홈쇼핑용 특가로 구성해서 100권 세트로 파는 거예요. 그러면 실제로 한 시간에 1억 원씩 매출이 나와요. 그 작업을 여러 번 하게 되면 이런 건물을 올릴 수 있습니다, 여러분.

이 출판사 대표가 저와도 인연이 있어요. 이 친구 사무실에 자주 놀러 갔기 때문에 그 전체 과정을 제가 처음부터 끝까지 모두 지켜봤거든요. 처음엔 잘 안 되다가 시리즈가 한 10권으로 쌓이니까 그 다음부터 점점 힘을 받더라고요. 시리즈가 50권쯤 되니까 그때 홈쇼핑에 들어가더라고요. 이후 "이거 빨리 100권을 채워야겠다" 해서 3~4년 사이에 100권 출간 작업을 미친듯이 몰아붙여 완료했어요. 100권이 완성되는 순간 게임이 끝난 거예요.

100이라는 완전수로 시리즈가 일단 완간되면 뭐가 달라질까요? 그 세트를 가지고 할 수 있는 일이 너무 많아져요. 홈쇼핑에서 세트로 판매도 하고 서점 매대에서 파워 진열로 팔기도 하고요. 그래서 건물을 한 채 사고 여기서 나오는 월세를 바탕으로 생활하면서 다시 이 건물을 담보로 은행에서 저리로 돈을 빌려서 새로운 제2 건물을 사요. 여기서 나오는 월세와 이 건물을 담보로 또 빌려서 제3 건물을 사고…. 이런 식으로 번듯한 빌딩을 지금 세 채나 소유하게 된 거죠.

재테크 실력이 좋은 건지 출판 실력이 좋은 건지 하여튼 대단해요. 이 친구가 정통 출판계 출신이 아니라고 얕잡아 보고 폄하하던 출판계 사람들도 있었어요. 그렇지만 결과적으로 승자는 누구인가요? 비난만 하고 아직도 언제 잘릴지 모르는 월급쟁이로 사장 눈치만 보며 살아가는 그들보다 저는 이 친구가 더 부러워요. 우리 솔직해집시다.

"우울증 때문에 죽고 싶어도 떡볶이 생각이 나서 못 죽겠다고요?"

다음 역전자는 평범한 막내 회사원의 사례입니다. 여러분도 한 번쯤 들어보셨을 법한 《죽고 싶지만 떡볶이는 먹고 싶어》 저자에요. 이 책은 제가 기획한 경우는 아니지만, 책을 낸 과정에 시사점이 많아서 이야기드립니다. 이 친구는 당시 21세기북스 출판사 편집자였으니까 사실 저의 까마득한 후배인 셈이죠(저도 21세기북스 기획 실장 출신).

이 책은 백세희 씨의 첫 책인데요. 처음엔 책도 내주는 데가 없어서 자

비 출판으로 내려다가 평소 자신이 후원을 통해 참여하기도 했던 텀블벅이라는 크라우드 펀딩 사이트에서 모금을 했어요. 그렇게 모인 돈으로 책을 제작했죠. 다음 페이지에 당시 1차 모금을 진행했던 화면을 보시죠. 정신과적이고 우울증 분위기가 물씬 나게 페이지를 구성했죠. 초기 콘셉트는 진짜 우울한 환자처

럼 책 표지도 만들었어요. 그래서 '우울증 정신과 치료일기'라는 부제가 참 어울리긴 했네요. '죽고 싶지만 떡볶이는 먹고 싶어' 펀딩을 인스타그램과 페이스북에 공유해 알리며 처음 진행했는데 무려 모인 금액이 2,000만 원! 제목과 설명 문구를 설득력 있게 적은 효과네요.

턴블벅 크라우드 펀딩 사이트에 첫 책을 공개함

책은 보통 초판으로 1,500부를 찍거든요. 1,500~2000부 찍는데 제작비 500만 원도 안 들죠. 펀딩은 책이 나오기도 전에 돈을 미리 받는 개념이고요. 제작도 하기 전에 2,000만 원이 모인 거예요. 사실 제작비 외에 나머지 돈은 거의 다 모금 진행자의 수익이죠. 펀딩을 응모한 사람 수만큼 책을 더 많이 찍기는 해야겠지만 기본 제작비는 다 빠지고 배송료는 별도로 매기는 거니까 초판 이후부터는 모두 진행자의 이익이거든요. 그러면 이미 상당한 수익을 본 거예요. 책을 실물로 내기도 전에 1,292명의 후원자가 이 책을 이미 밀어준 거죠.

사실 이 저자는 우울증이 있다고 스스로 밝혔어요. 자신의 우울증 자기 상담기를 쓴 거죠. "마음의 병을 앓고 있는 사람들아, 모두 이리로 와라"

《죽고 싶지만 떡볶이는 먹고 싶어》의 초판 표지 펼침 이미지

백세희 저자

출판사에서 정식 출간하면서 한 번 더 텀블벅 펀딩에 성공함

는 콘셉트죠. 저도 읽어봤지만 내용이 그렇게 엄청 정교한 책은 아니었어요. 정신과 상담을 갈 때마다 그냥 녹음을 떠서 녹취를 푼 수준의 구성이에요. 실제로 책 나오고 나서 이 친구가 가장 스트레스 받았던 부분이래요. '날로 먹은 책이다' '작가 혼자 쓴 책이 아니다' 등의 악성댓글 때문에 악몽까지 꿨다고 하네요. "어제는 남자친구랑 싸워가지고 제가 더 우울해졌어요. 죽고 싶어요." 이런 일상적이고 평범한 얘기를 여과 없이 하는데 그걸 그냥 녹음을 떠서 그대로 원고로 바꾼 수준이에요. 엄청난 깊이가 있는 건 아니고 그냥 상담 받은 내용을 그대로 정리해 놓은 글이에요.

그런데 다만 제목이 참 중요하다는 게 이 책에서 여실히 드러났죠. 이건 정말 너무나 기발한 제목 아닙니까? 젊은 애들이 좋아하는 떡볶이라는 키워드를 넣어서 '죽고 싶었는데 떡볶이는 먹고 싶어서 죽지를 못하겠다.' 이런 키워드로 뽑았죠. MZ 세대, 밀레니얼 세대들이 환호할 만한 제목을 잘 뽑았어요. 그래서 펀딩은 물론이고 책으로도 엄청 많이 팔렸죠.

이후에 한 번 더 텀블벅을 성공시켰어요. 이제 종이책 버전으로 제대로 된 출판사에서 다시 낸 거죠. '죽고 싶지만 떡볶이는 먹고 싶어, 정식 출간.' 그런데 이때도 모인 금액이 1,200만 원. 후원자가 984명, 이렇게나 많죠. SNS를 통해 이목을 끈 결과입니다. 제목이 재미있어서 호기심이 입소문으로 이어졌고 입소문이 그대로 책 판매로 연결된 것으로 보입니다. 하여튼 펀딩이 또 성공했습니다. 드디어 자기 얼굴도 드러내요. "저 이렇게 생긴 사람이니까 믿을 만하죠? 못 믿을 사람 아니에요, 밀어주세요." 그렇게 했단 말이죠.

그렇게 해서 펀딩 프로젝트가 두 차례 다 성공했고 종이책도 굉장히 많이 팔렸죠. 무려 종합 베스트셀러 1등을 했습니다. 저보다 까마득한 후배이고 초보 저자인데도 초대박을 낸 거죠. 이 책은 일단 제목을 기가 막히게 뽑은 것이 주효했어요. '제목의 힘'이 이렇게나 큽니다.

여러분이 백세희 씨에게 얻을 수 있는 힌트는 이겁니다. '잃을 게 없다'는 것, '밑져야 본전인데'라는 생각을 좀 가지셨으면 좋겠어요. 새로운 플랫폼 예를 들어 아까 크라우드 펀딩 같은 데는 밑져야 본전이거든요. 거기서 뭔가를 시도해본다고 손해볼 거 하나도 없어요. 해보고 실패하면 그냥 접거나 다시 올리면 되는 거예요.

두 번째 시사점은 이겁니다. 우울증도 있고 만성적 안면홍조 증세도 있어서 굉장히 샤이한 친구인데도 자기 얼굴을 내걸었다는 사실이죠. 자신의 제품을 어필할 때는 얼굴을 내걸 정도의 용기가 필요합니다. 이런 점을 여러분이 취하시면 좋아요. 종합 베스트셀러 1위를 한 건 정말 깜짝 놀랄 만한 일이 일어난 겁니다. 초보 저자가 그렇게 되기는 정말 쉽지 않기 때문이에요.

역전자 8: 복고판으로 대박이 난 친구

이 친구도 좀 재미있는 경우인데, 저랑도 아는 사이에요. 책 하나로 대박이 난 1인 출판사인 셈이죠. 심지어 아직도 사무실이 없어요. 오래 전부터 자기 집에서 혼자 하고 있는데 집도 서울이 아니에요. 인천인가 그래요. 작은 어학출판사에서 편집자를 하다가 신용카드 현금서비스로 마련한 단돈 200만 원을 가지고 1인 출판사를 창업했는데, 한 5년 정도 엄청 고생했어요(그래도 딸린 식구 없고 자기 집에서 혼자 하는 거니까 오래 버틸 수 있었겠죠). 그러다 《하늘과 바람과 별과 시》 윤동주 시집 복간본을 냈고, 이 책이 말 그대로 빵! 터진 거죠.

그런데 이 책의 특징이 뭐예요? 약간 트릭을 쓴 건데 '초판본'이라는 거죠. 윤동주가 살았던 시기의 초판에 나왔던 그 디자인을 어디서 카피해서 그걸 그대로 다시 판매한 거예요. '초판의 향수를 느껴보세요.'라고 하면서 말이죠. 사실 원저자가 사망한

WHY

지 70년이 지나면 저작권은 소멸돼서 누구나 쓸 수 있게 된 점을 노린 거죠. 별도의 저작권료도 주지 않고 초판본 디자인을 그대로 카피해서 다시 판매한 거니까, 가히 봉이 김선달식 기법이라고 해야겠죠.

그때 운도 따라서 영화 〈동주〉가 대략 3개월 있다가 개봉을 한 거예요. 그 영화 흥행했죠. 영화가 흥행을 하니까 이 책도 덩달아 많이 팔리기 시작했어요. 누적 70만 부 가까이 팔렸어요. 사무실도 없이 집에서 출판하던 사람에게 무려 70만 부라니 대박인 거죠. 저작권료 줄 상대도 없으니까 고스란히 자신의 알짜 수익인 거고요.

윤동주 초판본, 김소월 초판본, 누구 초판본… 해서, 이후에도 초판본으로 우려먹기를 열심히 했어요. 그동안(5년) 고생했던 게 일거에 보상을 받은 겁니다. 서점에서 우연히 만났을 때 제가 물었죠. 한동안 소식이 뜸하길래 "어디 갔다 오셨어요?" 그랬더니 "유럽 일주 갔다 왔어요." "아니, 그렇게 자리 비워도 돼요?" 그랬더니 앞으로 10년간은 걱정 없을 정도로

영화 〈동주〉 개봉 덕분에
누적 70만 부가 팔린
《하늘과 바람과 별과 시》 시집

벌어놨기 때문에 이제는 좀 여유 있게 출판을 하고 싶대요. 아주 약간 사치스러운 그런 출판 있잖아요. 양장에 금박도 두르고 하는 그런 출판의 여유도 부려보는 거 같더라고요.

이 친구의 성공 비결은 뭘까요? 여러분이 출판사 차리실 건 아니지만 여기서 얻을 수 있는 힌트는 이겁니다. 고정적으로 들이는 돈(고정비)을 최소화한 채로 작게 작

게 계속 시도하라는 거죠. 이 친구는 사무실 월세가 따로 나가지 않게 자기 집에서 출판사를 운영했고요. 저작권료도 들지 않는 저자 사후 70년 저작물만 집중적으로 공략했어요. 저작권 만료된 책을 윤동주 시집이 터지기 약 3년 전부터 계속 시도해왔던 거예요.

초판본이라는 아이디어는 사실 이 친구가 먼저 시도한 건 아니었어요. 맨 처음에 다른 사람이 시도했던 아이디어였죠. 중요한 건 이 친구는 '계속' 시도했다는 점이죠. 나에게 새로운 아이디어가 있다면? 고정비를 최소화한 채로 작게 계속 시도해 보세요. 운때가 잘 맞으면 크게 히트할 수도 있으니까요.

여러분 혹시 프리챌이라고 아세요? 초기 인터넷 1세대 사이트 대표 주자였어요. 지금 소개할 분은 그 프리챌의 공동대표 출신이세요.《경영학 사용설명서》를 쓰신 김용진 저자님이죠. 이 분은 식견도 대단하시고 업계 경력도 화려하세요. 당시에 프리챌은 엄청 잘됐어요. 지금의 네이버 저리 가라였죠. 그렇게 최고의 인기를 누리다가 이 업체가 갑자기 성급한 유료화를 시도했어요. 이모티콘 비슷한 걸 돈 받고 팔기 시작한 거예요. 무료 회원들이 많이 활동하고 있었는데 댓글 이모티콘 하나에 갑자기 천원씩 받기 시작한 거예요.

당시 사용자들의 의견이나 정서는 일체 묻지 않았고 사업을 일방통행 방식으로 무리하게 밀어붙였어요. 그러다 보니까 회원들 상당수가 화가 나서 일거에 탈퇴해버린 거예요. 네이버 회원들이 일순간 갑자기 다 탈퇴해버렸다고 생각해보세요. 한마디로 그 사업은 망

당시 김용진 저자가 공동대표로 있었던 프리챌의 로고

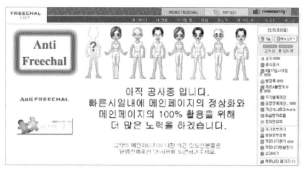

이모티콘을 유료로 판매하다 무료 회원들이 대거 탈퇴하면서 부도가 남

한 거예요. 그래서 프리챌이 부도가 났어요.

법인의 빚이 미국처럼 개인 채무로 연결되는 게 아니면 좋았겠지만, 한
국은 아직도 법인의 채무가 개인 채무로 연결이 돼요. 공동대표셨던 이
저자분의 개인 채무도 엄청나게 생기면서 많은 빚에 짓눌리셨어요. 그래
서 저희 출판사와 처음 만났을 때 안색이 매우 안 좋으셨어요. 얼굴에 근
심이 많아 보이시더라고요. 그래서 "빨리 책을 내시죠." 하고 의기투합
했죠.

그리고 나서 낸 책이 바로 이《경영학 사용설명서》에요. 이 책을 기반
으로 18회 정도 시리즈로 유료 세미나를 여셨어요. 저자분의 해박한 경영
학 지식이 널리 입소문을 타서 여기 세미나에 수강생으로 유명한 분들도

많이 오셨어요. 각 기업체 HR 담당자들도 있었고, 회사 대표님들도 있었고, 교수님들도 있었죠. 그분들 중 어떤 사람이 매출 1조 하는 회사의 회장님에게 이 저자분을 추천한 거예요. 그래서 거기 경영사장으로 가시게 됐어요. 탁월한 경영성과와 고액 연봉 덕분에 개인 채무도 다 해결하신 것으로 알아요.

《경영학 사용설명서》 출간 후 유료 세미나를 개최 중인 김용진 저자

여러분이 여기서 얻을 수 있는 힌트는 뭘까요? 책을 낸 뒤에 가만히 있지 말고 세미나 시리즈든 동영상 강의든 최선을 다해서 활동하라는 거예요. 그러다 보면 귀인이 어디선가 보고 있다가 손길을 내민다는 사실이에요. 어디선가 가만히 지켜보고 있다가 "저 분 참 괜찮은데!" 그러면서 다양한 제안이 많이 들어와요. 생각보다 다양한 기회들이 많이 연결됩니다. 거기서 새로운 장이 펼쳐지죠.

책은 책으로만 끝나지 않아요. 책이 가져오는 또 다른 기회들이 훨씬 많아요. 그 전제는 저자가 책을 기반으로 활동을 열심히 해야 된다는 거죠. 책을 내고 나서 가만히 있으면 절대 아무 일도 일어나지 않아요. 뭐가 됐든 어떤 형태로라도 활동을 많이 하셔야 해요.

제가 주최하는 레오짱 줌스쿨 강의 플랫폼에도 자진해서 "제가 여기서 강의해 보고 싶습니다!"라고 먼저 손도 드셔야 하고요. 그러면 매번 많은 분들이 온라인으로 지켜보고 계시는 거잖아요? 여기도 어딘가에 귀인이 숨어 있을 수 있어요. 실제로 제가 레오짱 줌스쿨에 처음 강사로 데뷔시켜서 이후 다른 곳에서도 특강 기회를 잡게 된 분들이 굉장히 많았어요. 지금은 마치 전문 강사처럼 뛰고 있지만 그분들의 시작은 '그냥 처음 공개 특강에 도전해 보는 일반인'이었던 경우가 많아요(그래서 첫 특강 때는 엄청 떠셨죠. 지금은 모두 차분하게 잘 하세요).

최선을 다해 뛰다 보면 귀인이 숨어서 지켜보고 있다가 일정한 노력이 임계치에 도달할 즈음에 도와주러 나타난다는 점, 항상 명심하세요. 저 레오짱이 27년간 출판하면서 무수히 지켜본 바에요. 활동을 끊임없이 하고 계시면 귀인은 반드시 나타나게 돼 있습니다. 믿으세요!

역전자 10: 책 한 권으로
학장이 된 평교수

"교수가 굳이 책 내서 더 좋을 일 있어요?" 처음엔 이렇게 의문을 품으셨던 분입니다. 대학 정교수조차 책을 쓰면 좋은 일이 많이 발생합니다. 그 사례로 이야기해드릴게요. 이 분은 서울대학교를 졸업하시고 해외에서 박사 학위를 받은 후에 건국대학교의 정교수가 되신 분이세요. 얼핏 생각하면 '이런 분이 뭐가 아쉬워서 논문 말고 책을 쓰는 수고를 할까?'라고 반문할 수도 있죠.

교수들에게도 대중서 출간이 큰 의미를 지닐 수 있습니다. 그 사실을 이

분이 어렴풋이 눈치를 채셨던 것 같아요. 그래서 저희에게 책 쓰고 싶다고 먼저 연락주셨던 건데요. 교수님 본인도 처음엔 반신반의하셨습니다. "제가 교수인데 굳이 책을 쓰는 게 뭐가 좋은지 잘 모르겠어요." 하셨던 입장이셨어요. 저희에게 수시로 "제가 논문 실적 쌓기도 사실 바쁜데 굳이 책을 내서 더 좋을 일

중국 유학생들을 위해서 만든
건국대학교의 상허교양대학

이 뭐가 있을까요?" 하고 묻곤 하셨죠(결과적으론 참 좋은 일이 많이 생기셨습니다).

"교수님, 일단 내보세요. 좋은 일이 많이 생깁니다." 하고 말씀드렸죠. 이후로 기획회의도 했고요, 교수님도 본격적으로 새벽 집필을 시작하셨어요. 그때 한 달간 수면 시간을 매일 4시간 이내로 줄이면서 집중적으로 쓰셨답니다. 그 결과 엄청 두꺼운 책의 원고를 완성하셨죠. 책이 600쪽이 넘어요. 바로《콘텐츠가 왕이라면 컨텍스트는 신이다》라는 책으로 탄생했습니다.

책을 내고 나서 어떤 일이 벌어졌을까요? 전혀 예상치 못한 일이 생겼습니다. 교수님은 책을 내고 나서 얼마 지나지 않아 학장님으로 영전(榮轉: 전보다 더 좋은 직위로 옮김)되셨어요. 비하인드 스토리가 있는데요. 교수님이 출간 후에 총장님에게 책을 선물하셨다고 합니다. "총장님, 제가 최근에 이런 책을 썼습니다. 시간 되실 때 한 번 읽어봐 주시면 감사하겠습니다." 정도로 간단하게 인사차 그냥 드린 선물이었대요.

그런데 그 책을 보시고 총장님께서 큰 감동을 받으셨대요. "우리 학교에도 이런 훌륭한 생각을 가진 교수가 있었냐"며, "이렇게 훌륭한 교수님을 우리가 인재로 등용하지 않을 수 없다. 내가 학장으로 영전시켜서 혼쭐을 내주리라" 하신 거죠. 여러분, '영전 혼쭐'이라고 들어보셨나요(방금 제가 만든 말이에요). 이렇게 행복한 승진 혼쭐이 나신 셈이죠.

요즘 한국 대학교에 중국 학생들이 유학을 많이 와요. 건국대학교의 상허교양대학이 중국 유학생들을 위해서 만든 교양대학이거든요. 거기 매점에 커피를 사러 갔더니 옆에서 중국말 소리밖에 안 들려요. 교수님은 책 덕분에 그 대학의 학장님이 되셨고, 이젠 다른 교수님들이 이 분에게 상사로서의 예를 깍듯이 갖추고 모시고 다니더라고요. 평 교수님들의 상사가 되신 거죠.

교수님 자신도 저희와 뒤풀이 자리에서 이렇게 밝히셨어요. "**순전히 그 책 하나 때문에 그런 일이 발생하게 된 겁니다.**" 저희가 묻지도 않았는데 교수님이 먼저 그렇게 말씀하셨어요. 여기서도 우리는 알 수 있습니다. 책 하나가 정말 기대 이상으로 좋은 일을 발생시킨다는 것을요.

여기서 여러분이 취할 수 있는 힌트는 뭘까요? '**현재 아무리 안정된 철밥통 신분이더라도 책을 내고 나면 더 강력한 철밥통을 얻을 수 있다**' 정도가 아닐까요? 여러분이 일반 직장인이라면 더 좋은 기회를 많이 얻을 수 있고요. 프리랜서라면 말할 나위도 없답니다.

역전자 11: 책 하나로
삼성사장단 강연을 하게 된 교수님

'바둑 고수에서 교수가 되시고 삼성사장단 연사가 되신 분'이 계세요. 그 이야기를 해드릴게요. 정수현 교수님이신데요, 현재 명지대학교 바둑학과 교수님이세요. 이 분도 저희랑 친한 교수님이세요. 교수님이 되시기 전에는 영문학을 전공하셨대요. 교육학 박사 학위까지 따셨다가, 바둑을 워낙 좋아하시고 잘하셔서 프로 기사까지 입단하셨어요. 프로9단이라는 엄청난 레벨의 바둑기사 자격까지 획득하신 분입니다. 그런데 명지대학교가 바둑학과라는 신설학과를 만들게 되면서 좋은 계기로 교수님이 되셨는데요.

교수님도《바둑 읽는 CEO》라는 책을 내시고 더 큰 기회를 잡으셨습니다. 21세기북스에서 이 시리즈를 많이 냈는데 제목 그대로 CEO들에게 어필하는 시리즈였죠. 당시 제일 잘 나가던 삼성그룹, 그중에서도 사장단 내부 강연에 초청을 받는다는 것은 전문성을 매우 인

정받았다는 증거예요. 교수님은 삼성 사장단 강연에 여러 차례 초빙되어서 강의를 하셨대요.

"저도 교수인데 책 내고 났더니 정말 상상도 못했던 좋은 일들이 많이 일어났어요. 따지고 보면 저도 사실은 순전히 이 책으로 인해서 그런 기회들이 온 거예요. 순전히 《바둑 읽는 CEO》 책 덕분에 연락받게 된 기회들이 굉장히 많았어요. 삼성 사장단 강의와 그 외 다양한 기업체 교육 연락이 모두 그 책을 보고 연락하게 된 거였다고 담당자들에게 들었어요. 당장의 인세 수입보다 책 덕분에 활동력이 대폭 넓어지는 계기가 열렸어요." 저희와의 식사 자리에서 교수님이 직접 밝히신 내용입니다.

이 분에게 여러분이 얻을 수 있는 힌트는 뭘까요? 희귀한 분야를 선점해 책을 내면 그만큼 희소가치와 몸값이 올라간다는 점이 첫 번째입니다. 기존 바둑책들은 전공서적이나 교재 위주로 돼 있었어요. 이 분은 이 분야를 대중화시켜 집필하신 셈이었죠. 'CEO들이여, 바둑으로 경영의 힌트를 얻을 수 있다.' 그런 식으로 썼죠. 부제도 '결정적 한수에서 배우는 판세를 읽는 기술' 이렇게 뽑았잖아요? 이런 식으로 포지셔닝을 했더니 저자로서의 희소가치가 올라가더라는 거죠.

두 번째 힌트는 이것입니다. 책으로 벌어들일 당장의 인세 수입보다 책 덕분에 활동력이 훨씬 넓어지더라는 교훈이죠. 책은 돈 이전에 영향력을 많이 넓혀줍니다. 책이 단순히 책 하나로만 그치지 않고 많은 귀인과 좋은 기회를 불러오는 역할을 하죠. 그 증거들은 차고 넘칩니다.

역전자 12: 책 하나로
국회의원이 된 A 저자

"책 하나로 어디까지 올라갈 수 있을까요?" 누가 이런 질문을 제게 하신다면? 저는 이 분 이야기를 해드려야겠다는 생각이 가장 먼저 납니다. 이 분은 국회의원까지 지내셨어요. 그런데 그 국회의원이 된 계기가 다름 아닌 책 덕분이셨대요.

이 분이 저희에게 직접 밝히셨던 내용이에요. "국회의원이 된 것도 순전히 책 하나 때문이었다"고 말씀하셨어요. 듣고 있던 저도 깜짝 놀랐어요. "제가 어떻게 국회의원이 된 줄 아세요? 사실은 순전히 책 하나 때문에 된 거예요." 본인의 소신은 '이런 사회를 건설하자'였는데 이런 식의 사회적 담론을 책으로 내신 거예요. 그리고 당시 여당 유력 인사에게 이 책을 선물로 보낸 거예요. 그랬더니 그분이 책을 보고 감동을 받으셔서 "직접 만나고 싶다"고 연락을 하셨답니다. 그리고 나서 친해지셨어요. 몇 번 만남을 갖고 나서 국회의원 선거 때 공천을 받은 거예요. 그때 그 당의 공천 넘버 10 이내로 들면 무조건 당선이 되는 상황이었어요. 이 분께선 아주 높은 앞 번호로 공천을 받아서 국회의원이 되신 거죠. 광화문 근처에서 저희랑 식사하시다가 갑자기 이 얘기를 해주시더라고요. 인상 깊었어요.

여기서 여러분이 취할 수 있는 힌트는 뭘까요? 자기 소신을 충분히 담은 책을 유력 인사에게 한번 선물해보세요(꼭 정치권이 아니어도 상관없겠죠). 판매의 히트 여부를 떠나서 엄청난 일이 벌어질 수 있어요. 아, 밑져야 본전인데 이런 일이 안 일어나도 다른 좋은 일들이 생길 수도 있잖아요? 적극적으로 책을 통해 자신을 어필해 보세요. "두드려라, 그러면 열릴 것이다!"

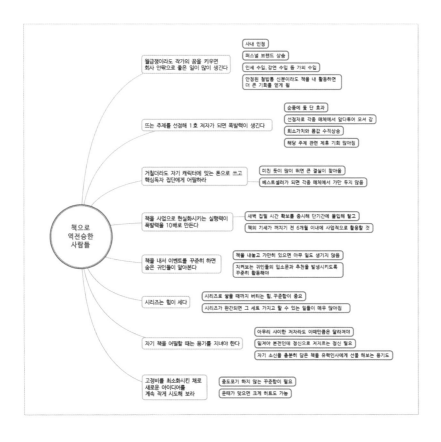

3장 망하는 책쓰기의 7가지 원인

책쓰기를 가로 막는 주요 장벽들에 대해서 먼저 말씀드릴게요. 이건 주로 심리적인 이유, 습관적인 이유, 착각에서 비롯된 문제 등입니다. 책쓰기의 완성을 가로막는 가장 큰 장벽은 뭘까요? 게으름, 디지털 딴짓병, 느린 진행병, 자료 의존증, 되새김질병, 완벽주의병, 눈치병, 격식병 등입니다. 우리 자신에게도 조금씩 숨어 있을지도 모를(사실은 대다수 사람들이 감염돼 있는) 이 병증에 대해 차근차근 알아볼까요.

하나,
엔트로피에 굴복하는 게으름

"책만 쓰려고 하면 자꾸만 졸리고 놀고만 싶어져요. 책쓰기는 오랜 로망인데 실제 써놓은 원고는 몇 쪽을 넘어가지 못하니, 어떡하면 좋죠?"

인간은 기본적으로 엔트로피 법칙에 지배를 받는 존재입니다. 엔트로피 현상이란 '가만히 놔두면 점점 퍼지는' 현상이에요. 사실 인간뿐 아니라 우주 삼라만상이 모두 이 법칙의 지배를 받죠(우주의 기본적인 물리화학적 법칙이에요). 예를 들면 글을 쓸 때 소파가 바로 옆에 있어요. 거기서 글쓰기가 돼요? 자유로운 발상을 원한답시고 소파 위에서 글쓰기를 조금 하다 보면 쉬고 싶어져요. 쉬고 싶으면 앉고 싶고, 앉고 싶으면 눕고 싶고, 눕고 싶으면 자고 싶어지는 게 사람 심리에요. 점점 엔트로피의 증가 상태로 빠지는 거죠. 갈수록 나태해져요. 프로 작가들조차도 자신의 나태함을 못 믿는 이유죠. 그래서 유명한 소설가들이 스스로를 감옥처럼 가두고 글을 쓰게 된 거예요.

우주는 언제나 '확고한 의지력'으로 일부러 그 나태해짐을 뚫고 나가려 하지 않는 한 계속 풀어지고 퍼지고 무질서해지는 방향으로 흐르려고 해요. 근데 글감옥에 스스로를 넣어놓으면 그럴 수가 없잖아요. 거기선 나태함을 막는 정신무장이 되거든요. '의존증'이 나태함을 부르는 1등 원흉인데, 의존증 없이 서릿발 어린 의지력을 높여주는 데가 글감옥이에요. 특히 새벽 글감옥이요(글감옥을 어떻게 수행하는지는 〈2부 1장 새벽 글감옥 실천 비법〉을 참고하세요).

저 레오짱도 사람이니까 당연히 첫 책 집필할 때는 힘들었죠. 집필이 인간의 기본적인 생리 활동은 아니기 때문이죠. 매일매일 스스로에게 동기 부여하고 인위적으로 의지를 투여해야 해요. 저 레오짱도 엔트로피에 시달리다가 극복하려고 스스로 실험해본 결과로 찾아낸 방법이 글감옥이었어요. 저는 이외수, 조정래 같은 전업 작가는 아니니까(회사원이었으니까) 절충안으로 발명한 것이 바로 새벽 글감옥이었어요. 회사 업무에 시달리다온 저녁 시간에는 피곤하고 집중이 잘 안 됐거든요.

직장 생활을 하는 분들은 물론이고 자녀를 둔 주부들이 저녁 시간에 글감옥을 수행하기는 사실상 매우 힘들어요. 새벽 시간을 공략하세요. 새벽 시간에는 대부분 매인 환경에 놓인 분들(예를 들어, 아이 엄마들)도 어엿한 혼자만의 시간을 가질 수 있기 때문이죠. PC를 바깥 거실에 두세요. 그래야만 자녀를 깨우지 않고 새벽에 조용히 혼자만의 작업을 수행할 수 있습니다. 자녀가 장성했거나 많이 큰 학부모시라면 자기만의 시간을 새벽에 더 원활히 가질 수 있을 거예요.

둘,
디지털 딴짓병

"저는 랜선에 중독된 것 같아요. 일을 하다가도 수시로 카카오톡이나 인스타 피드, 페북 피드 창을 들여다보고 있어요. 유튜브 영상이나 인터넷을 몇 시간째 들여다보고 있기도 하고요. 그러다 보니 집중력이 5분을 못 넘겨요. 저 같은 사람도 책을 쓸 수 있을까요?"

새벽에 글감옥을 수행할 때 극히 주의해야 할 사항이 있습니다. 잘못하면 마魔에 빠져들기 아주 십상인 주의사항들이죠. 그 경계 대상 1호는 바로 랜선(인터넷 환경)입니다. SNS, 인터넷 뉴스, 단체톡방, 모바일 메시지, 카카오톡 등이 모두 해당되죠. 아침부터 이런 디지털 메시지들을 확인한답시고 들어가기 시작하면 주의력이 분산되면서 점점 '주화입마走火入魔'에 빠지게 됩니다(주화입마는 무협소설에서 등장하는 용어로, 본인이 감당하지 못해서 내공이 역류하거나 폭주하는 현상이에요).

글쓰기 할 때는 인터넷 검색을 하지 마세요. 나중에 자료를 집중 보완할 때 하세요. 자료를 검색한다는 명분과 핑계로 인터넷 검색을 시작하다 보면 자신도 모르게 어느새 또 이상한 기사를 클릭하고 있는 모습을 발견하게 될 거예요. 그런 패턴이 점점 주화입마에 빠지는 원인이 됩니다.

SNS를 아침에 눈 뜨자마자 한다면? 그 귀한 새벽 글감옥 시간에 랜선을 확인한다는 것은 완전히 미친 짓입니다. 외부와의 단절을 꾀하는 것이 글감옥의 목적이잖아요? 그러니 화려한 인터랙션이 오가고 여러 가지 시간을 빼앗는 유혹거리가 많은 인터넷 뉴스, SNS, 모바일 메시지, 카카오톡 이런 것을 극히 경계하세요. 새벽 글감옥이라는 귀한 시간에 SNS를 확인하는 것은 주화입마에 바로 빠져 들어가는 아주아주 멍청한 짓입니다.

하지만 현실적으로 그 유혹에 저항하기는 쉽지 않습니다. 솔직히 고백하면 저도 주화입마에 수시로 빠졌다가 빠져나오기를 반복한 적이 많답니다. 마이크로 인플루언서(채널 운영자)로서 단톡방과 유튜브 등 채널 관리를 하다 보니⋯라고 핑계를 대봅니다만.

일상을 해킹 당하지 않도록 하자

내가 원하지 않는데 누군가 내 신경망 안으로 들어오는 것을 해킹이라고 부르죠. 페이스북 초대 사장이었던 숀 파커^{Sean Parker}도 SNS가 어떻게 우리 행동을 조종하는지 인정했어요. "사람들에게 인정받기 위해, 그리고 그렇게 인정받는 재미에 취해 끊임없이 SNS를 쓰게 만드는 겁니다. 딱 저 같은 해커가 생각할 만한 것이죠. 인간 심리의 취약점을 이용하는 거예요." 사실 가장 흔한 해킹은 '알람'입니다. 수많은 SNS와 이메일, 벨소리, 푸시 알람까지 확인한다면, 당신의 삶은 하루에도 수십 번 '해킹'을

당하는 셈이에요.

그래서 글감옥 중에 지치거나 지루해질 때 중간 휴식하는 방법이 사실은 중요합니다. 휴식 시간에 절대 디지털 기기를 뒤적이지 마세요. 차라리 아무것도 하지 말고 잠시 멍을 때리거나 5분간 눈을 감고 명상을 하세요. 그게 마음과 몸이 지칠 때마다 '딴짓'으로 새는 것보단 100배 낫습니다.

왜냐? 딴짓은 잠시로 그치지 않기 때문이죠. 딴짓은 다른 딴짓으로 이어지게 돼 있습니다. 한번 풀어지면 자꾸 풀어지려는 이 우주의 엔트로피 법칙에 따라 처음 한 번 저지른 딴짓이 자꾸 다른 딴짓들로 이어지게 됩니다. 생각보다 긴 시간을 낭비하게 될 뿐더러 중간에 생각도 의욕도 모두 쉬이 사라져버리죠. 의욕도 생각도 목표의식도 점점 증발됩니다.

애초에 딴짓 자체로 새지 않는 게 제일 중요해요. 그 5분의 중간 휴식 후에 바로 다시 본작업인 글쓰기로 돌아와야 합니다. 50분씩 목표 시간이나 목표 분량을 정해두세요. 중간엔 본 작업(글쓰기)만 하고 딴짓은 일체 허용하지 않기로 스스로 다짐하세요. 목표한 시간과 분량을 채운 뒤에야 잠시 딴짓을 허용하세요. 그것도 시간을 정해서 딱 5분 내로만. 예비 작가는 '딴짓'으로 새는 걸 제일 경계해야 합니다.

셋,
느린 진행병

"옛날에는 내공을 오래오래 묵혀야만 좋은 글이 나온다고 했잖아요? 하고 싶은 말이 흘러 넘칠 때까지 3년이고 10년이고 기다렸다가 도저히 더 기다릴 수 없을 지경일 때 책을 쓰면 잘 된다는 얘기를 들은 거 같아요."

그런 방식은 이미 오래 전의 옛날 공식이 돼버렸어요. 요즘 시대는 워낙 트렌드와 분위기가 빨리 변하기 때문이죠. 원고를 오랫동안 묵혔다가 빵~! 하고 내공을 터뜨리는 방식은 요즘에는 안 통해요. 그렇게 오래 기다려줄 독자들이 없어졌어요. 요즘엔 천천히 축적하는 식으로 쓰시면 안 돼요. 오랜 내공을 쌓는 것은 충분조건이지만 요즘 시대에 맞춰 빠르게 쓰는 것은 필요조건이에요.

요즘에는 원고를 조금만 오래 붙들고 있으면 마치 유효기간 지난 우유같이 돼버려요. 세상이 너무 빨리 변하고 있기 때문이죠. 저는 잡지 편집장도 오래 해봤어요. 잡지는 빠른 단행본 같은 거예요. 요즘 단행본은 옛날 월간지 내는 기분으로 빨리빨리 쓰고 빨리빨리 내셔야 돼요. 대부분 예비 저자분들이 하는 얘기가 "저 원고 지금 2년째 붙잡고 있는데요?" 이러면 게임 끝나는 거예요. 일년만 붙잡고 있어도 요즘에는 상당히 철 지난outdated 상태가 돼요. 그런데 2년 됐으면 유효기간 지난 우유가 너무 발효돼서 치즈로만 써야 될 지경이 되는 거죠.

이제는 현재 시점에서만 쓰셔야 해요. 그러니까 빨리빨리 쓰고 빨리빨리 출간하고 다음 주제의 책으로 넘어가셔야 해요. 예를 들어, 작년에 제가 혼자서 홈페이지를 제작했거든요. 그래서 '워드 프레스'(홈페이지 제작툴) 설명서를 사려고 서점에 갔어요. 그런데 워드 프레스 책들이 다 2~3년 전에 나와 있는 거예요. 요즘 시대에 새 버전이 해마다 나오는데 그렇게 오래 전에 쓴 책들을 누가 봐요? 그래서 최신 버전 다룬 책만 사려고 봤더니 딱 하나밖에 없는 거예요. 한빛미디어에서 나온 책이었죠. 그 책만 요즘 잘 팔려요. 다른 책들은 업데이트를 안 해서 외면 받은 거죠. 여러분도 빨리 업데이트하면서 빠르게 쓰셔야 돼요. 오래 묵히시면 아무리 내용이 좋아도 시대에 뒤떨어지는 느낌을 줍니다.

당일 정보는 '신문'이 되고 하루 지난 정보는 '신문지(휴지, 라면받침)'가 됩니다. 정보는 유효기간과 타이밍이 핵심이에요. 너무 늦기 전에 그대의 노하우를 책으로 엮으세요. 타이밍 앞에서 완벽주의라는 병은 버려야 합니다. 안 그러면 '당신의 그 대박 책'이라는 것은 영영 못 나오게 됩니다.

"제 원고를 보면 항상 부족하고 부실해 보여서 자꾸 자료만 찾다가 시간이
다 가요. 자료 찾기도 힘든데 이게 확실한 자료인지도 모르겠고, 그러다 보
니 진척이 안 돼요."

원고를 쓰실 때 핵심 중 하나는 '자기 안에서만 쓰라'는 거예요. 외부를
뒤적이면 안 돼요. 특히 초벌 원고 단계에서는 그러셔야 돼요. 외부 자료에
집착하다 보면 내 생각과 내 경험을 잊고 자꾸 헤매게 돼요. 원고 진행이
잘 안 되고 지지부진해지는 가장 큰 이유예요. 제가 발견한 모든 지지부
진한 저자분들의 공통적인 문제점이었어요.

유명한 업계 전문가들도 이 착각의 덫에 갇혀서 1년이 지나도 원고가
안 나와요. 실제 제 이야기를 하나 들려드릴게요. 제가 하루에 10만 원짜
리 유료 세미나를 많이 갑니다. 거기서 좋은 저자분들을 많이 발굴하거든
요. 강의 내용이 좋고 신선하다 그러면 바로 책 내자고 그 강사분께 제안
합니다. 일전에 제가 모 투자증권 중국 유통전문가의 강의를 들은 적이

있어요. 이 분이 그날 강의를 참 잘하셨어요. 사람들도 박수 많이 치고 반응이 엄청 좋았어요.

"중국 유통이 이렇게 돌아갑니다. 알리바바는 이렇고 텐센트는 이렇고…" 제가 속으로 생각했죠. '오! 강의력도 좋고 내용도 신선한데? 빨리 책을 쓰자고 해야겠어!' 그래서 바로 접근했죠. "선생님, 안녕하십니까. 오늘 강의 재미있게 잘 들었습니다. 이 내용으로 바로 책을 내시면 되겠습니다. 오늘 강의 그대로만 책으로 내셔도 훌륭할 것 같습니다." 알겠대요. 본인도 하고 싶대요. 그리고 다른 날 한번 더 만나서 식사도 하면서 책 집필에 대한 가이드 미팅도 가졌어요.

그런데 6개월이 지나고 1년이 지나도 도무지 진척이 안 되는 거예요. 지금 2년이 돼 가는데 안 되는 이유를 물을 때마다 자꾸 무슨 "추가 자료를 더 찾아봐야 해서요…." 그러세요. 그래서 제가 그랬죠. "중요한 건 추가 자료가 아닙니다. 선생님의 핵심 포인트, 견해와 생각만 정리하셔도 충분해요. 자료는 그때 발표하신 것만으로 이미 충분했어요. 그렇게 머뭇머뭇 하는 사이에 그놈의 추가 자료라는 것들이 자꾸만 발목을 잡게 되는 겁니다. **결과적으로 시기가 밀려서 그때는 신선했던 콘텐츠가 이젠 올드한 데이터가 돼버렸고 이제는 못 씁니다.** 탈고가 너무 늦어지는 바람에 데이터가 모두 옛날 것이 돼버려서 지금 책으로 내려면 전부 다시 쓰셔야 합니다." 참 안타까웠어요. 자료 의존증 때문에 빚어지는 전형적인 딜레이 패턴입니다.

다섯,
되새김질병

"저는 제가 방금 전에 썼던 글이 맞는지 계속 다시 보고 고치면서 글을 쓰는 타입이에요. 그러다 보니까 도무지 진척이 안 돼요. 앞에 썼던 표현이 맘에 들 때까지 한 꼭지를 반복해서 계속 고치다 보면 달랑 3페이지 쓰는 데도 일주일 걸릴 때도 있어요."

되새김질병을 앓고 계시네요. 이건 자꾸 되새김을 해서 방금 전에 썼던 부분을 고치는 증상이에요. 너무 세세한 대목들에 연연해 고쳐가며 쓰느라 앞에 썼던 문장의 소용돌이에서 벗어나지 못하고 괴어버리는 증상이에요. 그러면 자꾸 제자리걸음에 수렴하게 돼요.

쉽게 말하면 자꾸만 부분에만 집착해서 전체를 못 보는 거예요. 속도를 빨리 내려면 전체 그림부터 빨리 그리세요. 러프 스케치를 잡는 게 중요해요. 처음부터 부분을 손질하는 데만 정신이 팔리면? 전체 구도도 엉망이 될 뿐더러, 작업 속도도 현저히 떨어져요. 아직 머리도 안 감았는데 마지막 단계인 화장부터 하려 드는 것과 같죠. 전체에 대한 설계도를 아직 그리지도 않았는

115   WHY

데 부분 부분만 예쁘게 인테리어 하느라고 시간을 허비하고 있는 거죠. 초벌 원고를 쓸 때만큼은 되새김질하는 버릇을 버리세요. 즉, 틀린 걸 일절 고치지 말고 전진하며 쓰셔야 합니다.

제조 공장에서 리드 타임^{lead time}이라는 개념이 있어요. 제품이 생산되는 데 걸리는 공정 시간을 말하는 거죠. 이 공정 시간이 빠를수록 회사는 매출이나 수익이 높아져요. 경영학자들이 말하길, "성과 창출의 가장 중요한 포인트는 '작업 흐름을 빠르게 하라'입니다." 흐름을 빠르게 하는 게 성과 창출의 가장 중요한 포인트라는 거죠. 성과에서 속도가 제일 중요해요. 포드 자동차를 만든 헨리 포드도 그걸 절실히 깨달은 사람이었어요. 그는 제조과정의 흐름을 빠르게 개선하는 데 목숨을 걸었던 사람입니다. 그래서 컨베이어 벨트 시스템으로 자동차를 조립하는 방법까지 고안했잖아요. 그걸 통해 세상을 바꾸게 된 결과를 낸 거죠.

빠르게 쓰기의 기본 원리도 리드 타임을 최소화시켜서 쓰는 겁니다. 집필의 리드 타임을 줄이세요. 원고가 생산되는 데 걸리는 시간을 최소로 줄이세요. 그래야 효율이 높아져요. 그렇게 하기 위해서는 어떻게 하시라고요? 틀리는 거, 엉성한 거, 이상한 거, 말투 달라지는 거, 미완성형 문장 등을 일단 일체 신경 쓰지 마세요. 일단 원고의 처음부터 끝(에필로그)까지 다 빼놓으세요. 이 마인드가 핵심적으로 중요합니다. 초벌 작업 때는 전체상^{whole picture}을 그리는 게 제일 중요합니다. 그것만 되면 절반은 된 셈이죠.

이 원리는 심지어 모든 종류의 생각을 빠르게 표현하는 것에 똑같이 적용됩니다. 보고서 쓰기든, 기획안이든, 글쓰기든, 일기 쓰기든, 책쓰기든 하려는 프로젝트의 리드 타임^{lead time}을 극단적으로 단축시켜 보세요. 빠르게 일단락 짓고 싶은 모든 작업에 리드 타임 최소화 원리를 똑같이 쓰시면 됩니다.

여섯,
완벽주의병

"저는 그동안 글을 열심히 써왔는데 막상 발표하려고 하면 '내가 과연 자격이 될까?' '아직도 많이 부족한 내가 이런 미완성작을 세상에 내놓고 책을 팔아도 될까?' 하는 생각이 꼬리에 꼬리를 물어요."

'완벽주의' 병을 앓고 계시네요. 많은 사람들이 염원만 하면서도 책을 완성하지 못하는 가장 큰 원인이에요. 이 시대에 완벽주의는 구제가 잘 안 되는 병이에요. 자신의 심리적인 유연성이나 개방성, 효율성을 잃어가면서까지 질서 정연함이나 완벽주의를 추구하는 사람들이 있어요. 이런 완벽주의자들은 자칫 '강박인격장애強迫人格障礙' 중의 하나를 겪고 있는 것일 수도 있습니다.

이런 분들은 항상 비슷한 증세에 시달려요. 글을 열심히 써왔는데 막상 발표하려고 보면 '내가 과연 자격이 될까?' 하는 생각이 꼬리에 꼬리를 물고 나오죠. 그러다 보니 되는 거 안 되는 거 자꾸만 보충에 보충을 더 하고 덧칠에 덧칠을 해요. 시간은 시간대로 훨씬 오래 걸려요. 전체 그림도 아주 지저분해지죠. 원고에 쓸데없는 곁가지를 붙이게 되고 결국엔 원래 콘셉트의 예각(뾰족함)을 잃어버리니 자신감은 점점 더 없어지고…, 이런 악순환을 반복하게 돼요(저도 처음 책을 쓸 때는 그런 시행착오를 많이 해봐서 잘 알아요).

요즘 시대에 완벽함이란 지향해야 할 포인트가 아니에요. 빠르게 내는 게 더 중요해진 시대가 됐어요. 세상이 불과 몇 개월만에도 확확 바뀌잖아요. 코로나 상황으로 그 전에 출간됐던 미래 예측서들이 하나도 맞지 않아 쓸모가 없게 된 사례, 불과 작년에 많이 보셨잖아요? 요즘엔 기술 변화의 속도가 기하급수적으로 빨리 변하고 있어요. 불과 지난 주 뉴스가 벌써 구닥다리 같은 느낌을 주기까지 하잖아요? 그래서 완벽주의로 갖추려는 버릇은 요즘 책쓰기에서 제1호 적이에요. 유효기간이 지나버린 우유 같은 원고로 변해버리기 전에 빨리빨리 쓰고 빨리빨리 출간하세요.

일곱,
눈치병과 격식병

"저는 박사과정 중인 대학원생인데 항상 주변 사람들에게 눈치가 보여요. '제대로 써야지. 업계의 눈치가 있고 평판이 있는데'라는 압박감이 너무 심해서 한 자도 못 쓰겠어요."

이 질병은 특히 전문가분들이 많이 보이는 질환이에요. '내가 이거 제대로 써야지.' '업계의 눈치가 있고 평판이 있지.' 이런 건 다 착각이에요. 대중들을 대상으로 판매되는 책은 대중성이 더 중요해요. 교수님들이나 대학원 동기들 눈치를 볼 필요가 없어요. 핵심독자가 그들이 아니잖아요? 그런데 왜 그들을 신경 써요?

전문가나 교수일수록 책 쓰는 데 오래 걸리고 애를 먹는 이유가 이거예요. 글쓰기가 대중적이지 않아서 그래요. 너무 내 위치와 주변 업계를 신경 쓰다 보니까 논문 자료도 잔뜩 때려 넣고, 용어 자체도 있어 보인다는 미명하에 어려운 학술용어를 남발하죠. 그런 격식병이 책의 대중성을 망칩니다.

쉽게 쓰는 요령은 구어, 입말, 일상용어처럼 글을 쓰시는 거예요. 실제 강의할 때나 평상시 말하는 것처럼 글을 쓰세요. 이제는 입말의 시대거든요. 구어적인 글쓰기, 모바일적 글읽기의 시대죠. 세계적인 석학이나 유명한 문학작품이라면 모를까, 요즘 사람들이 일반 대중서를 논문처럼 밑줄 쳐가면서 두 번 세 번 곱씹으면서 보지 않잖아요? 지루해 죽겠는데 누가 요즘 책을 그렇게 봐요. 다른 재미있는 볼거리들이 차고 넘치는데요.

자신이 오감으로 느낀 바 그대로 쓰셔야 논문체의 함정에서 벗어날 수 있어요. 자기가 본 대로, 들은 대로, 냄새 맡은 대로, 맛본 대로, 말한 대로, 느낀 대로 솔직하고 여과없이 써 보세요. 그러면 생활밀착형의 진솔한 글이 나옵니다. 격식을 차리려는 격식병도 너무 주변 지인들의 눈치를 보기 때문에 나타나는 증상입니다. '나의 사랑하는 초보 독자들에게 이 주제를 가장 쉽고 친절하게 전달해 보고 싶다' 이것만 생각하세요. 그 목표만 지상 과제로 삼으세요. 그럼 격식병은 더 이상 도지지 않습니다.

2부 WHAT

1장 팔리는 책쓰기의 7가지 대원칙

책쓰기를 가로 막는 주요 장벽들로 게으름, 디지털 딴짓병, 느린 진행병, 자료 의존증, 되새김질병, 완벽주의병, 눈치병, 격식병 등에 대해서 알아봤어요. 그럼 이와 반대로 책을 빨리 잘 쓰고 잘 팔리게 쓰시는 베스트셀러 작가들은 다른 해법을 갖고 계시겠죠? 그 7가지 필살 노하우를 전해드립니다. 렛츠 고!

마인드1:
행복한 글감옥을 설정한다

"감옥이라니까 뭔가 무시무시한데요? 책 쓸 때 꼭 감옥 설정을 해야 하는 이유가 있나요?"

제약limitation이 천재를 만듭니다. 무제한으로 주어지는 것은 창조력의 적이에요. 무기한의 마감 시한은 무기한의 방황을 부릅니다. 우리나라의 유명 작가인 이외수, 조정래 씨가 스스로 글감옥을 설정한 이유가 뭘까요?

이외수 작가가 사용했던
실제 글감옥

온전한 몰입을 위해서입니다. 실제로 이 분들은 안방에 철문을 달았어요. 배식구만 철문 밑에 뚫어놔요. 자기 쪽(안)에서는 그 문을 못 열고 밖에서만 열리게 해 놔요. 배식구로 삼시세끼만 넣어달라고 가족에게 부탁하죠(이건 진짜 감옥이죠!). 식사 시간이 되면 밖에서 아내가 "점심 시간이에요, 식사하세요." 하고 쟁반을 철문 안에 넣어줘요. 그치만 자신은 못 나가요, 이렇게 진짜 감옥으로 설정해요. 그런 모습이 실제로 작가 분들을 다룬 다큐멘터리에 나온다니까요. 옛날 〈MBC성공시대〉 조정래 작가 편을 검색하면 보실 수 있습니다. 장편소설 《태백산맥》을 쓸 때 그렇게 글감옥 상황에서 쓰셨대요.

조정래 작가의 자전 에세이
《황홀한 글감옥》

　그때 저도 필 받았죠. '아 나도 이렇게 해봐야겠다!' 조정래 글감옥 다큐를 보고 제 첫 책 《나비효과 영문법》을 저만의 새벽 글감옥 설정하에 썼어요(영감을 준 조정래 작가님 쌩유!). 새벽마다 출근하기 전까지 셀프 감옥을 설정하고 집중 집필을 시작했어요. 저는 전업 소설가는 아니니 철문까지 달 순 없었죠. 그냥 출근하기 전 2시간을 집필 감옥으로 설정했어요. 제 서재 방문을 걸어 잠궈서 아무 방해도 없게 만들고, 매일 2시간씩 집중적으로 집필했어요. 랜선 뽑고, 무식무색무취인 상태에서 오롯이 2시간 몰입 후 출근했죠. 세상이 달라 보이더라고요. '그 온전한 몰입을 통해 세상 위에 선 그 느낌이 나를 1등으로 만들어 준다'는 확신까지 생겼어요.

　왜 감옥으로 설정해야 하냐고요? 이렇게 유명한 프로 작가님들조차도 자신의 나태함을 못 믿기 때문이라고 말씀드렸죠. 우주는 언제나 자기 의지로 일부러 뚫고 나가지 않는 한 흩어지고 무질서해지는 방향으로 흐르게 돼 있어요. 점점 나태해져요. 그런데 임무를 다 완수해야 탈출할 수 있고 사식(밥)을 받을 수 있게 스스로 설정해 놓은 글감옥 환경에서는 그런 게으름을 부릴 수가 없잖아요. 거기선 나태함을 막는 정신무장이 강제적으로 되죠. 반강제적으로라도 의지력, 투지를 불태우게 해주니까 스스로를 글감옥에 넣는 거죠.

당시 저도 무식, 무색, 무취, 무음… 모드로 글감옥을 실천했어요. 먹지도 않고 현란한 거 보지도 않고(랜선을 뽑아버렸어요!) 배경음악 같은 것도 안 들었어요. 정신 사납게 무슨! 커피 이런 것 내린다고 괜한 뻘짓에 시간을 버리지도 않았어요. 그냥 물만 마셨어요. 면벽수도하는 수도승처럼 자기와의 온전한 대화를 나눠보는 거죠.

그 결과로? 저도 그렇게 한 달 반만에 엄청 두꺼운 첫 책을 썼어요. 《나비효과 영문법》이라고 360쪽짜리 영어책을요. 시사영어사에서 나왔는데 나오자마자 바로 영어 분야 1등을 했다고 말씀드렸죠. 그래서 또 같은 집필감옥 방식으로 뚝딱 1개월 만에 두 번째 360쪽짜리 원고를 썼어요. 얼마 안 있어 바로 출간이 됐고 역시나 두 번째 책인 《나비효과 KEY20》도 영어 분야 1등을 했어요(지금은 이 책들의 판권을 제가 회수해 와서 시중에서 구할 수는 없어요. 개정증보판으로 다시 내려고요. 결국 저도 이 집필감옥을 설정했기 때문에 첫 두 권 집필을 빠르게 마친 거예요).

왜, 왜, 왜 글감옥을 설정해야 될까요? 책이라는 건 블로그나 SNS 글쓰기처럼 짧지가 않기 때문이죠. 책이라는 건 한 주제에 대해서 가장 긴 글을 쓰는 작업이에요. 그러니까 몰입을 제대로 해야만 돼요. 몰입할 수 있는 환경을 설정하는 게 책쓰기 작업에서 제일 중요해요.

새벽에 창조적 단절을 의도하라

일상의 오후나 저녁 시간 혹은 업무 시간 중에는 여러 가지 처리할 일들이 많이 치고 들어와요. 나의 창조적인 작업을 심각하게 방해합니다. 나의 생각에 진흙탕물을 일으키죠. 생각이 차분해지지 못하고 집중해서 처리해야 할 일을 꾸준하게 하지 못하는 상황이 돼요.

책 작업은 굉장히 집중하는 시간을 가져야만 도출되는 창작 활동입니다. 집필 때마다 최소한 1시간, 충분히는 2시간 이상 계속 그 주제만 생각해야 돼요. 그렇기 때문에 이것을 일상생활 중에 한다는 것은 사실상 잘 안 되죠. 자기만의 창조적인 끊음의 시간, 즉 외부와 단절된 시간을 마련해야 합니다. 이것을 저는 "창조적 단절의 시간을 마련한다"고 표현합니다. 다른 말로 "글감옥을 설정한다"라고 표현했고요.

그래서 제가 만든 브랜드 키워드가 '레오짱 글감옥'이에요. 저 자신은 첫 번째 책과 두 번째 책을 쓸 때 완전히 면벽수도하는 고행자 방식으로 했었어요. 그런데 일반 사람들에게 이 방법을 가르치려고 보니 조금 무리가 있는 분들도 계시더라고요. 아침 잠 자체가 많으시거나, 아침에 커피 없이는 도저히 정신을 차리실 수 없는 분들도 계셨고, 아침에는 무료함이 배가 되어 아무 자극이 없으면 금방 졸음에 빠지는 분들을 발견한 겁니다. 그래서 기존 제 정통 글감옥 방식에서 약간의 변형을 가하게 됐어요.

책쓰기는 '감옥'처럼 하는 게 맞아요. 자기 자신을 외부와 차단시키고 단절을 시켜야 창조적인 크리에이티브를 이끌어낼 수 있어요. 제가 '글감옥'이라는 표현을 쓰긴 했습니다만, 사실 이 작업이 괴로우면 안 됩니

레오짱이 만든 책쓰기 강의 브랜드 <행복한 글감옥>

다. 집필이 괴로우면 매번 습관으로 정착되기가 힘드니까요. 괴로운데 누가 그것을 매번 꾸준히 하려고 하겠어요.

괴로운 행위는 반복적인 습관으로 정착되기가 힘든 것이죠. 그렇기 때문에 '행복한' 글감옥을 스스로 만들어야 합니다. 감옥은 감옥인데 행복한 감옥으로 만드셔야 하죠. 행복한 감옥을 만들려면 기본적으로 자기가 좋아하는 커피나 차, 음료 등을 아주 정성스럽게 셋팅을 해봐야 합니다. 그 전날 밤 자기 전부터 말이죠. 미리 새벽에 일어난 나를 반가이 맞이할 친구들을 심어놓는 것이죠.

집필할 땐 배경음악도 가급적 틀지 마세요. 그냥 아무 소리도 없이 조용한 상태에서 집필에만 열중하는 게 가장 순수한 집중을 끌어온답니다. 나중에 좀 졸리게 될 경우에만 시끄럽지 않고 가사가 없는 음악을 트세요. 좋아하는 배경음악이나 명상음악, 자연의 소리 등 백색소음을 트세요. 그러면 나름 행복한 기분으로 글감옥 활동을 수행할 수 있게 됩니다. 글감옥 셋팅에 그외의 것들은 필요하지 않습니다.

스스로를 강제하라

인터넷으로 동영상 강의를 보면서 혼자 공부하는 것 어떻게 생각하세요? 훨씬 비용도 적게 들고 이동 시간도 들지 않아서 더 효과적일 것 같죠? 하지만 실제로는 오프라인 학원에 직접 가서 선생님 지도하에 공부하는 것을 선호하는 사람들이 많아요.

저도 프리미어 프로라는 동영상 편집을 배울 때 체감했죠. 유튜브로 보는 것보다 학원에 직접 가서 함께 실습하면서 배우는 게 훨씬 더 도움이 되더라고요. 요즘엔 비대면 시대가 됐지만 가능하면 오프라인으로 직접 만나서 배우는 게 훨씬 효과적이에요. 가장 큰 차이가 뭘까요?

첫 번째는 몰입의 힘이에요. 시간을 뚝 떼어놓고 다른 간섭을 받지 않은 상태에서 몰입하는 힘이죠. 두 번째는 강제성의 힘이에요. 선생님이라는 관찰자 혹은 제3자가 내가 제대로 하고 있는지를 지켜보고 있죠. 나의 게으름을 채찍질하고 이끌어주는 외부의 힘이 강제력으로 작용하죠. 마치 옆에서 코치가 트레이닝을 도와주고 북돋아주듯이요. 셀프 글쓰기에 있어서는 이렇게 옆에서 자극을 주고 이끌어줄 선생님이 없기 때문에 훨씬 진도가 더디고 게으름을 피우게 돼요. 그러니 자신 밖에 제3의 트레이너가 지켜보고 있다고 생각하세요. 그렇게 자신을 코치로 임명해 격려해주세요.

도저히 집필 시간을 못 빼겠다면

시간이라는 게 사실 자기가 빼기 나름이에요. 집필용 2시간을 못 빼면 다만 1시간이라도 빼보세요. 그때의 요건은? 집중하기 위해서 감옥처럼 차단 격리하는 게 핵심이에요. 이 한 시간만큼은 폰 등을 일부러 멀리 두는 거예요. 띠리리 신호음 정도만 들을 수 있는 어디 먼 거리에 두세요. 대충 전화 오는 소리만 들을 수 있게요. 인터넷은 잠시 랜선을 뽑거나 와이파이 연결을 끊으세요.

그런 상황을 세팅한 후에 매일 조금씩이라도 쓰는 게 꾸준히 좋습니다. 정 시간이 안 나는 날이라면? 한 쪽씩이라도 매일 이어서 꾸준히 쓰세요. 사실 매일 A4 3페이지 이상은 쓰는 게 좋지만 어느날 필 받는다고 한 10쪽 왕창 써버리고 그 다음날에 퍼져서 쉬어버리면? 규칙적인 책쓰기의 리듬감을 잃어버려요. 원래 가속도라는 건 중간에 멈칫하면 사라져버리잖아요.

중간에 쉬어버리면 발생하는 다른 문제는 또 뭐가 있을까요? 톤 앤 매너, 즉 자기가 이 글에서 쓰고 있던 말투나 분위기를 잊어버려요. 그러다가 '앞에 내가 어떻게 썼었지?'라고 뒤적이는 그 수고 때문에 시간이 2배로 낭비되는 거예요. 매일 자신의 톤 앤 매너를 잊어먹기 전에 계속 이어서 쓰는 게 좋아요. 바위를 굴리다가 쉬어버리면 다시 "끄응~!" 하고 스타팅 마찰력을 크게 일으켜야 하는 것처럼 쉬다가 다시 하려면 더 힘들어요. 계속 굴리면 가던 관성이 생겨서 작업이 더 쉬워져요.

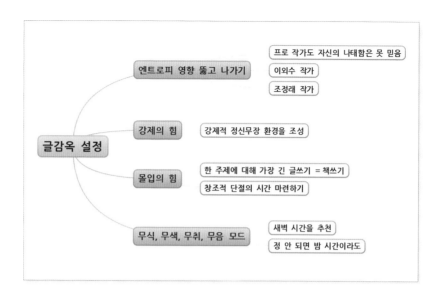

마인드2:
한호흡에 훅 쓴다

"저는 원고를 쓰면서 자꾸 되새김질을 하는 거 같아요. 앞에 쓴 부분을 고치고 고치기를 무한 반복하고 있는 자신을 발견하곤 하죠."

원고를 쓸 때는 부분부분 쪼개져 있는 레고 조각 맞추듯 하지 마세요. 한 호흡에 쓰세요. 음반 녹음이나 영상 촬영으로 치자면 '원 테이크로' 가는 거죠(원 테이크One Take란 나눠서 촬영이나 편집을 하지 않고 해당 분량을 한방에 촬영하거나 녹음하고 끝내는 기법을 말해요). 편집은 나중에 예쁘게 하면 되니까 중간에 쉬지 마세요. 그냥 다 원 테이크로 찍어버리세요.

특히 처음 초벌 원고를 쓸 때는 한 호흡에 훅 하고 쓰는 게 가장 중요해요. 중간에 수정이나 되돌이표 되새김질 이런 거 하지 마세요. 제가 좋아하는 한자 중에 일필휘지一筆揮之라는 말이 있어요. 제가 그 말을 굉장히 좋아하는 이유는? 한숨에 훅 하고 써 제끼는 데는 마법과 같은 에너지가 있거든요. 그런 맛을 직접 느껴 보셔야 해요. 일필휘지만의 맛이 있습니다.

한 호흡에 써야 술술 읽히고 잘 팔리는 대중서가 됩니다. 도올 김용옥 선생 아시죠? 최고 지식을 자랑하는 하버드 대학교 철학 박사까지 했던 이 분조차도 쉽게 쓸 때는 하룻만에 책 전체 원고를 쓸 정도로 일필휘지 방법을 쓰셨습니다.

이 분 책 중에 제가 가장 좋아하는 책이 바로《기옹은 이렇게 말했다》입니다. 김용옥 선생님을 굉장히 좋아해서 그분 책을 거의 다

사봤어요. 이 책 이외의 책들은 딱히 읽는 재미가 없어서 한 번 읽고서는 이사 갈 때마다 버렸습니다. 유독 10년간 제 이사 경력에서 살아남은 책 중 하나가 이 책《기옹은 이렇게 말했다》에요. 너무 재미있어서 버릴 수가 없어요.

유독 이 책이 왜 이렇게 재미있냐? 하룻만에 쓰신 책이라 그래요. 도올 선생이 어느 강연에서 밝히셨듯이 실제로 훅 하고 하루 만에 썼기 때문에 그렇게 재미있게 읽히거든요. 한의대생 대상 강연에서 "50이 넘으니까 치질도 생기고 허리도 아프고 해서 의자에 오래 앉아 있을 수가 없다. 그래서 하룻만에 빨리 붓펜으로 써버렸다"고 하셨어요.

당시에 도올 선생은 타이핑도 아니고 붓펜으로 원고를 쓰는 걸로 유명했어요. 필기가 오래 걸리는 붓펜으로 앉은 자리에서 하루 만에 훅 하고 책 한 권을 일필휘지해버린 거죠. 자기 일상 에세이를 자신만의 철학 이론과 버무려서 그냥 내키는 대로 녹여낸 거죠. 그렇게 했더니 너무 대중적이고 재미있는 원고가 만들어진 거예요. 급기야 제가 수십 권을 읽어본 도올 선생의 책 중에 가장 좋아하는 책이 되었습니다.

하버드대학교 박사에 고려대학교 교수까지 했던 최고 지식인이잖아요. 그런 분들조차도 그렇게 훅하고 일필휘지로 쓰니까 이렇게 읽을 맛나는 책이 탄생하는 겁니다. 이 분보다 더 대중적인 책으로 어필해서 할여러분은 더더군다나 그렇게 접근하셔야겠죠? 청각장애인이 된 베토벤이 악상이 떠올라서 정신없이 피아노를 치듯이 그렇게 원고를 마구 뚱땅거려 보세요. 의식의 흐름stream of consciousness을 절대 끊지 말고 자유롭게 뚱땅뚱땅 쳐보세요.

초고를 쓰는 맛은 그런 겁니다. 한 번에 훅 하고 썼을 때 나오는 일필휘지만의 맛, 자연스러운 호흡의 맛, 내 고유한 호흡의 맛, 이런 것이 그대로 생생하게 드러나는 매력이 있거든요. 아주 면밀하고 꼼꼼하게 계획적으로 뭔가를 해서는 그런 매직(마법)이 일어나지 않아요. 한꺼번에 훅 하고 써야 그런 마법 같은 기운이 발생합니다. 매직 같은 어떤 느낌 그게 바로 초고를 일필휘지로 쓰는 맛입니다. 나중에 다듬을 때도 그렇게 풍겨나온 맛 중에 살릴 부분은 살리고 다듬을 부분은 다듬고 해서 완성해보세요. 그럼 훨씬 더 펄떡이는 원고가 만들어지게 되니까요.

하이 콘셉트로 한 호흡에

일필휘지로 한 호흡이 쭉 이어지게 쓰는 원고가 대중들에게 먹히는 이유는? '하이 콘셉트의 원리' 때문이에요. 영화계와 출판계는 성공 공식이 거의 비슷해요. 영화계나 출판계나 언제나 히트작은 하이 콘셉트high concept라는 원리에 기반

하고 있거든요.

하이 콘셉트는 원래 영화계에서 쓰는 말인데요. 세계적인 명 감독이자 제작자인 스티븐 스필버그도 애용하는 표현이에요. 큰 빙산이라는 게 있다고 쳐요. 빙산의 밑바닥은 부피가 크고 내용물이 굉장히 많죠. 그렇지만 소비자들은 맨 위 꼭지점만 봐요. 가장 위에 있는 꼭지점인 '빙산의 일각Tip of the iceburg'만 바라봐요. 왜 그럴까요? 소비자들은 복잡한 걸 싫어해서 단순한 마지막 하나의 메시지만 취하려고 하기 때문이죠.

빙산의 밑단에는 엄청나게 많고 복잡한 내용물이 있더라도 결국 소비자들과 만나는 지점은 가장 위에 솟은 단 하나의 꼭지점이잖아요? 최종 소비자에게 다가갈 때는 단 하나로 단순화한 원 콘셉트만으로 어필해야 한다는 얘기에요.

출판과 흥행 속성이 비슷한 영화계 이야기를 잠깐 해드릴게요. 작가나 영화감독들이 새로 기획한 영화를 투자유치 하기 위해 발표하는 것을 피칭pitching이라고 불러요. 영어로 pitch는 원래 '공을 던지다'라는 뜻이에요. 프레젠테이션할 때 공을 던지듯이 간결하게 핵심 메시지를 획~ 전달하는 걸 뜻해요. 가장 효과적인 피칭은 '한 문장으로 요약이 가능한 원 라인one line', 즉 하이 콘셉트여야 합니다. 하이 콘셉트high concept라는 표현을 가장 처음 쓴 사람은 누구일까요? 1970년대 초에 미국 ABC방송 프로그램을 총괄했고 유니버설 영화사 사장까지 지냈던 배리 딜러Barry Diller 씨라고 해요.

"영화 시나리오 기획을 한 문장one sentence으로 말할 수 있어야만 좋은 영화다." 히트 메이커로 유명한 스티븐 스필버그 감독도 항상 강조하는 말

이에요. 그래야만 메시지가 뚜렷해져서 전달이 명확해지기 때문이죠. 하이 컨셉을 전할 때는 너무 낯선 소재보다는 어디선가 들어본 친숙한 소재를 재활용해서 새로운 것을 제시해야 좋아요. 과거에 베스트셀러들을 활용해서 새로운 요소들을 추가하거나 혼합하거나 살짝 비틀거나 해야 하죠. 영화 투자유치 피칭을 할 때 가장 자주 쓰이는 공식이 있어요. 바로 'X가 Y를 만났을 때' 방식이에요. 예를 들어, 〈인디펜던스 데이〉라는 영화는 '〈스타워즈〉가 〈V〉를 만났을 때'로 피칭됐고, 〈맨 인 블랙〉은 '〈고스트버스터즈〉가 〈E.T.〉를 만났을 때'로 피칭됐어요. 과거에 흥행했던 작품들을 결합시켜서 지금 어필하려고 하는 새 영화의 특징을 간결하게 어필하는 방법이죠. 투자를 고려하는 임원들은 구구절절 스토리라인을 다 들어줄 마음의 여력이 없기 때문이에요. 책 시장의 독자들도 마찬가지에요. 한 문장으로 설명할 수 있어야 콘셉트가 강력해져요.

이런 원리로 위즈덤하우스에서 하이 콘셉트로 낸 책이 《배려》였어요. 70만 부 이상 팔렸죠. 그걸 따라해 시리즈처럼 낸 《경청》도 30만 부 정도 팔렸어요. 제목과 부제, 표지부터가 모두 하이 콘셉트로 뽑힌 책이에요.

인터넷 서점에 검색해볼까요.

《배려》책인데 표지를 보세요. 꼬마가 어른한테 '배려'하고 있잖아요. 맨 위 잘 보이는 곳에 '배려'라는 제목을 달아 놓고 그 바로 밑에 '마음을 움직이는 힘'이라는 부제를 달아놨죠. 표지 그림도 책이 어떤 메시지를 담고 있는지 사람들이 바로 알 수 있게 해놨잖아요. 핵심 메시지가 뭔지 바로 알 수 있게 하나로 만든 메시지, 즉 하이 콘셉트 책이에요. 배려에 대해 주구장창 강조하는 내용인데 그때 유행하던 스토리텔링 우화 방식으로 만들어낸 이야기죠.

《경청》도 마찬가지에요. 이 책도 표지 그림부터 딱 '경청'하고 있잖아요(표지 그림이 좀 촌스럽긴 하지만). 어른이 무릎 꿇고 아이한테 경청하고 있는 그림이죠. 제목은 '경청'이고 부제는 '마음을 얻는 지혜'라고 해놨죠. 그래놓고 그때 당시 신문기사 한 부분을 헤드 카피로 그대로 인용해 '삼성그룹 이건희 회장이 아들에게 전해준 사람의 마음을 얻는 지혜, 경청'이라고 적어 놨어요. 얼마나 단순해요? 직관적이고 이렇게 하이 콘셉트로 가야 힘이 세요. 두 책 모두 많은 판매고를 기록했어요.

그랬는데 같은 회사의《청소부 밥》이라는 책을 보세요. 당시에는 이 표지로 나왔어요. 어린이 시리즈도 나중에 나왔죠. 표지를 딱 보면 주인공인 밥이 뭐 하자는 건지 잘 모르게 돼 있어요. 한 술 더 떠 밥이 청소하면서 깨달은 삶의 지혜가 무려 '10가지'쯤 돼요. 10가지 메시지를 동시에 말하니까 소구력이 흩어지는 거죠. 확실히 메시지가 힘이 덜해요. 그래서 마케팅비를 엄청 써서 밀었음에도 전작들보다 확실히 덜 팔렸어요.《배려》《경청》은 힘이 셌지만《청소부 밥》은 힘이 덜 했던 이유에요. 하이 콘셉트가 아니어서 그래요.

단순화의 힘

하이 콘셉트란 결국 '단순화'의 힘이에요. 애플을 전설로 만든 스티브 잡스는 항상 단순성simplicity의 힘과 매력을 강조했죠. 그는 항상 직원들에게 주문했어요(특히 엔지니어와 디자이너들에게요). "기기 안에 보이지 않게 다 구겨 넣어라!"라고요.

여기서 핵심 표현은 '구겨 넣는' 거예요. 밖에 너저분하게 보이는 요소들, 도저히 안에 다 담길 것 같지 않은 것들까지 보이지 않게 다 구겨 넣으라는 주문이에요. 최종적으로는 '마지막 단 하나'만 남겨라. 이런 극단적 단순화가 잡스가 주문한 제품 디자인의 핵심이었어요. 결국 잡스식 표현을 빌리자면 단순화의 핵심은 "구겨 넣어라!"인 셈이에요. 잡스는 이 표현을 정말 자주 썼어요.

제가 그때 이런 논리로 썼던 첫 책이《나비효과 영문법》이었어요. 바로 베스트셀러 1위 갔잖아요. 가장 중요한 개념 단 하나를 중심으로 생각을 펼쳤거든요. 하나의 개념을 설명할 때 저는 말하고자 하는 단 하나의 가장 중요한 메시지를 중심으로 많이 분파시켜봤자 3파장, 즉 정-반-합 정도로만 펼쳤어요(정반합이란? 독일 철학자 헤겔이 만든 변증법의 논리 전개 방법이에요. 어떤 판단(정립)과 그것과 모순하는 판단(반정립)과 정반正反 두 개의 판단을 종합한 보다 높은 판단(합), 이 세 가지 논리죠).

집필 당시 저는 정반합 3개로만 설명을 펼쳐야 콘텐츠의 힘이 세진다고 판단했어요. 예를 들어 전치사 on에 대해 설명한다면? 전치사 on을 영어사전에서 검색해보면 뜻이 한 20개쯤 나와요. 책으로 정리하려면 20개 다 필요 없어요. 그 모든 걸 3개 이내로 정리할 수 있어야 돼요. 정에 해당되는 항목, 반에 해당하는 항목, 합에 해당하는 통합적인 논리…, 이렇게 다 구별해 넣을 수 있더라고요. 제가 새벽마다 집에서 집필감옥을 설정해놓고 머리 터지게 엄청 연구했거든요. 새벽마다 "어떻게 이걸 3개 이내로 구겨넣지?" 하는 생각을 하면서요.

그때는 잡스가 아이폰을 내놓기도 전인 2006년이었어요. 당시엔 우리나라 디자이너 김영세 씨도 비슷한 제품 철학을 얘기하고 있었거든요. 《이노베이터》라는 책에서 그도 똑같은 "구겨 넣어라!"는 논리를 강조하고 있었죠. "예쁘게 만드는 디자인의 핵심은 구겨 넣는 것이다." 이 말에 제가 그때 필을 제대로 받아서 제 책의 여러 내용을 열심히 '구겨 넣었'죠.

그랬더니 바로 독자 반응이 왔어요. "어떻게 다른 책들은 뜻풀이가 20개씩 너저분하게 널려 있는데 이 책은 3개씩으로만 이렇게 요약을 잘 해놨어요?" 영문학과 교수님들도 저에게 전화해서 칭찬하셨어요. "오우 레오짱, 어찌 이리 3개씩 딱딱 떨어지게 정리를 잘했어? 영문과 교수인 나에게도 큰 도움이 되는데!" 이런 극찬을 많이 받았죠.

이렇게 단순화는 충분한 정도가 아니라 오히려 힘이 세요. 송곳이 하나로만 뾰족하게 솟아 있으면 사람의 심장을 관통하죠. 소비자의 감정을 관통하게 되는 거예요. 단순화는 내 책의 콘셉트를 송곳처럼 뾰족하게 해서 소비자들의 마음을 사는 원리에요.

빠른 세상 변화 때문이다

한 호흡 원고가 통하는 두 번째 이유는? 요즘 세상이 너무 빨리 변하기 때문이에요. 현재 시점에서 자기가 쓸 수 있는 것, 그것보다 약간 반 발 앞선 것 정도만 담으면 돼요. 요즘 시대에는 그래야 트렌드에 딱 맞게 돼요. 그리고 6개월마다 업데이트 버전을 내시면 돼죠. 김난도 교수가《트렌드 코리아》책을 2006년부터 해마다 엄청 팔아왔잖아요. 자세히 보면 대부분은 업데이트가 일부만 돼 있고 앞에는 전년도 리뷰예요. 전년도 리뷰가 4분의 1이나 차지하고 있는데 작년 요약 내용을 주고 이런 내용이었는데 대강 맞았죠? 이렇게 되묻듯이 하는 검증 작업을 하죠. 그 다음은 나머지인데 이것도 사실은 10년 동안 트렌드 분석이라는 게 말만 조금씩 바뀌지 거의 비슷하더라고요. 업데이트만 조금씩 하는 패턴이죠.

지인 중에 노승욱 씨라고 〈주간매경〉 기자가 있어요. 이 분도 비슷한 전략을 써요.《프랜차이즈 창업 트렌드》라는 책을 해마다 업데이트 하면서 버전 갈이를 하고 있어요. 여러분 책이 꼭 트렌드 서가 아니어도 마찬가지에요. 요즘에는 1년에 한 번씩 나의 새 책을 발표한다는 기분으로 출간하시면 돼요. 한 호흡 원고가 되게끔 빠르게 쓰고 빠르게 내보시길 바랍니다.

마인드 3:
일단 내 안에서만 쓴다

"자료를 많이 모아야 책을 쓸 수 있는 거 아닌가요? 어떤 책쓰기 클래스에 갔더니 책은 자료 짜집기로 쓰는 거라고 주장하던데요?"

거꾸로입니다. 외부 자료를 모아놔야 내 글을 쓸 수 있다는 건 완전한 착각이에요. 이런 착각 때문에 원고 진행이 안 돼요. 자료병이 원고 진행을 못 하게 하는 주범이에요. 내 경험과 내 생각만 오롯이 담아도 사실은 충분합니다. 나중에 원고를 늘여쓰는 단계에서나 외부 자료를 보충하시면 돼요. 그래야 내 콘텐츠 중심축이 바로 서요. 나만의 생각과 내용으로 나다운 원고로 바로 서 있게 되죠. 그 뼈대 위에 외부 살(외부 자료)을 붙일 수 있는 거예요.

일단 내 안에 있는 것만 꺼내놓는 데 집중하세요. 외부 서치는 초고 단계에서는 절대 하지 마세요. 구도자가 명상수행을 한다고 생각하세요. 구도자가 벽을 마주한 채로 자기와의 내면 대화에만 집중해야 하는데 갑자기 외부에서 누가 부른다고 자꾸만 "뭔 일이야, 뭐 재미난 일 났어?" 반응하면서 고개를 돌리면 이게 수행이 돼요? 안 되잖아요. 초고 쓸 때만큼은 외부 자료는 주위 집중을 분산시키는 훼방꾼이에요.

자기 자신의 콘텐츠에 대해 의심하지 말고 일단 끝까지 써 내려가세요. 내 안의 것을 다 끄집어내면? 그 자체만으로 하나의 큰 그림을 완성할 수 있어요. 전체 그림^{whole picture}을 빠르게 스케치해내는 게 중요해요. 전체 틀을 우선 빨리 잡아내세요. 초고 쓸 때부터 퀄리티 타령하는 사람들이 제일 이상해요. 초고 때는 일단 전체 그림을 드러내시는 데 집중하세요. 자료 보충은 그 이후에 하셔도 충분합니다.

특히 시류를 좀 타는 콘텐츠라면? 책을 써야겠다고 작심한 타이밍에 빨리 써버려야 해요. 트렌디한 콘텐츠는 최대한 빨리 출판물로 내지 않으면 유통기한 지난 음식물이 돼버려요. 앞에 사례로 말씀드렸던 모 투자증권 중국 유통전문가 여자 분의 경우 기억하시죠? 그날 1시간 30분 동안 강의한 것만 가지고도 책으로 내기에 충분했다고요. 이미 그 정도만 해도 대중들은 만족하는데 뭘 또 추가 자료를 찾아요? 논문 발표하는 것도 아닌데 말이죠.

내 생각을 꺼내는 내밀한 과정 중에 외부 딴짓을 하면 무슨 일이 생길까요? 흐름이 끊기고 시간도 늘어지고 추진력이 중간에 증발돼버려요. "자료가 부족해서 원고 진도가 안 나가!"라고 스스로에게 자꾸 변명거리를 만들게 돼요. 초벌 원고 쓸 때는 초벌 원고를 쓰는 맛이 있다고 했죠. 이걸 즐기셔야 해요. 그 맛은 곧 '엉성해도 틀려도 전진하는 맛'이에요.

마인드 4:
단초만 꺼내 후진 없이 전진한다

"후진 없이 전진만 한다는 게 전혀 고치치 말라는 뜻인가요?"

맞아요. 특히 초벌 원고 쓸 때 해당하는 당부에요. 초벌 원고를 쓸 때는 써놓은 원고에 대해 일절 수정하지 마세요. 초벌 원고 쓰기의 맛은 틀려도 앞으로 전진만 하는 거예요. 틀린 게 보여도 뒤돌아보지 마세요(뒤돌아보면 돌로 변하는 그리스로마 신화의 주인공이 됐다고 생각하세요). 그 틀린 대목을 지우지도 말고 옆에 추가해 다시 쓰면서 전진 또 전진하세요! 틀려도 무조건 전진만 하기 때문에 초벌 원고를 빨리 끝낼 수 있는 거예요. 실전 파트에서 초벌 원고 쓸 때 자세히 다시 말씀드릴게요.

실제로 제가 이 책의 초고를 쓸 때도 '강사'를 잘못 써서 'ㄱ아사드' 이런 식으로 잘못 나왔어요. 타이핑 오류(타이포)가 났는데 무시하고 다시 하고자 하는 말을 썼답니다. 뒤에 덧붙여서 새로 쓰세요. 'ㄱ아사드 강사들은 알 것이다'라고요. 그 뒤에도 '체계화'라는 말도 '체혜화'라고 잘못

오타가 났는데 무시했어요.

  그림에서 크로키 스케치하는 것과 비슷해요. 크로키^{croquis}란 회화에서 초안草案·스케치·밑그림 등을 말해요. 예를 들어 인물을 크로키로 그린다고 하면, 인체의 균형과 동세動勢·입체감, 형태의 특징만 단시간에 재빨리 포착해서 그리는 기법이에요. 크로키를 그리는데 누가 그 러프한 스케치를 다시 수정하면서 꼼꼼하게 고치고 앉아 있습니까? 그렇게 하면 크로키로서는 의미가 없게 돼요. 크로키는 크로키답게 절대 고치지 않고 전체 윤곽만 빠르게 잡는 게 중요해요. 잘못 나간 선이 있으면 잘못 나간 그대로 놔두세요. 초벌 원고를 쓸 때는 소소한 표현이나 구두점 같은 건 일체 신경 쓰지 마세요. 그냥 머릿속에 떠오르는 것만 와다다 적어서 전체 윤곽을 건드려만 놓으면 돼요.

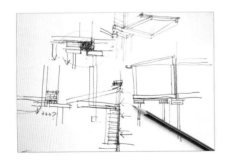

  정리해드릴게요. 초벌 원고 쓸 때는 절대 고치지도 말

144

고 수정하지도 말고 다시 앞으로 가지도 말고 더 예쁘게 쓰려고 하지도 말고 오타가 나도 그대로 둔 채로 전진만 하세요. 예쁘게 다듬기는 2차로 원고를 수정할 때 하세요.

마인드5:
완벽주의를 버린다

"원고를 이렇게 계속 써도 될까요? 남들이 우습게 보면 어쩌지라는 생각이 머릿속을 떠나지 않아요. 그래서 원고를 쓰고 싶은 의욕이 중간에 사라지곤 해요."

요즘처럼 시시각각 빨리 변하는 시대에 완벽주의는 병이에요, 병病! 많은 사람들이 염원만 하면서도 책을 완성하지 못하는 가장 큰 원인입니다. 저자의 꿈을 이루지 못하는 분들의 공통점은 쓸 데 없는 완벽주의 때문이라고 말씀드렸죠. '완벽'이라는 상태는 결코 도달할 수 없는 착각일 뿐이에요.

빠르게 일단 초고를 만들어낸다는 기분을 원고 쓰는 내내 유지하세요. 처음부터 하나하나 꼼꼼하게 들어가면 안 돼요. 초벌 원고를 빠르게 쓰면 큰 그림을 빨리 파악할 수 있고 그것은 원고 전체를 쓰는 데 엄청난 잇점을 확보하는 작업이에요. 죽이 되든 밥이 되든 일단 전체 콘텐츠에 들어갈 키워드 위주로 초벌을 와다다다 한 번 꺼내 놓으세요. '이거 엉성해서 영 불안한데…?'

이런 것은 사실은 나중에 모두 수정 보완하시면 돼요. 남들은 생각보다 남의 문제에 별로 관심이 없어요. 사람들이 이렇게까지 섬세하게 뭘 뜯어보지를 않아요.

완벽주의 병에 걸린 사람들은 사실 자기 스스로에 대한 자신감이 없어서이기도 해요. '내가 이 콘텐츠 이렇게 써도 될까.' '남들이 뭐라 하지 않을까.' 주변 눈치를 보는 병과 연관돼 있어요. '주변에서 내 원고를 읽고 우습게 보면 어쩌지?' 한 마디로 '어쩌지 병'인 거죠. 자신감이라는 건 글을 수정 보완하다 보면 점점 높아져요. 글의 퇴고 횟수와 비례하여 자신감은 점점 높아집니다. 걱정은 내려 놓고 일단 전진하세요.

박사가 아니어도 괜찮아

설혹 내가 이 분야를 완벽하게 박사 수준으로 잘 알고 있지 않더라도 책을 쓸 수 있습니다. 내가 준準 전문가, 즉 독학해서 이 분야를 일반인보다는 조금 더 아는 수준이어도 괜찮다는 겁니다. 그래도 통하는 이유는 뭘까요? 사람들은 배우고자 하는 멘토를 정할 때 자기보다 너무 격차가 많이 나는 사람은 오히려 부담스러워해요. 멘토가 너무 넘사벽이면? 자기가 따라 올라가야 할 산이 너무 높게 느껴지는 거죠. 서로 이해의 폭도 다르고 눈높이도 너무 달라서 잘 가르쳐줄 수가 없어요.

전교 1등이 꼴등을 잘 못 가르치는 원리와 비슷해요. 1등이 꼴등에게 수학 공부를 가르치면 어떻게 돼요? "야, 너 그것도 몰라? 아니 아무리 몰라도 이런 것까지 모를 줄은 몰랐다. 인수분해의 인 자도 모르는 애를 내가 뭐부터 가르쳐야 할지 정말 답답하다! 진짜 노답이야 너!"라고 화내면서 포기해버리게 되죠. 답답해하느라고 시간 다 보냅니다. 서로 시간 낭비에요.

성적이 중간에 있는 애나 꼴등보다 약간 위에 있는 애가 가르친다면? 꼴등 입장에서 보기에는 더 좋은 선생일 수 있습니다. 더 좋은 멘토가 될 수 있어요. 왜냐하면 서로의 시행착오가 비슷하기 때문이죠. "그 삽질 나도 여러 번 해봤어. 그래, 너의 어려움이 뭔지 나도 다 알아." 그러니까 당장 다가오는 얘기가 되고요. 배우는 아이의 처지에 대한 공감도 더 잘해줍니다. "맞아, 그 대목이 나도 어려웠어." "맞아 맞아, 사람들은 너무 쉽다고 하지만 우리에겐 어렵지. 그 대목이 나도 이해가 진짜 안 됐어." "처음에는 이게 이해가 안 되는데 이런 부분을 이렇게 풀면 좋아." 이런 식으로 그 사람이 진짜 간지러운 부분을 여러 모로 정확히 긁어줄 수 있어요. 나름 신통방통하게 간파할 수 있기 때문에 더 좋은 멘토가 되죠. 멘토는 너무 수준 차이가 많이 나는 사람보다 나보다 살짝 한 발짝이나 바로 위 반 발짝만 앞서가는 수준이 좋아요.

책 쓸 때도 이런 논리는 마찬가지입니다. 제 아무리 전문서래도 어차피 당신보다 밑 레벨의 입문자가 일반 독서 시장에는 훨씬 많은 독자를 형성하고 있죠. 그렇기 때문에 업계의 눈치를 볼 필요가 없어요. 내가 이렇게 썼다고 관련 전문가들이, "아, 저 무식한 놈. 저렇게밖에 못 쓰냐?" "저렇게 쉽고 뻔한 이야기를 왜 쓴 거야?" 이런 말 할까봐 괜히 눈치 볼 필요 없어요. 왜냐하면 책을 가장 많이 사보는 사람들은 초보자 혹은 왕초보자거든요. 80대 20의 파레토 법칙처럼 80%의 대다수의 독자에 해당하는 사람들은 다 초보의 해법을 제시하는 책을 더 좋아해요. 그렇기 때문에 초보용으로만 쓰시면 된다는 얘기예요.

학급으로 치면 '꼴등이나 다시 기초 공부를 시작하려는 아이들 교재를 내가 만들어준다'는 생각으로 집필하시면 됩니다. 내가 그 분야의 준 전문가라도 괜찮아요. 당신은 이미 책 쓸 자격이 충분해요. 그러니까 안심하시고 이제부턴 책 쓸 때 완벽주의를 버리세요. '더 자료를 많이 찾고 내가 더 많이 알아야만 비로소 책을 쓸 수 있겠다'는 건 엄청난 착각입니다. 완벽주의의 함정일 뿐이에요. 완벽주의를 버리세요. 그냥 지금 당신이 알고 있는 그 수준에서 당신보다 더 초보인 사람들에게 쉽게 가르쳐주세요. 솔직하고 쉽게 설명하시면 됩니다.

내가 구구단밖에 못하는 사람이면 구구단만으로 세상 모든 문제를 풀어보려고 노력해보세요. "미적분까지 공부하고 나서 할게요!" "준비가 더 되면 할게요!"라고 하지 마세요. "준비되면 할게요!"는 시도조차 제대로 안 한 실패자들이 가장 많이 하는 변명이에요. 그런 식으로는 나만의 작품, 나만의 색깔로 칠한 작품을 영원히 못 남겨요. 그런 식의 접근으로는 영원히 책을 못 써요.

마인드 6:
입문자 레벨을 노린다

"제가 쓰려는 책의 분야가 전문 분야라 부담스러워요. 제대로 써야 위신이 살 거 같고요. 업계 눈치도 좀 보이고요."

착각입니다. 홈쇼핑 베테랑 쇼호스트 분도 제가 출판 코칭을 해드린 적이 있어요. 그분도 처음엔 주변 눈치에 대한 압박감이 심하시더라고요. "그동안 제가 홈쇼핑 쇼호스트를 20년이나 했는데 선후배들 보는 눈이 있어서 너무 신경 쓰여요!"라는 걱정이셨어요. 제가 말씀드렸죠. "그런 거 필요 없습니다. 그 책을 후배들이 보나요? 비전문가들과 입문자들 보라고 쓰시려는 거잖아요. 그러니까 왕초보 수강생들에게 가르쳐준다 생각하시고 그냥 쉽게 쓰시면 돼요."라고 멘토링해드렸어요. 그 결과 아주 좋은 성과를 내셨어요. 베스트셀러에도 진입하시고 영향력도 커지시고 전국적으로 입소문도 많이 나게 됐죠.

제 아무리 전문서라도 어차피 당신보다 아래 레벨의 입문자, 초보자가 읽어요. 업계 눈치 볼 필요 없이 쉽게 쓰시면 돼요.《○○○ 첫걸음》류의 입문서들,《만화로 배우는 논어》,《하룻밤에 읽는 세계사》, 대화체로 푼 책들도 기본직으로는 모두 나 쉽게 쑬이하려는 의도죠.《미움 받을 용기》도 70만 부 팔린 어마어마한 셀러가 됐는데 역시나 대화체예요. 심리학자와 젊은이가 주고받는 대화체였죠. 쉽게 초보자용으로 썼어요.《죽고 싶지만 떡볶이는 먹고 싶어》책도 대화체로 아주 평이하게 푼 에세이죠.

초급, 처음 시장이 원래 파급력이 훨씬 크고 영향력과 지속력도 오래 가요.《논리야 반갑다》책 아세요? 공지영 작가의 첫 남편 위기철 씨 책이잖아요. 청소년용 논리책으로 엄청 쉽고 얇게 쓴 책이에요. 엄청나게 팔아서 돈 많이 버셨죠. 'ㅇㅇ가 처음인 당신에게' 이런 류의 책들도 마찬가지로 초급을 겨냥한 콘셉트죠.《사춘기가 처음인 아들에게》이런 책들도 그렇게 대중적으로 쉽게 쓴 책 시장이에요.

〈무작정 따라하기〉시리즈 들어보셨어요? 엄청 큰 매출을 일으켜 길벗이라는 출판사 건물을 세워준 시리즈예요. 이것도 초급 시장을 겨냥했던 시리즈죠. "책에서 제시하는 순서대로 무조건 따라만 해봐, 그럼 돼!"라는 콘셉트로 출발했어요. 처음에는 컴퓨터 책으로 시작했어요.《컴퓨터 무작정 따라하기》다음에《인터넷 무작정 따라하기》등등. 처음 책 몇 권이 잘 돼서 대대적인 시리즈화를 시켰죠. 지금은 무따기 시리즈만 천 가지 종류가 넘는 초대형 시리즈가 됐어요.

〈노빈손 시리즈〉역시 뜨인돌이라는 출판사에 건물을 세워준 시리즈죠. 이것도 로빈슨 크루소를 어린이용으로 패러디한 책이에요. "아이들아, 너희가 무인도에 떨어지면 어떻게 할래? 버너도 없으니까 뭐 이러저러하게 불을 만들럼!"이런 식의 책이죠. 역시나 아주 쉽고 재밌게 풀이한 시리즈로 대박이 났어요.

《지대넓얕》도 팟캐스트로 굉장히 잘 됐잖아요. 이것도 '지적 대화를 위한 넓고 얕은 지식'이라는 콘셉트로서 그야말로 초급 시장이에요. 지적 대화를 위해서 교양인이 알아야 할 아주 기본적인 수준의 내용을 넓고 얕게 다루면서 부분 부분 짧고 쉽게 쓴 거예요. 책으로도 완전 대박 났죠. '채사장'이라는 이 분도 초보 저자였는데 지금은 TV특강쇼에 스타처럼 많이 나와요.

레오짱의 《우주에서 제일 쉬운 영어책》도 이런 시장의 흐름을 간파하고 쓴 책이었어요. 저의 전작 베스트셀러인 《나비효과 영문법》을 압축해서 좀더 왕초보인 분들이 하루만에 읽을 수 있게 썼어요. 나오자마자 바로 베스트셀러 1위 했어요. 하여튼 사람들은 초급 시장을 엄청 좋아해요. 항상 웬만큼 하자  없으면 초급 책들을 많이 사요. 책은 입문자 레벨, 초급 시장을 노려야 대박을 낼 수 있다는 사실을 꼭 명심하세요.

마인드 7:
일상어로 최대한 쉽게 쓴다

"저는 대학원 때 논문 쓰던 버릇이 있어선지 원고도 자꾸만 난해한 개념이나 전문 용어를 많이 쓰게 돼요. 그렇게 쓰면 교수님들이나 박사들, 좀 배운 사람들이나 찾는 책이 되지 않을까요?"

전혀 엉뚱한 착각입니다. '좀 배운 사람들'도 '이왕이면 다홍치마'라고 쉽고 재밌게 서술돼 있는 책에 더 손이 가는 법이에요. 그리고 그 '좀 배운 사람들'만 믿고 있다간 책 판매는 전혀 재미 못 보고 끝날 가능성이 아주 높아요. 대중적으로 많이 팔리는 베스트셀러가 되려면? 일상어로 쉽게 써야 해요. 아시겠지만 대중 출판이라는 건 돈 받고 책을 파는 시장을 뜻하잖아요. 자비 출판해서 혼자만 가지고 있을 게 아니니 대중들이 좋아하게끔 쓰셔야겠죠? 쉽고 재밌게 써야 해요.

한국에서 대중서의 첫 대박은 1981년에 발간된 김홍신의 《인간시장》 소설이었어요. 1,000만 부가 팔렸죠. 《인간시장》은 굉장히 쉽게 쓰여진 소설이에요. 소설 중에서도 아주 대중적인 글쓰기의 소설을 쓴 거죠. 장

총찬이라는 주인공이 나와요. 그가 좌충우돌 하면서 인간 군상의 바닥 세계를 표현하는 건데 선풍적인 인기를 끌었죠.

아무리 명망 높은 교수들이라도 대중적으로 써야 인기가 생겨요. 김정운 교수 보세요. 얼마나 재미있게 말씀하세요. 강의 자체도 유머러스하고 재미있게 하시죠. 독일에서 몇 년을 고생고생 공부해서 힘들게 명지대 교수가 됐지만, 교수직이 너무 자신의 행동을 구속하는 것 같은 느낌이 싫어서 그만두셨다잖아요. 그 좋은 대학 정교수직도 관두시고 지금 혼자 여수 내려가서 살고 계시죠.

이 분은 생각 자체가 대중적이에요. 사람 자체가 재미있고 기발하세요. 원래 곱슬머리도 아니었는데 대중에게 친근하고 재밌게 보이려고 펌도 하고 의외의 복장(신부 사제복 같은 칼라)도 하고 강의하시잖아요.

김정운 교수의 《남자의 물건》은 제가 공동 창업한 클라우드나인 출판사 안현주 대표가 개발했던 책이에요. 45만 부 이상 팔아 '올해의 책'에도 올랐어요. 제목부터 엄청 재미있잖아요. '남자의 물건'이라고? 얼핏 들으면 야한 제목 같잖아요.

그런데 사실은 차범근 감독부터 신영복 선생에 이르기까지, '유명한 남성 분들이 가장 소중하게 여기는 물건이 뭐냐'라는 것을 실제로 조사한 내용이에요. '이 유명 인사들은 뭘 소중히 여기더라'는 인터뷰집이죠.

서울대학교 심리학과 최인철 교수 아시죠? 대중적으로 유명한 교수가 된 이유가 《프레임》책이 대중 언어로 쓴 책이어서였죠. 《프레임》책도 처음에는 논문식으로 딱딱하게 쓰셨대요. 그래서 당시 21세기북스 담당 편집자였던 안현주 실장이 서울대학교에 가서 아예 한 학기를 통째로 수업을 들었어요. 청강을 같이 하면서 초벌 원고 정리를 도와드린 거예요. 강의한 투를 그대로 살려 초벌 원고화될 수 있도록 도와드렸어요. 그렇게 쉽게 쓰여진 초벌을 바탕으로 저자분이 본격적으로 원고를 쓰시니까 대중적인 책이 되어 나왔어요. 높은 판매고를 기록했죠.

김난도 교수의 《아프니까 청춘이다》 책도 굉장히 많이 팔렸잖아요. 서울대 교수신데 너무나 대중적인 자기계발 에세이를 냈다고 처음에는 세간에 몇몇 좋지 않은 평가도 나왔었어요. 다른 대학 교수님들하고 술 마셔보면 지금은 제일 부러움 많이 받는 분이 바로 이 분이세요. "아니 어떻게 교수가 그런 책을 내서 애들을 선동하고 말이지. 당신은 교수니까 안 아프지. 청춘들만 아픈가?" 이렇게 우스갯소리를 하셨다가도 속마음은 다들 부러워하시더라고요.

전문가나 교수일수록 책이 반응을 못 얻어서 애를 먹는 이유는? 한마디로 글쓰기가 대중적이지 않아서 그래요. 그 갭과 이유를 아예 모르는 교수님들이 태반이에요. 최근에 그걸 알아차리신 몇몇 교수님들에게 "대중적으로 좀 쉽게 쓰려면 어떻게 해야 합니까?" 이런 질문을 많이 받고 있습니다.

쉽게 쓰는 요령은 구어체처럼 쓰는 거죠. 실제 강의할 때나 평상시 말하는 것처럼 글도 평이하게 쓰세요. 이제는 입말의 시대거든요. 모든 게 민주화되어 가듯이 언어도 일상언어화되어 가고 있어요. 이런 시대에 딱딱하고 학술적인 논문 용어 남발하시면 외면 받습니다. 물론 문학적인 장치로서 일상적인 표현 속에 아주 가끔 일부러 '문자 쓰는' 것은 멋스러울 수 있지만요.

예문)

원이는 **말하는 존재로서의 인간, 호모 로퀜스의 본질을** 정확히 꿰뚫었던 것 같다...기보다 그냥 많이 취했던 것 같다. 나도 **식물로서의 인간, 호모 보타니쿠스** 같은 새로운 **철학적 담론을** 제기하려고 했던 게 아니었듯이...

《아무튼 술》, 김혼비, 제철소

전문적인 분야를 책으로 낼 때도 초급 수준의 내용을 대중적인 말투로 전달한다고 생각하시면 돼요. 사실은 내가 아는 수준까지만 전달해도 대중이 읽기에는 충분해요. 뭘 또 추가 연구를 해요? 내 머리가 이미 연구의 결과물인데요. 내 머릿속에 든 거보다 더한 연구를 하시려면 그 순간부터 대중하고 멀어지는 거예요.

예를 들어 내가 인공지능 전문가예요. 인공지능에 대해서 대중서를 쓴다고 쳐요. 지금은 이 분야 입문서가 많이 나와서 타이밍이 늦었지만 '인공지능 입문서'를 내가 다른 경쟁서들보다 더 쉽고 대중적으로 풀어서 쓰면 돼요. 책은 나와 있어도 인공지능에 대해서 진짜 전문가들이라고 할 사람들은 사실 별로 없죠. 전공을 까놓고 보면 그 전에 대학에서 직접적으로는 연관 없는 분야를 전공했다가 나중에 사회에서 이 분야가 뜨니까 뒤늦게 "내가 전문가입네" 하고 나온 사람이 대부분이에요. 진짜 '딥러닝 전문가' 출신은 국내에 몇 명 안 되죠. 그러니 아무나 가장 쉽고 재밌게 풀어내는 사람이 최고의 인공지능 입문서 저자 자리를 차지할 수 있어요.

친한 의사 분들 중에 '속편한내과 네트워크'라고 전국에 약 30개 정도 네트워크를 가지고 있는 병원이 있어요. 고려대학교 의대 출신들이 모여서 만든 연합체인데, 이곳과도 시리즈로 《속편한 식도 이야기》 《속편한 대장 이야기》를 냈는데 반응이 좋아요. 이 책들도 최대한 쉽게 쓰자고 논의했거든요.

대중서를 논문처럼 쓰면 폭망하는 거예요. 특히 교수님이나 전문가 저자일수록 특강에서 이야기하듯이 쓰시는 걸 추천드려요. 퇴고 때 추가 서치해서 팩트 확인만 잘 하시면 돼요. 더 추가하면 대중과 점점 멀어지는 거예요. "이것까지 내가 알 필요가 있을까?" 대중들은 각주 이런 거 주렁주렁 달려 있는 거 싫어해요. 누가 요즘 시대에 각주를 읽어요? 본문 안에 녹여서 설명하거나 각주 형태로 달지 않는 걸 좋아하죠.

닥치고 실제로 써 보자

주변에 저자 되려고 글쓰기를 하고 싶어하는 사람은 참 많아요. 그런데 정작 글쓰기를 '실행하는' 사람은 열 손가락 안에 꼽죠. 왜 그럴까요? 쓰고 싶다고 희망만 하는 것과 실제 쓰는 실행은 완전히 다른 문제이기 때문이죠. 아는 능력과 실행하는 능력이 전혀 다른 레벨의 문제이듯이요.

'내가 글 쓸 자격이나 능력이 안 돼서'라고 핑계를 대기 시작하면 한도 끝도 없어요. 그런 자격지심으로는 언제까지고 책은 쓸 수 없습니다. 개발새발이라도 좋으니 일단 써보세요. 쓴 글이 10꼭지 이상 쌓여가면서 점차 글 쓰는 실력이 늘어갑니다. 책을 한 권 다 써본 사람은 두 번째, 세 번째 책은 훨씬 쉬워지는 법이에요. 그래서 다작하는 작가들 중엔 수백 권을 쓰는 사람들도 등장하지 않던가요. 그들도 첫 책을 쓸 때는 애를 먹었어요. 당신만 그런 게 아니에요. 일단 첫 책을 쓰는 전체 사이클을 한번 경험하고 나면 당신만의 책 쓰는 스타일과 패턴이 확립되기 시작합니다. 그렇게 패턴이 잡히면 책쓰기가 훨씬 수월해져요. 두 번째, 세 번째 책은 훨씬 쉽게 완성할 수 있게 되죠. 첫 번째 경험을 잘 할 수 있도록 '닥치고' 실제로 써보세요. Just do it!

2장 무엇을 쓸 것인가, 분야별 책쓰기 비법

그럼 도대체 무엇을 써야 좋을까요? 첫째 일단 내가 오래 경험해서 잘 아는 것을 쓰셔야 해요. 그게 직업이 될 수도 있고 부캐를 반영한 사이드 잡이 될 수도 있고 오랜 취미가 될 수도 있죠. 두 번째로, 내가 좋아하는 것을 쓰세요. 나의 취향과 내가 좋아하는 주제를 쓰세요. 세 번째로, 내가 더 깊이 배우고 싶은 것을 쓰세요. 앞으로 공부해서 파고 들고 싶은 것도 포함해서요. 자, 이제부터 코로나 이후로 변한 출판 트렌드는 물론, 분야별로 책쓰는 방법까지 다 알려드릴게요. 함께 가시죠, 고고!

콘셉트에
목숨을 걸어라

"저는 실용서를 쓰고 싶어요. 그런데 책을 기획할 때 제일 중요한 요소가 뭔지 궁금해요!"

책 기획에서 제일 중요한 건 단연코 콘셉트죠. 저자의 브랜드를 만들어 나가는 데 있어서도 콘셉트가 굉장히 중요합니다. 현대 정보화 사회는 너무나 많은 경쟁자와 정보들로 넘쳐나기 때문이죠. 자기만의 차별화를 기할 수 있는 뾰족한 게 있어야 경쟁력이 생겨요. 그 모든 두루뭉술함 사이에서 뾰쪽하게 당신을 돋보이게 해주는 단 하나의 것! 그것을 '콘셉트'라고 부르죠. 베스트셀러 저자인 세스 고딘은 그것을 '보랏빛 소'라고 불렀고요. 다양하고도 복잡한 경쟁 세상에서 헷갈리는 다른 것들의 사이를 뚫고 나오려면? 송곳과도 같은 뾰족한 것이 필요합니다. 바꿔 말하면 뾰족하지 않은 것은 더 이상 콘셉트가 되지 못해요.

여러 정보의 무더기 중에서 진짜 필요한 핵심 정보만을 쏙 뽑아서 알려주는 게 콘셉트의 역할이에요. 내 책이 소비자의 뇌리에 정확히 자리잡기 위해선 복잡하지 않게 뽑은 콘셉트 몇 마디가 아주아주 중요한 역할을 합니다. 콘셉트는 전체를 관통하는 '대표 표상'이자 하나의 '기준점'으로서 중심을 잡아주죠. 저 하늘의 북극성처럼요. 그 하나의 방향에 맞춰서 모든 내용을 수미일관하고 일목요연하게 방향을 정렬해주는 나침반이 콘셉트입니다.

내용보다 콘셉트가 우선한다

콘텐츠 자체보다 콘셉트가 우선합니다. 내가 세상 사람들을 열광시킬 책을 쓰고 싶다면 거꾸로 평소에 내가 서점에서 어떻게 책을 선택하는지를 곰곰히 관찰해보시면 됩니다. 나의 책 구매 프로세스를 제3자의 눈으로 관찰해보세요. 셀프 관찰 결과, 저의 경우는 이런 식으로 책을 구매하더군요.

1. 콘셉트가 내가 평소에 궁금해하는 주제인가?

2. 저자가 이 글을 쓸 만한 자격(학력이나 검증된 다른 지표)과 경험(검증된 경력이나 경험)을 충분히 쌓은 사람인가?

3. 목차에 내가 궁금해할 내용이 많이 담겨 있는가?

4. 해당 목차로 찾아간 본문 글이 답답하거나 현학적이지 않고 잘 읽히게 쓰여 있는가?

5. 비주얼적으로도 시원한 편집과 사진, 그림 자료가 많아 지루하지 않게 끝까지 읽히는가?

6. 양은 충분히 다뤘으면서도 지나치게 많지는 않은가?

7. 가격은 이 양에 합당한가? 지나치게 비싸게 매겨지진 않았나?

이 7단계를 통과하면 카트에 일단 담습니다(여기까지의 과정은 생각보다 빠르게 결판납니다). 이후 전자책으로도 출시됐으면 이북으로 구매를 결정합니다(레오짱의 취향은 전자책 중심 독서라서요).

콘셉트가 흩어지지 않게
챕터를 구성하라

"콘셉트가 중요하다는 건 알겠는데, 저는 첫 책이다 보니 하고 싶은 이야기가 많아요. 제 취미인 다이빙 얘기도 하고 싶고 환경 얘기도 하고 싶고요."

콘셉트는 하나만 건드려야 돼요. 예를 들어 내가 다이빙 관련 실용서를 쓴다고 칩시다. 그런데 건드리는 주 토픽이 다이빙 관련 내용을 안내하다가 갑자기 다이버의 시각에서 본 환경 이슈로 넘어가게 된다면? 그런 식으로 삼천포로 빠지고픈 충동을 느끼시는 분들이 많아요.

다이빙의 세계, 그 매력에 대한 것을 주로 이야기하고 싶어서 책을 집필하신다면 거기에 충실하는 게 맞죠. 마지막 말미에 물론 아주 조금 덧붙이는 에필로그 정도의 느낌으로 환경 이슈를 터치해주는 건 괜찮아요. 하지만 그 비중이 결코 커서는 안 돼요. 하나의 책에서는 두 개의 이야기를 하면 콘셉트가 갈리거든요.

'콘셉트가 갈린다'는 말은 독자의 집중력이 흩어진다는 의미에요. 제가 출판계에 27년 정도 있으면서 무수한 책들을 매주 10권씩 기획했거든요. 직원만 120명 넘는 큰 출판사에서 마케팅 본부장을 할 때 모든 부서의 기획회의에 참여해서 의견을 주곤 했습니다.

기획회의 때 주로 책의 콘셉트를 확정해요. 그때 거의 그 책의 가능성이 상당 부분 판가름 나요. 마케팅 회의는 이 책을 어떻게 팔 거냐를 논의하는 자리일뿐, 실제로 콘셉트가 확정되는 것은 기획회의 때라고 볼 수 있죠. 그 책이 잘 될 거냐 말거냐, 아니면 나중에 마케터들이 이 책을 밀거냐 말거냐 이런 걸 결정하는데 실질적 관건은 콘셉트를 정하는 기획회의 단계에서 모두 결정이 나요.

그런데 기획회의 때 잘 안 되는 책들의 특징이 뭐냐? 여러 가지 주장이나 하고 싶은 말이 너무 많은 책들이에요. 하나의 원고에서 여러 가지를 동시에 얘기하는 거죠. 원 콘셉트가 아니고 멀티 콘셉트로 가게 되면 대부분 힘이 분산되더라고요. 결과적으로 나중에 판매 수치가 다 안 좋았어요.

대부분 원 콘셉트로 하나의 방향에 충실한 구성이 좋아요. 다이빙 책을 놓고 보더라도, 여러 가지 환경 이슈가 실용서에 섞여 들어가게 되면 어떻게 될까요? 에세이나 혹은 사회 분야 책으로 넘어가서 분야가 약간 애매해져요. 서점에 실제로 책이 나왔을 때 어느 매대에 놓이게 될까를 구체적으로 미리 상상해보세요. 원래라면 이 책은 실용서로서 취미 생활 분야에 놓이게 될 거예요.

그런데 그 책이 환경 이슈를 좀 많이 다뤘다 그러면? "이 책은 사회정치 이런 분야로 가야 할까?"라고 출판사에서도 헷갈리고 서점의 담당 MD들도 갸우뚱거려요. "이거 우리 분야 책이 아닌 것 같은데요?" 이런 식으로요. 자칫 어느 쪽에서도 책임을 지지 않는 결과가 될 수도 있죠. 아무도 책임지지 않으면 낙동강 오리알이 될 수 있어요.

저는 콘셉트를 낚싯바늘에 비유해요. 낚싯바늘에 고리는 하나만 있는 게 좋아요. 안 그러면 물고기들이 이 루어lure(유혹물)는 '인공적인 함정'이라고 인식하거든요. 저건 나를 낚기 위한 가짜라고 무시하는 거죠. 그 낚시의 결과는 참패로 끝나요.

원고의 힘도 분산되죠. 책의 전체적인 분위기를 정할 때 톤 앤 매너를 해칠 수 있어요. 톤 앤 매너를 정하는 게 중요한 이유가 뭘까요? 하나의 일정한 톤으로 가야 독자가 안 헷갈리거든요. "나는 이 책을 실용적인 이유 때문에 구입했는데 갑자기 환경 이슈가 들어가 있네?" 실용적인 충실함을 기대하고 이 책을 산 독자들에게 배신 때리는 행위가 되죠. 환경 이슈는 그 독자가 원치 않는 부분일 수도 있는 거니까요.

제목과 목차, 본문 모두가 수미일관하게

콘셉트가 가장 극명하게 드러나는 부분은 제목에서예요. 제목과 부제에서 가장 극명하게 콘셉트가 드러나죠. 하나로 확정한 그 콘셉트가 목차와 본문에까지 쭉 타고 내려가야 합니다. 콘셉트가 정해지면 그것이 제목과 부제에도 같은 방향으로 이어져야 하고, 전체의 틀인 목차도 같은 방향으로 정렬돼야 하고, 그 정렬된 목차의 방향대로 살을 붙여 본문을 만들어야 합니다. 이 네 가지(제목, 부제, 목차, 본문)는 절대 분리되면 안 되고 아주 밀접한 관계를 가지고 있어야 합니다. 머리부터 꼬리까지 전체가 수미일관하게 정렬된 일체가 돼야죠.

요즘 출판에서 사업의 절반은 제목에 달려 있습니다. 중요도에서도 요즘 분위기로는 제목이 차지하는 중요성이 60% 이상에 해당합니다. 제목이 강력하고도 뾰족한 콘셉트로 박혀 있을 때, 무수한 경쟁상품 속에서 나의 주장과 구호가 잠재 소비자들의 눈길을 잡아끌 수 있는 것입니다.

코로나 이후 변한
출판 트렌드

"출판 트렌드에 대해서도 좀 알려주시면 감사하겠어요. 출판도 코로나 이
전과 이후에 분위기가 많이 달라졌나요?"

네, 좋은 질문 주셨어요. 코로나 이후로 세상이 돌아가는 양상이 많이
바뀌고 있어요. 예를 들어 보죠. 사람들이 코로나 사태 이후에는 인터넷
을 어떻게 사용하고 있을까요? 대부분 모바일을 더 많이 사용했을 거라
예상했지만 결과는? 모바일은 늘지 않고 오히려 PC로 접속하는 분들이
많아졌다고 하죠. 변화는 가끔 이렇게 전혀 예측할 수 없는 방향으로 흘
러가죠. 그렇기에 항상 상황 변화를 예의주시하셔야 합니다.

코로나 이후에 출판 트렌드도 제법 많이 변했어요. 이제 사람들이 오프
라인으로 서점 방문을 잘 안 하고 온라인으로 사죠. 전자책과 오디오북
판매도 제법 증가하고 있어요. 특히 50, 60대까지 온라인 구매에 대거 동
참 중이에요. 이게 주목할 만한 변화고요. 여전히 베스트셀러는 잘 팔리
는데, 문제는 베스트셀러 위주로만 팔린다는 점이에요. 나머지 책들은 전

반적으로 판매가 감소 추세에요. 빈익빈 부익부 현상이 심화되고 있는 거죠.

- 코로나 이후 오프 매장 방문객 30% 이상 감소
- 온라인 구매, 전자책 구매 12% 증가
   - 전자책과 오디오북 판매 신장
   - 온라인화에 대거 동참, 5060세대까지
- 베스트셀러만 팔리고 나머지 판매는 동반 감소
   - 빈익빈 부익부 현상 심화

관심사가 변했다

코로나 이후에는 목적성이 강한 책들이 잘 팔려요. 대역병 시기를 지나면서 사람들이 건강을 강화시키는 데 관심이 높아졌어요. 과학 분야와 바이러스 관련 책들, 건강 취미 분야를 많이 찾고 있죠. 경제경영서들도 상승 중이고요. 경제경영서는 왜? 갑자기 '아, 이런 삭막한 시대에 내가 돈까지 없으면 얼마나 막막하냐?'라는 현타(현실 자각 타임)가 온 거죠. '돈 공부'에 대한 관심이 다시 달아올랐어요. 다들 초저금리 시대에 대한 탈출구로 주식 투자를 향하고 있어요. 그래서 연이어 주식 투자법 관련 책들이 쏟아지고 있죠. 특히 미국 주식을 포함한 해외주식에 대한 열기가 고조됐어요. 부의 욕구 관련된 재테크 서적, 경제경영 서적이 많이 뜨고 있어요.

생태환경 이슈에도 관심이 많아졌어요. "생태계가 파괴돼서 코로나라는 대역병이 창궐하게 된 거 아니냐?" "집단 사육과 비위생적이고 무분별한 도축을 많이 하다 보니까 이런 심각한 바이러스들이 새로 융합되고 발생해서 점점 인류를 궁지로 몰아가는 것 같다"는 인식이 많아졌죠. 그래서 지구온난화, 쓰레기, 환경 오염, 기후재앙 등의 이슈에도 사람들이 굉장히 민감해졌어요. 팬데믹이라는 전 세계적인 대재난 터널을 다 함께 몸으로 통과하고 있는 사람들이 "그래서 다음 세상은 어떻게 바뀔까?" 하는 예측서도 많이 찾고 있어요. 미래가 잘 안 보이니까요.

■ 목적성 강한 책들 판매 비중 증가
  - 과학 분야, 특히 바이러스, 전염병 관련서들
  - 건강, 취미 분야
  - 부의 욕구, 경제경영서 상승
  - 생태환경적 문제 제기와 솔루션들

멘탈의 문제도 더욱 중요해졌어요. 모두가 거의 종일 집 안에만 갇혀 지내다 보니 우울증(코로나 블루), 답답함 호소 현상이 많이 생겼죠. 그래서 집에서 멘탈을 다독일 수 있는 책들이 각광을 받고 있죠. '멘탈케어' 키워드나 '유리멘탈' '자존감' '가족 커뮤니케이션' 키워드류의 책들이 강세에요. 포스트 코로나 이후로는 사람들이 다 우울해요. 그래서 감정에 대한 다운 증세나 우울증에 준하는 답답증, 기분부전장애, 불안감, 초조함 같은 마음의 병들을 많이들 앓고 있어요. 모두가 거의 그러한데 특히 여

서점 이용자 최다 검색 키워드(1,740만 교보 회원 기준)	
1위	인간관계
2위	위로
3위	무기력, 우울감
4위	페미니즘 *여성작가 강세 현상과도 맞물려 있음
5위	사랑
6위	자존감
7위	심리학
이 키워드들의 공통점은? >> '마음'에 관한 것들이 대부분을 차지	

자 분들이 심해요. 사실 코로나 이전에도 이미 사람들의 빅 트렌드는 이런 거였죠. 교보문고 사이트에 들어와서 책을 찾으려고 검색하는 키워드의 10위가 다 이런 거였어요. 감정, 공감, 위로, 마음, 힐링 이런 거요. 생각보다 무슨 테크닉 관련된 키워드를 검색어로 치지 않아요.

■ 주목받을 트렌드

　- 멘탈케어

　- 셀프케어

　- 홈코노미

　- 가족 커뮤니케이션

코로나 이후에는 출판도 온라인으로 많이 넘어갔다고 보시면 돼요. 오프라인 서점의 역할이 현격히 줄어들었죠. 구독 형태로 전환한 온라인 방식이 활성화되고 있어요. '리디 셀렉트'나 '밀리의 서재'나 '퍼블리'는 모두 책이나 잡지의 정기구독 모델이죠.

오디오로 듣는 '윌라'나 '밀리의 서재' '스토리텔' '리디셀렉트'도 주목할 만해요(저도 정기구독자에요). 챕터별로 나눠서 책을 파는 '알라딘 싱글즈'나 주로 웹툰이나 웹소설을 연재하면서 꼭지별로 파는 '네이버 시리즈'도 활성화되고 있죠(저 레오짱도 애용 중이에요). 예를 들어 알라딘 싱글즈는 챕터 하나씩에 1천 원 정도에 팔아요. "책을 챕터 하나만 사볼래?"라는 개념이죠. 코로나 때문에 이렇게 출판도 반강제적으로 온라인으로 많이 바뀌어 가고 있어요. 사실은 이전부터 조금씩 나타났던 트렌드인데 대역병 이후로는 그 변화의 속도가 엄청 빨라지고 본격화되고 있어요.

■ 출판도 온라인으로 강제 이전 진행중 - 판매 방식의 이동

- 오프라인 서점의 축소

- 구독 서비스 강화

- 오디오북 성장

- 챕터별 분권 판매 전자책

- 온라인 연재 확대

마케팅 방식도 변했다

출판사나 저자들의 마케팅 방식도 코로나 이후에는 모두 온라인으로 바뀌었어요. 옛날에 많이 하던 푸시 마케팅, 즉 서점에서 실제 책이 나가

든 안 나가든 일단 물량부터 밀어내고 하는 행태의 영업도 많이 없어졌고요. 이제는 거의 다 SNS 위주로 홍보 마케팅을 해요. 유튜브 영상으로 만들거나, 카드 뉴스로 내용을 요약해서 만들거나 인플루언서들과 제휴해서 홍보를 하죠. "당신들에게 책 보내줄 테니까 당신 팔로워들에게 이벤트를 하거나 후기를 좀 써주세요." 이런 식이죠. 출판사나 저자가 직접 자체 채널로 유튜브를 운영하기도 해요. 1만 명의 구독자만 있어도 어느 정도 괜찮은 책 홍보 효과를 낼 수 있으니까요.

독자들과 가지는 독서모임도 지금은 오프라인 기반으로는 거의 없어졌죠. 온라인 화상회의 형태로 거의 다 바뀌었잖아요. 네이버 스마트스토어로 자기네 책을 직접 파는 출판사들도 점차 증가 중이고요. 크몽이나 탈잉 같은 재능 마켓에서 '전자책 노하우' 이런 류 콘텐츠 만들어서 파는 친구들도 요즘에 매우 많아졌어요. 그런데 내용이나 디자인이 참 엉성해요. 그런데 가격은 무척 비싸게 해놨어요. 무슨 '보고서 잘 쓰는 법'이라고 해서 디자인도 전혀 안 돼 있고 본인들이 한글로 대충 만든 15쪽짜리인데 10만 원씩에 팔잖아요. 참 황당한 행태가 많아요. 이런 함량 미달 콘텐츠에 속으시면 안 돼요.

■ 출판마케팅 방식의 이동

- SNS, 유튜브, 카드뉴스, 요약 서비스: 마이크로 인플루언서와 제휴, 자체 채널 가동 시도

- 다이제스트 오디오북: 독자와의 독서모임, 화상회의 위주로

- 디지털 콘텐츠 플랫폼 연계 판매: 스마트스토어, 크몽, 탈잉, 클래스 101 등

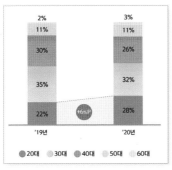

오디오북 이용자 연령 비중 변화(출처: 신한카드 Trendis 2021년 3월 18일)

오디오북 시장을 주목하자

오디오북 시장이 다시 뜨고 있어요. 전통적으로 한국은 오디오북 시장이 형성기에 모두 실패했었죠. 미국 같은 경우엔 차car 없이는 나다닐 수 없는 도로 여건과 긴 주행거리라는 조건이 있잖아요? 그래서 운전하면서도 들을 수 있는 콘텐츠에 대한 수요가 많아 오디오북 시장이 발달되었는데요. 한국은 짧은 주행거리와 정신없고 공격적인 운전 환경 등으로 CD나 USB를 챙겨 오디오북을 꼼꼼히 들으며 운전할 여유가 없었죠.

그런데 요즘 분위기는 좀 달라졌어요. 스마트폰만 있으면 간편하게 무선 이어폰을 통해 오디오로 된 콘텐츠(팟캐스트, 팟빵, 오디오클립, 전자책의 듣기 모드, 오디오북 전용 플랫폼 등)를 즐길 수 있게 됐어요. 영상 콘텐츠는 그걸 보면서 딴짓을 할 수 없잖아요. 그런데 오디오 콘텐츠는 들으면서 동시에 멀티태스킹multi-tasking이라는 딴짓이 가능하잖아요? 스마트폰의 스마트한 앱들과 함께 사람들의 멀티태스킹 니즈에 다시 오디오북 수요가 증가 중이에요. 1인 크리에이터들이 늘어났고, 비대면 트렌드가 전격 확산되면서 오디오 포맷도 나날이 성장 중이에요.

최근엔 네이버 등 포털 사이트도 공격적으로 오디오북 시장을 공략 중이에요. 새로운 판이 깔리면 먼저 적극적으로 참여해야 이점을 누릴 수 있어요. 예비 저자 여러분도 새로 생기는 플랫폼에 적극적으로 자기 채널을 개설해보시길 권합니다.

레오팡의 추가 조언

이상으로 코로나 이후의 출판 트렌드는 어떤 것들이 있는지 요약해서 살펴봤어요. 책을 기획하고 콘셉트를 정하시는 데 참고하세요.

코로나 이후 트렌드를 마무리하는 차원에서 한 말씀드릴게요. '엔트로피 법칙' 못지않게 세상을 지배하는 근본적인 법칙이 몇 가지 있죠? 그중 하나가 바로 '부익부 빈익빈 법칙'이에요. 전문 용어로 파레토 법칙Pareto principle 혹은 결정적 소수의 법칙Law of the Vital Few이라고 부르죠. "이탈리아 인구의 20%가 이탈리아 전체 부의 80%를 가지고 있다"고 주장한 이탈리아의 경제학자 빌프레도 파레토 씨의 이름에서 따온 말이죠. 저는 이것을 '부익부 빈익빈 법칙'이라고 부르겠습니다(이게 더 선명한 설명 같아서요). 결국 세상은 "전체 결과의 80%가 전체 원인의 20%에서 일어나게 돼 있습니다."

세상은 상위 20%의 결정적인 소수가 항상 나머지 80%를 차지하게 되어 있는 구조입니다. 자연법칙은 항상 고르고 평등하게 퍼져 있는 모습이 오히려 부자연스러운 상태죠. 물도 가만히 놔두면 평평하게 퍼져 있지 못하고 자꾸 물방울 형태로 모여들려고 하는 것처럼요. 고르고 평평하게 퍼져 있는 것보다 모여 있는 형태가 에너지가 더 안정적이라서 그렇죠. 그래서 코로나 이후에도 이 '부익부 빈익빈 현상'은 여전할 것이고, 디지털적인 방향으로 오히려 더 부익부 빈익빈이 심해질 것입니다.

결국 모든 비즈니스도 '결정적 소수'인 '플랫폼'화되는 방향으로 발전할 겁니다. 그렇게 안 되는 비즈니스는 모두 도태되게 되어 있는 형국이죠. 그러니 여러분도 세력의 중심이자 주체가 되려고 부지런히 노력하시길 권해 드립니다. 그것이 제가 '행복한 글감옥' 프로그램 플랫폼과 '레오짱 줌스쿨'이라는 공동학습 플랫폼을 키우는 이유이고, '마이북하우스'라는 결제決濟 홈페이지를 키우는 이유입니다.

출판의 종류
5가지

"투고가 번거로워서 자비 출판만 해왔어요. 이번엔 기획 출판에 도전해보고 싶어요. 출판의 종류에는 어떤 것들이 있나요?"

이런 질문을 많이 하세요. 그래서 제가 아주 상세하게 5가지로 정리해드릴게요. 먼저, 기획 출판이라는 것이 있는데 이건 자기 돈이 안 들어가는 출판입니다. 저자는 자기 부담이 하나도 없어요. 출판사에서 다 부담을 해줘요. 기획만 잘 하면 책으로 내준다 해서 '기획 출판'이라고 부르는 형태에요. 내용이 특히 자신 있을 때 이렇게 많이 해요.

그런데 완전히 저자 돈으로 다 내고 하는 자비 출판도 있죠. "내가 돈 낼 테니까 내 마음대로 할래. 디자인도 내가 원하는 걸로 할래. 내용도 함부로 건드리지 마. 내 마음대로 다 하고 싶어." 이렇게 할 때는 자비 출판으로 가죠. 혹은 기획 출판이 통과 안 됐을 경우에 자비 출판을 많이 하시죠.

그런데 그 사이에 애매하게 낀 경우도 있어요. "저는 기획을 하기에는 자신이 없고 자비로 하기에는 자존심이 약간 상해요. 돈을 왜 제가 다 내야 하죠? 절반만 낼 테니까 기획을 조금 도와주면 안 돼요?" 하는 반기획 출판이라는 형태에요. 흔하지는 않은데 이런 형태도 있기는 해요. 조금은 퀄리티 있는 자비 출판을 추구할 때요. 보통은 기획 아니면 자비, 이렇게 양갈래로 나뉘어요.

참고로 '독립출판'이라는 형태도 있긴 해요. 요즘에 출판사 차리기도 그렇게 어렵지는 않거든요. 사실 출판사 차리는 것 자체는 굉장히 쉬워요. 구청에 가서서 출판사 등록만 하면 일주일 만에 출판사등록증이 나와요. 그건 뭐 인지세 2만 7천 원인가만 내면 바로 만들 수 있어요. 그러면 출판사 이름을 공식적으로 사업자로 사용할 수 있게 되죠. 많은 사람들이 이런 식으로 "나도 출판사 하나 차렸다!" 하고 출판사 등록증만 딱 하나 내걸고 자랑해요. 그런데 문제는 그 다음부터에요.

골치 아픈 게 뭘까요? 일단 단가 싸게 거래처들부터 뚫어야 하잖아요? 종이를 싸게 구입해서 저렴하게 인쇄를 돌리고 제본까지 하고, 창고 계약도 일일이 직접 해야 돼요. 교보문고, 예스24, 알라딘, 인터파크, 리디북스, 반디앤루니스, 영풍문고 등등 서점 계약도 해야 해요. 준비할 서류 양식도 서점마다 다르고 종류도 꽤 많아요. 이것부터 굉장히 머리가 아파요. 이후에 서점마다 돌아다니며 영업하고, 매일 주문처리 해야 하고, 판매금 정산 받고 장부대조 하고, 계산서도 발행하고, 저자들에게 인세 정산해주는 절차는 더 복잡해요. 세무사에게 매달 기장료도 줘야 하고요. 엄청 손이 많이 가는 일들 천지랍니다.

그런 걸 전혀 생각을 안 하고 '내가 내 책을 직접 마음대로 하고 싶다.'

는 철없는 마음만으로 독립 출판사 차리는 사람이 많아요. 특히 최근 5년 사이에 엄청 많아졌어요. 그런데 이 사람들의 실태가 어떨까요? 책 한 권도 못 내고 망한 사람이 95%, 딱 한 권 낸 다음에 빚 5,000만 원 정도 지고 망해버린 사람이 나머지 3%, 나머지 2%가 유일하게 한 권 낸 뒤에 간신히 목숨만 부지하고 있는 정도예요. 독립 출판이라는 형태가 이렇게 다들 간당간당해요. 굉장히 힘든 일이에요.

독립 출판을 유통해주는 독립 출판 전문 서점들이 서울에 약 30군데 정도 있어요. 제가 서울의 독립 서점이란 곳들은 큰 데 작은 데 가리지 않고 모두 현장 조사를 다녀봤어요. 한때 서점도 직접 차려볼까 하고요. 그런데 보면 볼수록 답이 안 나오더라고요. 그래서 안 했죠. 독립 출판 전문 서점들은 마진율이 낮고 손님들도 많이 오지 않아요. 그래서 거의 자기 개인 사무실 겸용으로 쓰는 분위기더라고요. 그런 식으로는 월세, 인건비 등의 고정비를 내면서 오래 버티지를 못해요. 그런 사정으로 조그마한 독립 서점들이 길어야 1년 버티다가 문들 닫아요. 그러다 보니까 독립 출판이 설 길이 별로 없어요. 이 길은 쉽지 않다고 말씀드릴게요.

최근 몇 년 전부터 '펀딩 출판'이 활성화됐는데 이건 해볼 만해요. 왜냐하면 이건 자기 돈 들어갈 일이 없거든요. 어떻게 하는 형식이냐면, "여러분 나 좀 도와주세요. 제 돈은 지금 하나도 없어요. 대신 나중에 책 나오면 드릴게요. 여러분 돈 좀 제게 미리 투자해주시면 안 돼요?" 즉, 자기 돈을 들이지 않고 일반인들에게 지원(펀딩)을 받아서 출판을 하는 거죠. 이렇게 하는 플랫폼이 텀블벅이나 와디즈 같은 곳들이에요.

이 5가지 형태 중에 비추인 것들은 반기획과 독립 출판이에요. 반기획은 약간 애매해요. 독립 출판은 살아남기 힘들고요. 무덤 파는 행위하고 비슷해요. 차라리 "완전히 내 마음대로 다 해버리고 싶어" 그럴 경우에는 자비 출판을 하세요. 기획 출판은 정말 저자는 자기 돈 하나도 안 들이는 건데 콘텐츠에 자신 있다면 가장 추천할 만한 방식이죠. 펀딩 출판도 콘텐츠에 자신 있으면 도전할 만해요.

퍼스널 브랜딩 서를
쓴다면

"저는 단순히 자서전, 회고록 스타일로 책을 쓰고 싶지 않아요. 그런 건 나중에 나이가 좀 더 들어서 해보고 싶고, 지금은 제 퍼스널 브랜딩에 도움되는 책을 쓰고 싶어요. 그렇다고 제가 아주 특별한 경력이나 경험을 가지고 있는 사람은 아니라는 게 마음에 좀 걸리지만…."

맞아요. 한창 활동 중인 젊은 분들에게는 자서전 스타일보다는 퍼스널 브랜딩 서 스타일의 책쓰기를 권해 드려요. 퍼스널 브랜딩 서를 쓰고 싶으시다면 일차적으로 다음과 같은 걸 생각해보세요.

차별점: 경쟁자와 다른 당신 브랜드만의 차별성은 뭐냐. 그 계기는 뭐였냐. 포인트는 뭐냐. 최대한 다양하게 많이 적어보세요.

철학: 당신 브랜드의 철학은 뭐냐. 당신이 행한 사례의 증거를 대라. 좋은 습관의 증거, 자기계발법, 귀감이 될 만한 증거.

통찰: 그동안 당신의 통찰을 느낀 소감이나 식견을 써라. 주변에서 발

견한 유사한 사례도 있겠고 타산지석 사례도 있겠고.

지향점: 최종적으로 당신 브랜드가 꿈꾸는 모습, 즉 지향하는 게 뭐냐.

FAQ: 자주 묻는 질문, 그래서 사람들에게 반복적으로 들은 질문 등.

퍼스널 영역: 퍼스널 영역을 소재로 해도 돼요. 브랜드 서라 해도 지금까지 내가 이런 브랜드를 쌓기까지의 배경 스토리를 부분 부분 비빔밥처럼 버무려 넣어줘야 글이 재미있어요. 사람들은 기본적으로 스토리텔링을 좋아하고 이야기로 풀어주는 걸 좋아하니까요. 이성보다는 감성적으로 접근하는 걸 훨씬 잘 받아들이죠. 그런 까닭에 개인의 지향이나 성향, 특성을 알려주는 일화나 에피소드를 꼭 넣어주세요.

특별할 것 없는 경험이라도 괜찮아요. 하지만 그것을 글로 풀 때조차 '특별할 것 없이 풀면' 안 돼요. 뭔가 특별해 보이도록 해석을 가해야 독자들이 설득되죠. 일단 스스로에게 질문을 던져 보세요. 자신의 관점에서가 아니라 대중들이 내게 궁금해 할 만한 질문들을요. 질문을 만들어 스스로 던지면 그게 곧 책의 목차가 됩니다.

남들이 나라는 예비 저자에게 할 만한 질문을 30개 정도 만들어 30개 정도의 답을 하시면 그 자체가 대중적인 목차가 됩니다. 친구들에게 전화로 물어보셔도 좋고요. 구글 설문지나 네이버 설문지 양식으로 만들어서 사람들의 질문을 수집하셔도 좋습니다. 그게 대중 눈높이에 맞는 목차를 생각하는 방법이에요. 그 완성된 꼭지들을 골자로 자신만의 전문성을 추가해 이야기를 풀면 좋습니다.

모든 에세이는 사실은 자기 경험에서 시작된 이야기에요. 아무리 뻔한 일상의 소재라도 콘셉트를 살짝 비틀어서 접근하면 대중적으로 의미 있는 책이 됩니다. 예를 들어 내가 매일 일상적으로 반복해 들었던 부모님의 뻔한 잔소리를 콘셉트를 약간 비틀어 만든다면?《엄마가 나에게 가르쳐준 것들》이라고 바꾼다고 생각해보세요. 그러면 뭔가 있어 보이잖아요?

실제로 원서 중에《Always Wear Clean Underwear》라는 책이 있었는데 베스트셀러였죠. "항상 깨끗한 속옷을 입어라." 그 말이 무슨 말이겠어요? 사실 이 책의 내용도 일상의 소소한 지혜죠. 속옷은 남이 보지는 못하잖아요. "보이지 않는 속옷까지 깨끗하게 입고 다니면 어디서든 당당하게 처신을 할 수 있다", "나는 속까지 깨끗한 사람이라서 언제 어디서나 이렇게 당당할 수 있다"는 소소한 일상의 지혜를 담은 책이에요. '부모님 잔소리'를 일종의《부모님이 나에게 가르쳐준 것들》콘셉트로 비틀어낸 거죠.

'스승이 나에게 가르쳐준 것들'이라는 콘셉트의 책을 내가 생각했다고 칩시다. 사실 이렇게 출발한 책이 바로《모리와 함께한 화요일》이라는 책이죠. 역시 전 세계적인 베스트셀러가 됐죠. 체육학과를 나온 청년인 미치 앨봄이 썼어요. 자기와 평소에 친했던 교수님인 모리를 찾아갔다가 쓰게 된 이야기죠. 모리 교수님을 찾아갔더니 이 분이 다 죽어가요. "며칠 안 남았는데… 몇 달 안 남았는데…" 하시면서 "어 미치야. 미치야. 내가 조만간 갈 것 같으니까 그동안 내가 깨달은 걸 네가 좀 정리해봐." 해서 나온 책이죠. "죽어가기 전에 나의 메시지를 받아적어." 했던 책인데, 출간된 후 사람들이 엄청나게 반응을 했죠. 사실은 이 책도 대단한 삶의 통찰이 들어가 있는 건 아니고 "삶을 댄스처럼 즐겨라" 하는 등의 소소한 통찰을 담은 책이에요.

모든 에세이는 다 자기 경험에서 시작된 이야기에요. 이걸 콘셉트를 살짝 비틀어서 기획하는 고민을 치열하게 해보시면 대중적으로도 의미 있는 책으로 탈바꿈될 수 있습니다. 본격적인 콘셉트 기획법은 4장에서 말씀드릴게요.

개인 자서전 형태로
내고 싶다면

"저는 그야말로 지극히 평범한 사람이라서 그냥 제 개인적인 경험을 위주로 한 자서전 형태의 글로 정리해 자비 출판 하고 싶어요. 이렇게 해도 상관 없을까요?"

맞아요. 내 책을 널리널리 상업적으로 판매할 욕심까지는 바라지 않고 내 삶과 생각을 정리해 주변 사람들에게 공유하는 정도만으로 족한 분들도 있죠. 만약 당신이 개인 자서전을 써서 자비 출판을 하려고 한다면? 이런 식으로 틀을 잡아 보세요. 자서전 형태로 쓴다면 대략 어떤 틀을 건드리면 좋을지 제가 빨리 한번 정리해볼게요.

인생 곡선: 당신이 대입 전까지는 꺾어진 표였어요. 그러다가 갑자기 대입에 합격해서 선이 상승했다가 다시 첫사랑에 실패했을 때 꼬꾸라지는 식이죠. 이런 걸 인생 곡선으로 그려가면서 내 인생사에 대해 회상할 수도 있겠죠.

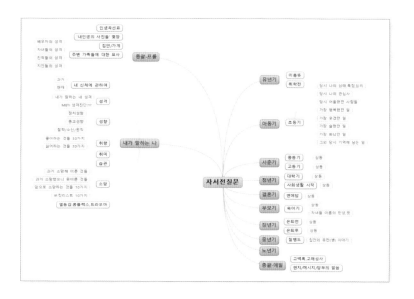

인생 사진: 내 인생 사진 몇 장을 중심으로 이야기를 해볼 수도 있고요.

가계 이야기: 집안 가계로 이야기를 풀 수도 있습니다. 배우자의 성격, 자녀 성격, 친척 지인들 성격, 가족 묘사도 될 수 있죠.

내가 말하는 나: 내 신체는 과거에는 이랬는데 현재에는 어떤 변화가 있다. 내 성격은 MBTI 성격 진단으로 봤을 때 외향성과 내향성이 이렇고 저렇고 등등. 정치 성향, 종교 성향, 철학 소신 원칙 그리고 취향. 내가 좋아하는 10가지, 내가 싫어하는 거 30가지 등의 내용이죠.

나의 소망: 과거 소망해서 내가 이룬 것과 소망했으나 못 이룬 것도 말하고, 앞으로 소망하는 것과 버킷리스트까지 말할 수 있죠.

나의 문제점: 어릴 적에 내 콤플렉스와 트라우마가 뭐가 있었다. 이런 것도 사실 대로 얘기해 주면 상대방이 나를 굉장히 깊이 있게 알 수 있죠.

고해성사: 에필로그에는 고백록을 써도 돼요. "사실은 말이지 내가 지금

와서 하는 얘기인데…" '이제는 말할 수 있다' 같은 형식이죠. 편지 메시지로 쓰는 형태도 좋아요. '아들/딸에게 보내는 당부의 편지' 이런 형태로 써도 되고 무궁무진하죠.

이런 식으로 구성을 쭉 뽑아보시면 자기 인생 정리가 한 번에 됩니다. 그냥 단순히 시간 연대기 순으로만 열거하면 같은 내용이라도 훨씬 재미없잖아요? 애초에 틀을 잡는 게 이야기 자체를 서술하는 것보다 더 중요합니다.

동화책이나 우화책 형태로도
생각해보자

━━✎〜〜〜〜〜〜〜〜〜〜〜〜〜〜

"저는 《어린 왕자》 류의 성인 동화를 굉장히 좋아하는데요, 제가 생텍쥐페리처럼 글을 잘 쓰진 않지만 이런 쪽을 노려봐도 괜찮을까요?"

충분히 가능합니다. 내가 하고자 하는 이야기를 성인들을 위한 동화책이나 우화 형태로 풀어나갈 수도 있어요. 예를 들어 스펜서 존슨이라는 저자가 그랬죠. 이 분은 원래 의사예요. 미국의 의사인데 《누가 내 치즈를 옮겼을까?Who moved my cheese?》라는 책을 썼죠. 애초의 의도는 자기 자신을 위해서 쓴 거예요. 심지어 자비 출판으로 냈던 책이었죠. 이 사람이 약간의 우울증과 모티베이션 저하 증세가 있었대요. 그래서 본인 스스로를 일깨우려고 짧은 우화를 만든 거예요. 자기 환기용 우화였죠.

이야기의 개괄적인 흐름이 이래요. 생쥐 두 마리가 있었지. 생쥐와 똑같은 사이즈의 미니 인간도 두 명 있었지. 그들은 미로에 갇혀 있는데 여기엔 항상 치즈가 주어지지. 그런데 어느 날 보니까 치즈가 없어. 그 순간 생쥐들은 바로 행동을 하면서 신발 끈을 딱 동여매고 쿵쿵거리면서 새로운 치즈를 찾아 나섰대. 그런데 인간들은 따지기부터 시작해. "내가 치즈를 받아 마땅한 사람인데 왜 안 주는 거야? 내일까지 기다려볼까. 내일까지 기다려보면 아마 있겠지. 내가 어떤 사람인데!" 하는 식으로 말이야. 다음 날 봐도 치즈는 없어. 그래서 한 1주일 굶다가 쓰러지기 직전에 "안 되겠어. 아무래도 우리도 생쥐들처럼 나가야 할 것 같아." 해서 마지못해 움직이는 그런 이야기죠.

이 책은 '변화'에 대한 자기 암시예요. '새롭게 바뀐 상황에서는 당장 움직이지 않으면 안 된다'는 메시지죠. 스펜서 존슨이라는 의사가 자신에게 반복적으로 각성시켜 주려고 만든 짧은 이야기였어요. 30쪽 밖에 안 되는 짧은 이야기를 쓴 거예요. 스스로가 만든 그 이야기를 보면서 자기 위안을 삼았대요.

어느 날 친구가 "얼굴이 좋아졌네?" 그러니까 "사실은 내가 아침마다 나 자신을 위한 이야기를 읽고 있거든." "줘 봐, 나도 좀 보게." 받아보니 그 친구도 너무 재미있다는 거예요. 그래서 "이걸 좀 더 뿌려보자" 해서 자비 출판으로 몇 십 부를 만들어 나눠주었죠. 나중에는 주변 사람들까지 "이 이야기 너무 좋은데 정식으로 책을 내보지?" 해서 출판사까지 연결됐죠. 결국 전 세계적인 베스트셀러가 돼 2,800만 부 정도를 팔았어요. 그 다음에 낸 《프레즌트Present》라는 책도 비슷한 자기를 위한 메시지를 2부작, 3부작으로 썼던 거고요.

'등단한 소설가도 아닌데 내가 감히!'라고 생각하는 사람은 절대 이런 도전 못해요. 자기 자신을 너무 작가처럼 의식하면 이런 책들은 한 발짝도 못 써내려 가요. 자기 환기용 메시지라고 편하게 생각해야 생전 안 써본 동화책이라는 형태도 손댈 수 있게 돼요.

그림책도 마찬가지에요. "내가 어떻게 그림을 그려?"라고 지레 포기하지 마세요. 내가 먼저 투박하게라도 스케치로 그려놓으시면 방법은 많아요. 산그림이나 그라폴리오 같은 그림 전문가 사이트에서 의뢰할 작가를 알아보고 그려달라고 하면 돼요. 취향에 맞는 작가를 찾아서 컷당 얼마씩 주기로 하고 용역을 사는 형태죠. 그림 전문가들이 멋지게 그림을 그려줘요. 생각보다 합리적인 가격이에요. 이렇게 하면 직접 그림책을 낼 수도 있어요.

감성 글쓰기에
도전한다면

"저는 뇌가 말랑말랑한 사람이라서 딱딱한 정보서나 실용서보다는 에세이를 쓰고 싶어요. 평소에 즐겨 읽는 책들도 다 에세이류여서요. 그럼 어떻게 해야 할까요?"

에세이는 공감이 기본이다

네, 에세이에도 두 가지가 있어요. 논리적이고 정보를 담은 에세이도 있지만, 감성적인 에세이도 있죠. 뇌가 말랑말랑한 감성파라면 감성 에세이에 도전해볼 만해요. 감성 에세이는 소소한 일상에서 건져내는 공감 영역을 다루는 분야죠. 감성 에세이는 '공감'이 포인트에요. 소소하지만 "당신도 비슷한 느낌이죠?"라고 묻는 대목들을 건드리죠.

그렇게 쓰는 사람이 공지영 씨에요. 《빗방울처럼 나는 혼자였다》같은 에세이류를 보세요. 이런 식의 공감을 유도하는 글쓰기가 이 분이 자주하는 방식이에요. "저는 말이죠. 제 글을 쓰다 보면 제 스스로 힐링이 되는 걸 많이 느껴요." 그녀가 매체 인터뷰에서 자주 했던 말이에요. 이혼을 세 번 할 동안 각자 성도 다른 아이 셋을 키우면서 사람들에게 받은 험한 말과 상처가 좀 많았겠어요? 그걸 그녀는 글쓰기로 셀프 힐링을 하는 거예요.

감성 에세이 쓰기는 자기 내면과의 대화죠. 자기 이야기를 에세이로 옮기는 거 자체가 사실은 자기 내면의 객관화와 치유의 과정이 돼요. 공지영 작가도 기본적으로는 안정적인 수입을 위해서 글쓰기를 하지만 "사실 저는 책 쓰면서 스스로 힐링을 많이 받거든요."라는 본인의 말처럼, 내면 고백적 글쓰기의 가장 큰 수혜자는 작가 자신이 되는 셈이죠. 자기 생각과 번뇌를 토해냄으로써 스스로 치유받을 수 있어요.

에세이에는 글맛이 필요하다

"표현력이라는 건 도대체 어떻게 기르나요? 전 글을 쓸 때 너무 팩트 위주로만 써버릇해서 걱정이에요. 표현력이 뛰어난 글을 쓰시는 분들이 항상 부러워요. 학창 시절엔 내 생각이나 감정을 표현하면 선생님들이 사실만 쓰라고 꾸짖곤 했어요. 그런 경험 때문에 나쁜 버릇이 생긴 듯해요. 이과 계열 출신이라 더 논리 위주로만 생각해서 그런지도 모르겠어요. 여러 가지로 다양하게 표현을 잘 하는 분들이 너무 부러워요."

감성 에세이를 쓰시려면 일단 글맛이 있어야 합니다. 일기 쓰기는 모든 글쓰기 연습의 기본이에요. 하지만 이 씨앗이 상품으로 발아하려면 좀 더 나아가야 합니다. 내 감성 글이 상품 가치가 있으려면 평소 어떻게 해야 할까요? 일단 감수성 자체를 키워야 합니다. 감수성 자체는 어떻게 키우는 걸까요? 평소에 좋은 예술품을 많이 보시고, 좋은 음악을 많이 감상하시고, 좋은 공연이나 영화를 많이 보시면 됩니다.

표현력 자체도 키워야 합니다. 표현력을 키우는 것은 별도의 클래스를 들어야 하는 게 아닙니다. 일상에서 연습을 많이 하셔야 합니다. 제가 잘 아는 캘리그라피 대가 중에 김정기 선생님이 계십니다. 이 분은 평소 일상의 모든 순간이 연습 시간입니다. 욕실에 김이 서리면 그 위에다가 손가락으로 캘리그라피 연습을 해보는 식입니다. 캘리그라피 대가가 욕실 거울 위에서도 연습하듯이 표현력 연습을 일상화하세요.

농구의 전설 마이클 조던이 청소년기에 농구를 결정적으로 잘하게 된 시기는? 집에 농구대를 놓았던 순간부터였다고 합니다. 마이클 잭슨의 인생을 바꾼 춤, 문 워크도 댄스홀에서 개발한 게 아닙니다. 자기 집 주방에서 가족들이 잠든 사이에 개발하고 연마한 게 문워크라는 전대미문의 대박 춤이었습니다. 아르헨티나 축구의 전설 마라도나도 그랬습니다. 별도의 그라운드에서 연습하기 전에 자기 집 안에 축구공을 10개쯤 놓고 좁은 틈 사이로 드리블 하기를 일상적으로 즐기는 게 취미였다고 합니다.

이렇듯 모든 대가들의 연습은 생활밀착형으로 일상생활 중에서 행해질 때 남들과는 다른 차원의 능력이 키워지는 겁니다. 공식적인 훈련 자리에서만 숙제하는 기분으로 연습하는 이들과는 달라지는 경계가 만들어지는 거죠.

글의 표현력을 키우려면 글을 뭉뚱그려 대충 쓰지 말고 좀 더 섬세하게 쓰세요. 수박 겉만 핥다 끝내지 마시고 세밀 묘사로 들어가세요. 장미라는 대상을 '장미'라는 한 단어로만 표현하지 말고, 그 장미의 잎을 한 올 한 올 뜯어가면서 쓴다는 느낌으로 가세요. 다른 걸 연상해보거나 연관된 생각으로 확장해보세요. 세밀한 감정까지 다 표현해보세요. 내용의 길이가 안 나오는 것보다는 일단 길게 쓰고 줄이는 게 더 좋습니다. 미사여구나 꾸밈말이 많으면 좋지 않다는 지적과는 좀 다른 포인트예요.

에세이가 글맛만 있다면? 알맹이가 없어서 자칫 공허한 글이 될 수 있습니다. 그 속에 **독자들이 얻을 수 있는 뭔가 유익한 것이 있어야 좋아요.** 그것은 정보가 될 수도 있고, 통찰이나 깨달음이 될 수도 있고, 유익한 논거가 될 수도 있습니다. 내가 대학 때 교양과목으로 심리학 수업을 들었다면, 그냥 일상만 쓰는 것보다는 심리학에서 그 근거를 들어주면 더 좋겠죠. 자기 전문성을 가진 분야의 지식을 덧붙이면 에세이가 더욱 유익해집니다. 이 방식은 실용서나 자기계발서일 땐 더욱 필수죠.

시나 소설에
도전한다면

간략하게 시詩와 실용문의 차이를 보여드릴게요. 실용문은 논리적인 글쓰기입니다. 그에 비해 시는 전혀 다른 방식의 글쓰기죠. 일명 감성적인 글쓰기의 전형입니다.

한 겨울에 눈이 많이 내리는 저녁을 글로 쓴다고 해보죠. 실용문은 이성을 중심에 두고 쓰고, 감성문은 철저히 감성을 중심에 두고 쓰는 데서 갈립니다.

실용문(논리적인 글쓰기)

오늘밤은 폭설이 내린다. 오늘 같은 날 차를 몰고 나가려면 엄청난 교통체증에 시달려야 한다. 눈이 많이 내리는 날엔 대중교통으로 이동하거나 집콕하는 것이 상책이다.

시(감성적인 글쓰기)

아름다운 나타샤를 사랑해서

오늘밤은 푹푹 눈이 나린다.

나타샤를 사랑은 하고

눈은 푹푹 날리고

나는 혼자 쓸쓸히 앉아 소주를 마신다.

(... 중략 ...)

눈은 푹푹 나리고

아름다운 나타샤는 나를 사랑하고

어데서 흰 당나귀도 오늘밤이 좋아서 응앙응앙 울 것이다.

_백석, 《나와 나타샤와 흰 당나귀》 중에서

이렇듯 시나 소설은 실용적인 글과는 판이하게 다른 별도의 문학 창작의 영역이에요. 여자와 남자가 똑같은 '사람'이지만 하늘과 땅 만큼이나 다른 결을 갖고 있는 것처럼요. 실용적인 글과 감성적인 글도 같은 '글'이지만 천양지차입니다. 그래서 실용적인 책쓰기를 가르치는 이 책에서는 문학 작법은 논외로 하겠습니다. 시 작법이나 소설 작법에 대해서는 별도의 책이나 아카데미에서 익히세요. 작법 자체는 그런 곳에서 익히시되 원고 탈고 이후 벌어지는 프로세스는 모든 책이 대동소이합니다. 그래서 이후 프로세스는 이 책을 참고하면 여전히 많은 도움이 되실 겁니다.

좋은
스토리텔링의 본질

뇌라는 기관이 존재하는 가장 큰 이유는 뭘까요? 최신 뇌과학 연구에 따르면, 뇌의 가장 중요한 존재 이유는 결국 주변 환경을 통제하는 겁니다. 주위 세상을 통제하고 조절하는 법을 배워야 우리가 원하는 것을 얻을 수 있으니까요. 뇌는 그 모든 신경 통제의 중추에 있죠.

환경을 통제하는 데 가장 핵심은 '변화를 알아차리는 것'입니다. 뭔가 변화한 것을 알아차려야 그 상황에 제대로 대응하고 적응할 수 있으니까요. 그런 연유로 모든 인간은 변화에 대한 끝없는 호기심을 기본적으로

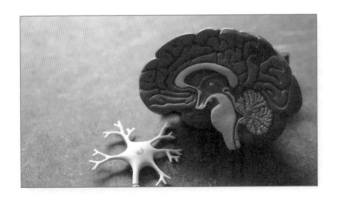

장착하고 태어납니다. "거의 모든 지각은 변화를 감지하는 데서 시작한다. 인간의 지각 체계는 변화가 감지되지 않으면 사실상 작동하지 않는다." 소피 스콧Sophie Scott이라는 신경과학자의 말입니다.

사실 모든 이야기도 결국엔 뭔가가 변화한 내용이죠. "우주에 변하지 않는 유일한 것은 '변한다'는 사실 뿐이다宇宙中唯一不變的是變化"라고 한 그리스 철학자 헤라클레이토스야말로 우주 삼라만상의 변화의 본질을 잘 꿰뚫었죠. 우주의 모든 존재는 변합니다. 그래서 우리 인간의 뇌가 이야기에 가장 매력적으로 느끼는 경우는 변화가 확실하게 일어나는 구조일 때에요.

매력적인 이야기를 구성하려면 처음부터 구체적인 변화의 순간이 제대로 전달돼야 해요. 그 변화가 호기심을 이끌어내든지 머리 아픈 일이 일어날 거라는 암시든지 상관없이요. 제가 좋아하는 소설 E. B. 화이트의 《샬롯의 거미줄》이 그 생생한 예죠. 그 소설의 시작은 첫 문장부터 대뜸 이렇게 시작해요.

"아빠는 저 도끼를 가지고 어디 가는 거에요?"라고 펀은 아침 식탁을 차리던 엄마에게 물었다(Where's Papa going with that axe? said Fern to her mother as they were setting the table for breakfast.).

이 얼마나 흥미진진하게 변화를 예고하는 첫 문장인가요!

우리 뇌는 목표를 이룬 순간이 아니라 목표를 추구해 가는 과정에서 가장 큰 보상을 받는다고 해요. 스토리에서는 주인공이 뭔가를 추구해가는 과정 자체가 바로 변화이고 플롯이 됩니다.

　그런데 스토리에 항상 긍정적이고 좋기만 한 상황만 있다면 얼마나 밋밋하고 지루한 이야기가 될까요? 내면의 의식의 흐름만 담고 있는 소설이라면 어지간한 독자들은 끝까지 읽지 못합니다. 한때 유행했지만 지금은 외면 받고 있는 '의식의 흐름 기법'의 소설들이 그랬듯이요.

　스토리에 변화가 일어나 짜릿하고 흥미진진한 몰입감을 주려면 '적대자^{antagonist}'가 있어야 해요. 그 적대자는 쉽게 물리쳐지지 않는 강력한 존재(혹은 상황)일 때 더욱 매력적인 이야기가 되죠. 이야기에서는 음적(부정적) 요소와 양적(긍정적) 요소가 항상 함께 움직여줘야 구비구비 굽이치는 재미있는 변화가 만들어집니다. '적대자'나 '부정적 상황'이라는 음陰이 양陽을 더욱 선명하게 대비시켜 기쁨과 감동을 배가시켜줍니다. '강력한 적대자의 활약으로 변화가 굽이치게 만든 이야기' ― 이것이 좋은 스토리의 가장 기본 속성이라고 레오짱은 생각합니다. 이상, 저의 〈스토리텔링〉에 대한 간략한 소신을 공유드렸습니다(더 자세한 스토리 작법에 대한 공부는 소설 창작 관련서들을 참고하세요).

블로그 글을 모아
책을 내고 싶다면

"저는 블로그 글을 모아서 투고하는 법을 알고 싶어요. 요즘 1일1포라고 하면서 쓰는 방법들이 유행이거든요. 힘들어도 매일 어떻게든 블로그에 글을 포스팅해두면 약 2개월 후엔 60꼭지 정도가 모이게 되잖아요? 이렇게 하면 책을 쉽게 낼 수 있을 것 같아요!"

요즘 이런 질문이 은근히 많아요. 이 방법이 사실 편해 보이기는 하죠. 그런데 저는 사실 이 방식을 별로 추천하지 않아요. 블로그 글을 모아서 원고를 만드는 게 편하기는 하죠. 하지만 한 마디로 표현하자면 임팩트가 약해요. 블로그 글쓰기는 이 얘기하다가 저 얘기 하다가 이렇게 될 수 있거든요.

책이라는 건 그렇게 쓰면 안 돼요. 책은 수미일관이 제일 중요해요. 머리부터 꼬리까지 모든 내용이 일관되게 구조를 갖추는 수미일관이 중요하죠. 그래서 맨 처음부터 제대로 각을 잡고 목차도 짜고 그 이후에 세부 원고 집필에 들어가야 돼요. 그렇게 하지 않으면 원고답지 않은 원고가 되는 거죠.

블로그 기반으로 책 내신 분들 보세요. 저자라곤 하시는데 블로그 기반으로 6권 냈다, 10권 냈다 하시는 이런 분들의 책이 많이 팔리나요? 거의 안 팔려요. 임팩트가 없어서 그래요. **책의 방향성을 정할 때는 목차를 쓰기 전부터 굉장히 고민을 많이 해야 해요.** 그런데 블로그 글쓰기는 이 부분을 고민한 시간이 별로 없이 그냥 매일매일 내키는 대로 쓴 경우가 많아요. 어떨 땐 술 먹고도 쓰고 어떨 땐 하루 거르기 싫으니까 말도 안 되는 내용도 어떻게든 올려놓곤 하는 식이죠. 글의 전체적인 퀄리티가 왔다갔다 하는 거예요. 전체적인 엣지도, 예리한 콘셉트도, 임팩트도 없어요. 그래서 블로그 기반으로 책을 내서 히트한 사람이 별로 없는 거예요.

반면 블로그나 브런치를 연재할 때 '자기 전문성'을 토대로 연재한 경우에는 판매 성적이 좋아요. 그렇지 않고 "그냥 블로그 글을 별 생각 없이 한 50꼭지 썼어요. 이것만 모아도 책 한 권이 되니 저는 책을 다 쓴 셈이네요!"라고 생각하는 것은 참 안이한 발상이에요. 그렇게 하면 설혹 출판사를 찾아 출간이 돼도 독자들에게 환영받기 힘들어요. 예리한 에지^{edge}가 안 나와서 그래요.

그러면 어떻게 해야 할까요? 블로그 글쓰기 자체에 기대지 마세요. 그보다는 콘셉트와 목차부터 먼저 치열하게 고민해서 저 같은 출판 전문가에게 검증받은 뒤에 제대로 각 잡고 원고를 쓰세요. 누차 강조해서 말씀드렸듯이 책이라는 긴 호흡의 장르에서는 콘셉트와 목차부터 제대로 잡는 게 그 어떤 것보다 중요해요.

콘셉트와 목차가 제대로 나와 있다면 블로그 연재 형태도 좋은 방식이 될 수 있죠. 어떤 것이 머리이고 어떤 것이 꼬리인지 잘 구별하시길 바랍니다. 머리는 콘셉트와 목차이고, 채널 연재는 꼬리입니다. 미리 치밀하게 구성해놓은 그 목차대로 제대로 블로그에 매일매일 연재할 수 있다면? 독자들의 사전 반응도 파악하고, 예비 독자들을 확보할 가능성도 생기니 그때부턴 블로그 연재를 통한 책쓰기도 바람직한 방법이 될 겁니다.

내 목소리에 대한
자신감부터 갖자

"저는 자신감이 없어요. 글을 쓰다가도 '이거 내가 쓰는 생각이 맞나? 내가 제대로 쓰고 있긴 한 걸까? 세상 사람들이 내 글을 보고 비웃으면 어쩌지?' 이런 생각이 들어서 자꾸 움츠러 들어요."

저자는 세상을 향해 자기 목소리를 내는 사람이에요. 책쓰기는 내 목소리를 내서 세상 사람들의 이목을 집중시키는 행위죠. 좀 모자라더라도 내 생각을 나만의 언어로 표현하는 게 중요해요. 글감이 부족하다고 느끼는 건 사실 경험이 부족해서가 아니에요. 내가 한 경험에 대해 '곱씹어본 시간'이 부족해서죠. 사소한 일도 다른 각도로 생각해보고 곱씹어 음미해보는 습관을 가지세요.

사람들은 비슷비슷하게 살아가는 듯하지만 사실은 모두 조금씩 다르게 살아가잖아요? 비슷한 상황을 겪었어도 다들 반응하는 방식도 다르고 생각하는 방식도 달라요. 그러니 자기만의 삶은 자기만의 이야기가 될 수 있음을 굳게 믿고 시작해보세요("믿습니다! 믿습니다! 믿습니다!" 3번만 복창

하세요).

경험 자체보다 더 중요한 것은? 그 경험에서 내가 무엇을 느꼈는지를 나만의 언어로 표현해보는 겁니다. 그것만이 내 것으로 남습니다. 경험을 언어로 표현해 버릇하는 습관은 뇌 건강에도 굉장히 좋은 방법이라고 제가 아는 의사분들도 한결같이 입을 모아 얘기하더군요. 좀 모자라더라도 내 생각을 나만의 언어로 펼쳐보는 게 중요합니다. 자기가 낼 목소리가 될 핵심 키워드들부터 뽑아보세요(자세한 요령은 '2권 1부 2장 실전 글쓰기: 상세 목차 짜기'에서 알려드릴게요).

내 삶을 내가 묘사하지 못하고 남이 대신 설명하도록 내버려두면? 당신은 영영 '인생의 을'이 됩니다. 발언권이 없는 존재처럼 약한 존재도 없어요. "남들이 당신을 설명하도록 내버려두지 말라. 당신이 무엇을 좋아하고 싫어하는지, 또 무엇을 할 수 있고 할 수 없는지를 남들이 대신 말하게 하지 마라." 마사 킨더의 말입니다. '나만의 목소리를 내겠다'는 목표를 갖고 줏대 있게 전진하세요, 파이팅!

3장 일기를 넘어서는 책쓰기

일반 글쓰기와 책 출간을 위한 글쓰기는 전혀 다릅니다. 도대체 뭐가 다른지 잘 모르시겠다고요? 일상적인 글쓰기나 일기를 넘어서서 내 얘기가 책이 되어 팔리게 하셔야 해요. 그러려면 어떤 게 필요할까요? 핵심은 바로 글솜씨 이전에 좋은 테마를 선정하는 능력입니다. 콘셉트를 잘 잡는 것이죠. 이번 장에서는 콘셉트를 어떻게 잡는 게 좋은지 상세한 노하우를 알려드릴게요.

일반 글쓰기와
책쓰기는 뭐가 달라요?

일반 글쓰기와 책쓰기는 뭐가 다를까요? 예비 저자분들의 생각을 먼저 들어보죠. 이런 식입니다.

"글쓰기는 단순하게 그냥 제 일상에서 일어나는 일들을 쓰는 것 같고요. 책쓰기 하면 뭔가 조금 더 덧붙여서 자기 글보다는 대중들에게 내놓아야 되는 어떤 것 같아요."

"책쓰기라고 하면 첫 페이지부터 딱 펴보면 거기에 답 같은 게 있어야 할 거 같은 느낌이에요. 주제도 있어야 될 거고, 서론 본론 결론도 있어야 될 거 같고요."

"글쓰기라는 건 순간순간 떠오르는 자기의 생각을 표현하는 거고 책쓰기는 별도로 어떤 구성 같은 걸 짜야 하지 않나 싶네요."

"일반 글쓰기는 단편적인 주제를 가지고 쓰는 글의 형태라고 하면 책쓰기는 좀 더 종합적인 것들을 다뤄야 되지 않을까요? 주제들의 모음이라든가 총괄할 수 있는 어떤 것들이 있어야 책이 될 거 같아요."

"일반 글쓰기는 출판되어서 책으로 나오지 않는 점에서 누구나 쉽게 쓸 수 있는 것이지만, 책쓰기라는 것은 출판물로 나와야 되기 때문에 굉장히 종합적인 구성이 돼야 하는 거 아닌가 싶네요."

한 주제에 대해서만 깊게 파고드는 글쓰기

다양한 예비 저자분들의 의견을 들어봤는데요, 반은 맞고 반은 틀린 말씀입니다. 책쓰기는 한 주제에 대해서만 엄청 깊게 파고 들어가야 돼요. 일반 글쓰기를 한번 예로 들어 보죠.

내가 블로그에 연재한다 그러면 그날 상황에 따라서 이 주제도 한 번 쓸 수 있고 저 주제도 쓰기도 하죠. 또 요즘에 유행하는 게 1일 1포라고 해서 "나는 블로그에 매일 글쓰기 약속을 지킬 거야." 그래서 죽이 되든 밥이 되든 반드시 그날 아무거나 하루에 1개씩 올리는 식이죠. 서평이든 어디 여행기든 중구난방으로 막 아무거나 올리는 거예요. 자기와의 약속을 지켰다는 걸 단순히 인증하기 위해서요. 특히 요즘 단체 습관 인증 모임을 중심으로 그런 식의 글쓰기가 유행하고 있어요.

그런 식으로는 곤란합니다! 왜 안 돼요? 여기서 말하는 '책'은 남이 돈 주고 살 만한 가치가 있는 책을 의미하는 거예요. 출판은 크게 두 가지라고 말씀드렸죠. "내 돈 들여서 내 마음대로 낼 거야"라는 자비 출판이 있고, "아니다. 내 돈은 하나도 안 들일래. 출판사에서 대신 투자해주고 제대로 만들어서 일반인에게 지갑을 열게 해서 출판사도 돈 벌고 저자도 돈 버는 기획 출판으로 갈래." 이런 기획 출판이 있죠. 출판은 사실은 크게 이 두 가지 종류로 나뉠 수 있어요. 그 중간에 독립 출판이라는 것도 있고 펀딩 출판이라는 것도 있고, 이런 게 끼어들기는 했지만 원래는 이렇게 두 가지 형태에요.

자비 출판은 세상의 모든 것을 신경 쓰지 않아도 되죠. 당신들이 뭐라 떠들든 간에 나는 꿋꿋이 내 할 말만 하겠다는 입장이죠. 그런 경우엔 블로그 글을 모아서 자비 출판으로 내도 되죠. 자비 출판은 자기 마음대로 하는 거니까요. 그냥 사진만 한 100장 넣고 글 아무것도 없이 책 내도 되죠. 자비 출판은 원하는 대로 다 가능해요.

그런데 그렇게 하면 남들은 사주지 않겠죠. 자기 지인들에게 강매하거나 선물로 뿌리거나 둘 중 하나가 되겠죠. 이렇게 자비 출판이라는 카테고리가 하나 있어요. 또 다른 분들은 기획 출판을 생각하세요. 사실 기획 출판이 가능하다면 여러분 자신의 돈을 들일 이유가 없어요. 여기서 조금 더 진지하게 생각해본다면 당연히 기획 출판으로 가셔야죠.

하나의 콘셉트만 일관되게 건드려야 책다운 책이 된다

기획 출판을 하려면 하나의 콘셉트를 깊게 파셔야 해요. 그게 제일 독자 반응이 좋거든요. 일관되게 유지하는 것을 수미일관首尾一貫이라 하죠. 비슷한 사자성어로 수미쌍관首尾雙關이라는 표현도 있습니다. 머리 수首, 꼬리 미尾. '머리와 꼬리가 일관돼야 한다.' 그 말은 머리말부터 본론, 에필로그까지 하나의 일관된 토픽만을 계속 다뤄야 한다는 얘기예요. 이걸 끝까지 유지하는 글쓰기가 책쓰기가 돼야 해요. 그러니까 글쓰기보다는 훨씬 깊이 있게 들어가야 하고 방향이 하나로 모아져야 됩니다. 이 얘기하다 저 얘기하다 하면 망합니다.

그러면 단순히 주구장창 그냥 떠들기만 하면 되느냐? 그건 아니죠. 기본적인 글쓰기에 대해서는 레오짱 줌스쿨에서도 강의해주신 이가령 저자께서 몇 가지 좋은 해법을 주셨어요.

"자기가 본 대로, 들은 대로, 느낀 대로, 한 대로… 이 네 가지 방법으로 아주 구체적으로 써라."

아주 좋은 이론이에요. 이런 식으로 기본적인 자기 경험을 써보세요. 여기서 한 발 더 나아가서 꼭지의 구성을 조금 더 입체적으로 해야 해요 (다음 페이지를 참고하세요).

꼭지당 4개를 혼용하는
비빔밥 구성으로 가져가라

"저는 제 책을 무슨 내용으로 써야 할지 모르겠어요. 그냥 계속 제가 옳다고 생각하는 주장만 나열해도 괜찮을까요?"

책의 글을 실제로 쓸 때 가장 기본이 되는 구성 단위는 꼭지에요. 책의 꼭지란? 문단(단락)들을 묶어 하나의 작은 주제를 표현하는 기본 단위죠. 제가 글의 작은 단위부터 정리해드릴게요.

주어+술어 = 문장(sentence)

문장+문장+문장… = 문단(단락, paragragh)

단락+단락+단락… = 꼭지(단락 모듬, unit)

꼭지+꼭지+꼭지… = 장(챕터, chapter)

장+장+장… = 부(파트, part)

이렇게 책은 '문장 < 문단 < 꼭지 < 장 < 부'의 구조로 돼 있죠. 그래서 책을

쓸 때의 꼭지 단위가 소주제 묶음의 기본이에요. 책의 모든 기둥들은 꼭지를 중심으로 세워지죠. 하나의 꼭지에 주장만 들어가 있으면 독자들이 읽을 때 지루할 수 있어요. 최소한 네 가지 요소를 한 꼭지 안에 비빔밥처럼 섞으셔야 돼요. 제가 추천드리는 방식은 이런 거죠.

비빔밥 안에 먼저 에피소드라는 재료를 투척해 주세요. 여러분이 겪은 일에 대해 본 대로 느낀 대로 솔직하게 들려주세요. "실제 어떤 일이 있었다."는 걸 아주 구체적으로 쓰세요. 이어서 내 주장과 생각과 감정을 덧붙여 표현해주세요. "그때 나는 이렇게 생각했다" "그때 나는 이렇게 느꼈다" 등을 아주 구체적으로 묘사해주세요. 인용이나 대화체 형식으로도 넣어주세요. 에피소드 중에 같이 포함될 수 있는데 실제 사람들이 주고받는 대화들을 넣으세요. "그랬다며?" 이런 대화들을 생생하게 넣어주면 하나의 꼭지가 다채롭고 재미있게 구성이 돼요. 책으로 조금 더 나아가려면 논문이나 외부 자료를 검색해서 근거까지 같이 첨부해주면 좋아요. 요즘에 논문 검색은 다 무료잖아요.

그런데 어떤 분들, 특히 박사님 출신들은 주야장천 주장만 하세요. 이분들은 자기 감정 표현을 아예 안 해요. 계속 주장만 하시는 거예요. "경청을 해야 됩니다, 여러분, 첫 번째 경청의 힘, 두 번째 경청의 힘, 세 번째 경청의 힘…" 한마디로 이런 식으로 논문을 쓰고 계세요. 아무런 실제 사례가 없어요. 제가 깜짝 놀랐잖아요. 그분들은 박사님들이고 현재 대학에서 학생들을 가르치는 교수님들인데도 그래요.

저에게 가끔 1 대 1 개인 코칭 의뢰가 들어오곤 하는데, 제가 가르치는 분들 중에 대학의 교수님들도 계세요. 그분이 논문을 '격려의 힘'(가제)으로 쓰신 거예요. 논문은 무사히 통과됐죠. 논문이라는 것의 특징 아시잖아요? 논거를 대고 외국 학자는 이런 주장을 했고 이것저것 여러 가지 해외 심리 실험 결과 이런 거 저런 거 베이스로 좀 붙이고… 한마디로 각주의 잔치잖아요? 각주의 잔치. 그 각주의 잔치를 걷어내고 보면? 아무것도 없는 거예요. 그러니까 주의와 주장만 있는 거예요. 정말 실제적인 내용이랄 게 거의 없어요.

제가 아주 경악했어요. 논문이라는 것의 맹점은 그런 거예요. 그래서 논문을 일반 대중서로 그대로 탈바꿈시킨다는 것은 사실은 깡통만 가져오는 행위가 될 가능성이 높아요.

박사님도 되셨고 지금 대학생들을 가르치고 계신데도 그런 분들이 많아요. 콘텐츠라고 할 게 아무것도 없어요. "쉬운 일반 내용으로 풀어내보세요." 제가 그랬더니 거의 깡통을 들고 오셨더라고요. 속으로 '와우, 이건 엄청난 충격인데?'라고 생각했어요. 그래서 제가 그분에게 숙제로 드린 게 "에피소드를 모아오세요. 어디 해외 사례 필요 없고요. 친근한 주변 사례를 모아오세요, 교수님. 주변 사례와 에피소드에서 실제 이루어졌던 대화들을 재현해보세요. 그 이후에 주장을 넣으시고 추가 논문 등을 덧붙이면 읽을 만할 것 같아요."

이렇게 완곡하게 요청드렸는데 아직도 숙제를 못하고 계십니다. 본인에게는 힘든 일이신가 봐요. 이런 대중적인 글쓰기가 익숙하지 않으신 듯해요.

이런 분들은 원고 빨리 나오기 힘들어요. 이유가 뭘까요? 자기가 본대로, 들은 대로, 느낀 대로를 솔직하게 못 쓰셔서 그래요. 책쓰기 이전에 글쓰기부터 제대로 하려면 일단 자신이 본 대로 들은 대로 진술하게 쓸 수 있으셔야 해요. 특히 많이 배우신 분들이 일반 글쓰기에서 헤매시는 경향이 많아요.

책을 쓰려면
어느 정도 어휘력이 필요할까요?

"저는 이과 출신이라 학교 다닐 때 어학을 어려워했어요. 영어는 물론이고 국어 실력도 낮았죠. 성인이 돼서도 어휘력이 많이 부족한 거 같아요. 이런 저도 책을 쓸 수 있을까요?"

전혀 걱정하지 마세요. 옛날에는 책 쓸 때 문자 쓰면서 지식 자랑하는 거 많이 했어요. 요즘에는 그런 거 잘 하지 않죠. 요즘에는 일상용어, 입말, 구어체colloquial로 자연스럽게 말하듯이 쓰는 텍스트가 환영받아요. 실제로 말하듯이 생활 용어와 일상 대화체로 글을 쓰는 것으로 책도 트렌드가 다 바뀌었어요. 그래서 여러분이 어휘력의 기초가 있네 없네를 전혀 고민하실 필요가 없어요.

가르치듯이 하지 말고 옆 친구에게 편안하게 수다 떨듯이 얘기하시면 돼요. 그거 못하시는 분들이 교수님들이세요. 이 분들은 기본적으로 논문체를 쓰시고 현학적인 지식 쓰기에 익숙하세요. 예를 들면 "준엄한 규칙 하에 뭐가 현현되어 있다." 이런 식으로 쓰시죠. 그럼 독자들은 속으로

"와, 이거 뭐 하자는 거야?" 그런 식으로 생각하곤 그 저자를 외면하죠.

기본적인 맞춤법 정도는 신경 쓰시되 어휘력 자체를 너무 신경 쓰진 마세요. 요즘에 '네이버 맞춤법 검사기' 이런 좋은 무료 프로그램이 많잖아요. 이런 데 원고를 돌려 교정보시면 되니까 맞춤법 자체가 중요한 건 아니에요. 그러면 언제 어휘력이 필요할까요? 대부분 여러분이 하시는 것은 실용적인 글쓰기일 거예요. 자기계발서나 자녀교육서, 경제경영서, 자서전이나 회고록 스타일… 이런 분야의 책들은 다 실용적인 글쓰기죠. 이런 데는 어휘력이 그렇게 중요하지 않아요. 이런 책쓰기에는 일상용어나 입말투로 쓰셔야 더 각광받는 게 요즘 트렌드니까요.

어휘력이 진짜 필요한 부분은? 우리가 말하는 소위 '문학'이라는 장르죠. 문학에는 소설이 들어가고 시가 들어가고 에세이가 들어가죠. 이때 에세이는 감성 에세이 분야인데, 요즘 90년대생들은 '감성'이라 하지 않고 '갬성'이라고 표현해요. 최근에 제가 갔던 음식점 이름도 '갬성타코'였어요. 그냥 '감성'이라고 하면 너무 진지하게 들리잖아요. 자유롭게 자기 욕구나 느낌을 표현하는 '갬성'이라는 용어는 인스타그램 같은 소셜 미디어에서 젊은 세대들이 많이 쓰는 말이 됐죠. 이런 갬성 에세이는 표현력이나 어휘력 자체가 여전히 중요해요. 그래서 여러분 중에 시나 소설, 갬성 에세이에 도전하실 분들은 어휘력을 꾸준히 개발하셔야죠. 그 외의 분야에서는 그냥 편하게 쓰시면 됩니다.

저자의 자격이
따로 있지 않나요?

"평범한 사람도 책을 쓸 수 있나요? 정말 돈 내고 팔릴 만한 그런 책의 저자
는 자격이 따로 있는 거 아닌가요?"

정말 그렇게 생각하시나요? 일단 다른 분들의 생각도 한번 들어보죠.

"저자의 자격은 인생을 올바로 산 사람이어야 할 것 같아요. 무엇을 얼
마만큼 많이 아느냐, 경력이 많냐 이런 것보다는 인생을 좀 올바르게 살
고 하는 게 기본 자격일 것 같아요."

"어떤 분야에서 전문성을 갖는 사람이 저자의 자격을 가지면 좋겠지
만, 그러면 저 같은 일반 주부로 사는 사람들은 무엇에 전문인 걸까?라고
자문자답해 봅니다. 저는 제 인생에 전문이겠죠? 그래서 저는 모두한테
저자의 자격이 있다고 생각합니다."

"한 가지를 끝까지 해낼 수 있는 힘을 갖는 것이 저자의 자격이라고 생
각해요. 포기하지 않는 사람이요. 책이라는 게 쓰다 보면 힘들잖아요. 안
될 때도 있고 안 풀릴 때도 있고 자료가 빈약할 수도 있고요. 그런데 어쨌

든 책을 내는 저자라면 '내가 이거를 하겠다'는 것에 대한 목표를 정하고 끝까지 포기하지 않을 수 있는 힘을 가진 사람이라고 생각해요. 그게 저자의 자격이 되지 않을까 합니다."

다양한 의견을 들어봤어요. 평범한 사람도 책을 쓸 수 있냐고요? 당연히 가능합니다. 자비 출판도 포함한다면 일단은 당연히 누구나 책 형태로 쓸 수는 있죠. 결과물이 잘 나오면 기획 출판까지도 생각할 수 있겠고요. 보통은 자비 출판에서도 자기 주변으로 잘 알리고 하다보면 또 그게 상업 출판, 기획 출판으로 넘어가기도 하거든요. 그렇게 잘된 경우가 많아요.

예를 들어《누가 내 치즈를 옮겼을까?》도 원래 자비 출판으로 시작했다가 주변 반응이 너무 좋아서 기획 출판으로 자연스럽게 넘어간 경우였다고 앞에서 말씀드렸죠. 자기 우울증을 치료하려고 셀프 환기용으로 쓴 작은 동화였는데, 주변 반응이 너무 좋아서 출판사에까지 연결된 경우였다고요.

《부자 아빠 가난한 아빠》책도 자비 출판이었죠. 이 저자가 파산을 해서 넝마주이로 살면서 그 책을 냈다고 알려져 있죠. 자비 출판물이라서 서점에 못 들어가니까 주변에 아는 형님 주유소에 비치를 했대요. "주유소에 오는 손님 중에 책 좋아하는 사람들에게 소개 좀 해줘요, 형님!" 그러다 반응이 좋아서 정식 출판사로 연결되었죠. 국내에서도 그런 사례는 은근히 많아요.

그래서 평범한 사람도 다 책을 쓸 수 있다는 거예요. 근데 포인트는 역시 '공감대 형성'이에요. 이게 굉장히 중요해요. 코로나 포스트 이후로는 사람들이 다 우울하잖아요. 그래서 감정에 대한 다운 증세나 우울증에 거의 준하는 답답증, 우울감, 불안감, 초조함 같은 마음의 병들을 앓고 있어요. 그래서 감정, 공감, 위로, 마음, 힐링 등의 마인드와 마음 챙기기 키워드 위주의 내용을 다뤄주시되 공감대 형성을 목표로 써보세요. 근엄하게 각 잡지 않고 옆집 친구처럼 공감해주는 그런 태도로 쓰세요.

좀 더 욕심을 내서
새롭게 구성하라

"평범한 사람이 책을 쓰면 자서전 수준이 되지 않나요? 저는 단순히 제 회고록 수준을 벗어나고 싶어요. 제 이야기이기는 한데 단순한 일기 이상의 의미로 사람들에게 어필되면 좋겠어요. 그러려면 어떻게 해야 할까요?"

그렇습니다. 전형적인 자서전 구성은 시간순 배열이라고 했죠. 좀 연배가 있으신 분들의 자서전이 요즘에 많이 보이는데 대부분 이런 식입니다. "우리 어린 시절에 6·25가 일어났고…" 심한 경우 일제 시대 이야기도 많이 나오고요. "초등 시절, 중고등 시절은 어쩌고 저쩌고…" 이렇게 하는 방식은 추천하지 않아요. 왜 그럴까요?

이 책이 개인에게만 의미가 있지, 돈 주고 사줄 독자들에게는 무슨 의미가 있어요? 그냥 지극히 퍼스널한 사적 기록물일 뿐이죠. 독자들에게 의미 있는 어필은 되지 않는 거죠. 같은 소스라도 자기 이야기에 어떤 새로운 축을 하나 만드느냐, 어떻게 그 축을 중심으로 리셔플링^{reshuffling}(개편)하고 재배치하느냐에 따라 느낌이 전혀 달라집니다. 그냥 자서전 수준을 벗어나려면 새로운 축을 세우세요. 단순한 자기 일기 이상으로 더 나가고 싶다면, 새로운 축을 중심으로 구성을 다시 짜셔야 돼요. 그게 뭐냐? 새로운 축을 하나씩 소개해 드릴게요.

에세이+근거 백업 구성이 기본이다

제가 출판 코칭을 해드린 '회복탄력성' 전문 강사분의 《내 마음은 충전 중》이라는 책이 있어요. 그렇다고 이 책이 회복탄력성 이론을 논문처럼 얘기하고 있는 건 아니에요. 그냥 일상 에세이처럼 쓴 거죠. 기본 글은 에세이인데 에피소드마다에 따른 자기 생각과 통찰을 백업하는 자료가 '회복탄력성' 이론인 거죠. 아시겠죠? 그러니까 글의 중심은 어디까지나 자기 에세이예요. 에세이에 그걸 백업하는 학문적 이론을 갖다 붙인 거죠.

이 책은 저자가 외식 프랜차이즈 업체의 홀 서빙 일을 하다가 고객에게 뺨을 맞은 이야기부터 시작해요. 거기서 어떻게 마음의 상처를 입었고 이후 마음을 치유하게 됐는지를 이야기하죠. 근거로 회복탄력성 이론을 가져다가 설명하는 거예요. 같은 에세이 풍이라도 이런 식으로 구성하면 꽤나 임팩트가 생겨요. 에세이라도 뭔가 전문적인 배경 이론을 끌어다가 백업을 해주니 힘이 세지죠. 같은 글감을 가지고 있더라도 이왕이면 이런 식으로 구성을 해주세요.

여러분도 '자기만의 시련' 이런 게 오히려 더 좋아요. 삶의 역경이 사실은 단순한 역경이 아니라 훌륭한 글감인 거죠. 책을 쓰게 하는 데는 시련이 오히려 좋은 소스예요. 너무 평탄한 삶은 이야기로서의 매력이 없잖아요. 임팩트도 없고요. 그러니 과거의 힘들었던 기억을 오히려 좀 살려보세요. 예를 들어 "어렸을 때부터 우리 집이 찢어지게 가난해서 내가 대학교도 못 갔고 쥐가 들끓는 집에 살았다." 이런 게 오히려 책에는 좋은 소재예요.

공감백배의 주장을 고민해보자

공감백배의 주장을 고민해볼 수도 있어요.《무례한 사람에게 웃으며 대처하는 법》이 책도 사실은 제목 자체가 공감을 일으키죠. 내용은 그다지 임팩트 있진 않았지만요. 콘셉트 있는 표지와 제목이 어필했기 때문에 대박이 나서 50만 부를 팔았고요.

《죽고 싶지만 떡볶이는 먹고 싶어》도 50만 부가 팔렸지만 이 친구도 사실 저자의 자격으로 따지자면 특별할 게 하나도 없어요. 30대 초반의 평범한 직장 초년생이잖아요. 이 친구가 특별한 자격이 뭐가 있어요? 뭔가에 전문성을 지닌 강사도 아니에요. 그냥 회사원이에요. 그냥 출판사 말단 직원일 때 책을 내서 대박이 난 거죠. 이 친구도 자신의 난점^{hardship}이 삶에 있었는데 그걸 십분 활용했어요. 단점을 기회로 역이용한 셈이에요. 자기 마음의 어려움, 즉 우울증이 엄청 심했대요. 자기가 겪는 그 어려움을 소재로 했기 때문에 오히려 팔린 거예요. 종합 베스트셀러 1등을 했잖아요. 초보 저자가 그런 어마어마한 성과를 거두는 건 거의 기적이에요.

"내가 우울증이 있어서 항상 죽고만 싶어. 다음 날에도 또 죽고 싶어. 하지만 내 최애식품인 떡볶이 생각 때문에 차마 오늘만은 참겠어." 거의 이런 분위기의 평범한 말이잖아요. 특별한 처방이나 함량 높은 내용이 전혀 없어요. 함량 차원으로만 보면 실망했다고 한 독자들이 많아요. 그런데도 이 책이 종합 베스트셀러 1등을 한 이유가 뭐예요? 제목이 공감을 일으켰기 때문이죠. 여러분도 이렇게 할 수 있습니다. 이런 평범했던 친구들을 보세요. '평범한 나도 할 수 있다'는 희망과 목표 의식을 가지세요.

글 솜씨 이전에 좋은 테마를 선점하는 것이 진짜 능력이다

"똑같은 사업을 하더라도 굉장히 영리하게 하는 사람들이 꼭 있잖아요? 실력이 엄청 뛰어난 것과 별개로 사업 운용을 잘 하거나 머리를 잘 써서 성공하는 사람들이요. 출판에서도 그런 방식 없나요?"

사업 세계를 주름잡는 다양한 재주꾼들의 세계를 알고 계시는군요? 출판에서도 그런 세계가 분명 있어요. 출판에서는 그런 게 어떤 패턴으로 나타날까요? 테마를 좋은 것으로 잘 선점하는 사람들 부류에요. 막말로 테마만 잘 선점하면 설령 글을 잘 못 쓰는 사람도 임팩트 있게 책을 팔 수 있어요. 선택한 테마가 강력하면 그 테마를 가지고 글을 계속 힘 있게 끌고 나갈 수 있게 되죠. 저자들 중엔 실제 집필할 때 드러나는 글 솜씨가 생각보다 뒤떨어지는 사람들도 많아요. 그런데도 그런 사람들이 쓴 글이 계속 출판이 되고 좋은 반응을 얻는 비결은 뭘까요?

그것은 바로 그들이 다루는 테마 자체가 핫하기 때문이죠. 출판계에서 공공연한 비밀이 하나 있어요. 바로 "내용은 좋은데 표현이 안 좋으면, 그 표현을 개조하거나 다시 쓸 사람은 얼마든지 구할 수 있다"는 거예요. 글솜씨 이전에 좋은 테마를 선정하고 선점하는 눈이 중요하단 얘기에요. 테마를 보는 눈을 키우세요. 콘텐츠 자체에 대한 능력 이전에 기획력이자 콘셉트력이 더 우선해요. 어느 콘텐츠에서나 내용 자체보다 기획력이 앞서는 항목인 건 삶의 엄연한 사실이에요. 대중들은 뾰족한 한두 개의 대표 메시지인 콘셉트 위주로 그 상품을 접하게 되기 때문이죠.

좋은 글감(소재)는 인간의 근본 욕구에 닿아 있는 주제일 경우가 많아요. 좋은 주제를 선점하시려면? 내가 쓰려는 책의 기획에 아래의 근본 욕구에 맞닿아 있는 주제들이 포함돼 있는지 확인하세요. 제가 간략히 정리해드릴게요.

근본 욕구를 담은 소재 1. **배고픔과 목마름**: 먹을 것에 대한 이야기, 영양/식단에 관련된 내용, 체중 조절/다이어트 관련 내용 등

근본 욕구를 담은 소재 2. **자기보존욕**: 의학적인 조언을 주는 내용, 마인드/마음에 대한 내용, 안전에 대한 내용, 환경에 대한 내용 등

근본 욕구를 담은 소재 3. **획득욕**: 돈 벌기에 대한 내용, 집이나 부수입에 대한 내용, 유행하는 패션이나 이미지 관리에 대한 내용 등

대중들에게서 글감을 낚시하라

내친 김에 영리하게 책을 쓰는 유형의 작가들의 두 번째 특징도 알려드릴게요. 집필의 세계에는 보이지 않는 대다수의 대중들이 있어요. 글을

좀 쓸 줄 아는 사람들은 사실 멋모르는 대중들에게서 소스를 빌려다 써요. 즉, 작가 자신의 경험이 꼭 있어야만 글을 쓸 수 있는 게 아니란 얘기에요. 영리한 작가들은 대중들의 경험을 마치 자기 경험인 양 맘껏 빌려다 쓴 뒤 큰 이득을 얻어요. 마치 투자 감각이 뛰어난 부자들이 은행 돈을 마치 자기 돈인 양 자유자재로 빌렸다 더 큰 돈을 벌고 갚아버리는 양태와 많이 비슷하죠?

그들은 대중들의 이야기를 구하고 취해서 자기 이야기처럼 맘껏 써요. 그 보이지 않는 대중들은 자기에게 경험과 이야깃거리가 있어도 자기 자신이 직접 글을 쓸 여건이 안 되기 때문이죠. 그들은 왜 자신이 직접 자기 경험이나 에피소드를 글로 쓰지 못할까요? 쓸 시간이나 공신력이나 증명이나 자격이나 경력이나 재주가 안 되기 때문이죠. 눈치 빠른 작가들이 그걸 대신 가져가서 글을 써요. 냉큼 글감을 선점하는 거죠. 어디서나 영리하게 움직이는 사람들이 돈을 벌어요(좀 얄밉긴 하지만 부인할 수 없는 실상이에요).

공저로 쓸까요?
단독으로 쓸까요?

"시중에 보면 공저로 첫 책을 썼다는 지인들이 많이 보이더라고요. 공저로 하면 원고도 조금만 써도 되고 함께 홍보할 수 있으니까 완전 좋을 거 같은데… 실제론 어떤가요?"

항상 남의 떡이 더 커보이는 법이죠. 실상은 전혀 그렇지 않답니다. 공저는 장점도 많아 보이지만 단점이 더 많다고 생각해요. 진짜 자기 브랜드를 키우려면? 공저보다는 단독 저서로 내는 게 훨씬 강력해요.

일단 공저의 첫 번째 단점은 뭘까요? 예를 들어 5명이 하나의 책을 함께 썼다고 생각해 보죠. 그 5명이 공저로 책을 쓰면 활동력이 훨씬 셀 거 같죠? 하지만 뚜껑을 막상 열고 보면 '모두의 비즈니스는 아무의 비즈니스도 아니다(Everybody's business is nobody's business.)'라는 말대로, 아무도 책임을 안 지게 되는 결말로 갈 경우가 많아요.

"내가 안 뛰어도 네가 알아서 하겠지?" "네가 시간이 더 많잖아?" "너는 업체 운영하잖아?" "네가 더 젊으니까 많이 뛰어야지?" "네가 더 아는 사람 많으니까 총대 매고 해라" 이런 식으로 서로 공 떠넘기기 바빠서 대부분의 공저 책들이 실패하는 거예요. 서로 눈치게임 하느라 아무것도 이뤄지지 않아요.

또 공저가 잘 안 되는 이유는 '나는 이미 책 아니어도 잘 나가니까' '나는 이미 이 정도의 커리어인데 저 사람들(공저자들)은 나보단 못 미쳐. 그냥 어찌어찌하다 보니 껴 들어간 것뿐이야.' 이런 식의 태도가 불화를 일으키기 때문이죠. 일견 안일할 수도 있고 자기를 좀 높여 세울 수도 있는 등 안 좋은 면들도 많이 나와요. 사람이 여럿 모이면 이해관계가 충돌하죠.

공저 책의 두 번째 단점은? 콘셉트에 맞춰 전체 책 내용이 수미일관하게 잘 모아지지 않는다는 점이에요. 아무래도 한 사람이 쓴 콘텐츠가 아니다 보니 어쩔 수 없는 현상이죠. 경험의 결이나 톤 앤 매너가 미묘하게 서로 달라서 통일성이 없어지기 일쑤에요. 앞에서 쓴 사람은 A라고 주장했는데 뒤에 쓴 사람은 B라고 주장하는 게 잘 보이지 않게 숨어 있을 수도 있어요. 한 사람의 머리에서 쓴 것처럼 일목요연하게 콘텐츠가 구성되지 않는다는 한계가 있어요.

그럼 이번엔 공저의 장점도 얘기해보죠. 공저 팀이 서로 합이 잘 맞고 의기투합을 잘 하면? 혼자 쓰는 것보다 더 시너지를 낼 때도 있어요. 아주 드문 경우이긴 하지만 가끔 그런 팀들이 보여요. 이건 마치 50 대 50 지분의 평등한 동업으로 성공한 사업체를 보는 것처럼 흔치는 않지만요. 공저 팀이 서로 잘 맞고 책임을 남에게 떠넘기려 하지 않고 서로 더 열심히 하지 못해 안달한다면? 아주 훌륭한 성과를 내기도 합니다. 말 그대로 시너지 효과죠.

공저의 두 번째 장점은 홍보할 때에요. 역시나 이것도 팀이 서로 죽이 잘 맞아야 가능한 일이지만요. 홍보할 때 공저자들이 서로 경쟁적으로 카카오톡 배경사진을 책 사진으로 설정해 놓기, 줌강의에 참여할 때도 자기 화면 뒷배경에 계속 책 사진이 노출되게 하는 등 지속적으로 노출을 시키는 데 주력을 쏟는 팀이라면 양상이 긍정적으로 펼쳐질 수 있죠. 공저의 경우라면 강연을 최대한 다양한 버전과 다양한 포맷으로 변형해 가면서 횟수를 최대화해서 해볼 수 있다는 것도 장점이에요. 그러면 듣는 사람들이 식상해 하지 않고 계속 관심을 갖게 만들 수 있거든요

정리해보죠. 처음 원고를 쓰기에는 내 원고가 양적으로나 함량적으로나 책 한 권 분량을 만들 만큼 채워지지 않았다면? 공저로 첫 발을 떼는 것도 좋다고 봐요. 홍보를 서로 열심히 해서 소소하지만 성과를 내면 책에 대한 경험과 이력을 일단 쌓을 수 있으니까요. 한편 내가 오랜 경험과 노하우로 책 한 권 분량은 거뜬히 혼자 써낼 자신이 있다면? 퍼스널 브랜드를 키우는 데 좀 더 책임감을 느끼면서 뛸 수 있게 단독 저서로 내는 걸 추천드려요.

"저는 지금 병동에 있는 환자들을 대상으로 심리 치유용 역할극을 하고 있어요. 이런 콘셉트의 책은 어떨까요?"

만약에 상업적으로 기획 출판을 하고 싶다면 독자가 누구일지 생각해보셔야 해요. '이 책을 돈 주고 누가 사볼까?' '이 책이 그 독자들에게 어떤 효용 가치를 줄까?' '그 가치를 느끼는 사람들은 도대체 누구지?' 이걸 먼저 고민해보셔야 돼요.

그 대상이 선명하게 떠오르세요? 독자를 생각할 때 '누가 보면 좋을 거야'라고 막연하게만 생각하지 마세요. 구체적으로 '이 사람들은 꼭 필요해서 사볼 거야'라는 그 사람들부터 구체적으로 떠올리셔야 해요. 그들에게 급박성이 있어야 한다고요. 그게 목적적인 급박성일 수도 있고 정서적인 급박성일 수도 있어요(상세한 설명은 '2부 4장 절대 지지 않는 책 기획법의 〈필요성〉' 항목을 참고하세요).

'나는 어떤 목적 때문에 이런 책이 진짜 필요했어.' '이 분야를 알고 싶었는데 책이 나와줘서 고맙네!'라는 건 목적적인 급박성이죠. '그런 목적에 가장 부합하면 당장 사볼 사람이 누구일까?' 이 사람들이 1차 타깃인 거죠. 위 경우 1차 독자로 상담사가 있을 수 있고 정신과 의사들도 될 수 있겠죠(자세한 것은 좀 더 조사를 해보세요).

반면 일반 갬성 에세이 같은 건 정서적인 급박성이죠. '아, 이 정서, 이 표현 진짜 공감돼!' 하는 거요. 예를 들어 최근에 나온 책 중에《기분이 태도가 되지 않게》 이런 책이 있었어요. "기분이 태도가 되지 않게 하라"는 말은 그 전부터 저도 많이 썼던 말이었는데 말이죠. "네 기분이 나쁘다고 태도까지 나빠지면 안 돼." 이런 말 후배들한테 훈계할 때 많이 썼던 표현이거든요. 이런 식으로 회자되던 유명한 말이었는데 최근에 누가그 표현을 그대로 가져다가 책 제목으로 써버렸더라고요. 이런 건 일종의 공감형 니즈인 거죠. 주변 사람들에게나 나 자신에게 '기분대로 살지 말고 기분이 태도가 되지 않게 스스로를 조절해야 해'라는 자기 환기를 시키기 위해서 그 책을 사보는 거죠. 이런 경우는 정서적인 급박성이죠. 정서적인 니즈에 어필하고 있습니다. 목적적 급박성과 정서적 급박성, 둘 중 하나는 충족시켜야 해요.

"막막해서 일단 이거부터 여쭤보고 싶어요. 출판사에 투고를 할 때 어느 출판사부터 투고를 할지 그런 건 어떻게 결정을 해야 되나요?"

그건 사실 원고 다 쓰시고 고민하셔도 돼요. 일단은 인터넷 검색으로 국내 출판사들 사이트를 찾으시고 거기서 투고 코너나 투고 이메일을 확보해두세요. 그런데 사실 너무 유명한 출판사들은 초보 저자는 잘 안 받아줘요. 내가 첫 책이 있다, 그런데 그 책이 망하지 않았고 반응이 어느 정도 있었다 그러면 유명한 출판사도 도전해볼만 해요. 왜냐하면 유명한 출판사에서는 전작의 판매 데이터를 보고 판단하거든요. 대부분 초보 저자의 투고에는 별 관심을 안 가져요.

출판 계약을 해준다는 것은 출판사가 투자를 하는 개념이에요. 책 한 권마다 출판사 돈을 대략 1,000~2,000만 원 정도는 써야 돼요. 인건비, 편집비, 제작비, 판매홍보비를 다 합쳐 생각해보면 말이죠. "2,000만 원을 우리가 왜 당신에게 써야 하는데요? 우리가 당신을 어떻게 믿죠? 검증을 어떻게 할 건데요?"라고 물었을 때 설득시킬 수 있어야죠. 검증 방법은 "보세요. 제게는 전작이 있습니다. 저는 모모 출판사에서 책을 냈고 반응도 좋았어요"라고 하면 설득이 더 쉽게 되죠. 특히 좀 이름 있는 출판사에서 전작을 냈다 그러면 검증된 저자라는 뜻이기 때문에 다른 출판사로 건너가도(직장으로 비유하면 '이직해도') 이쪽에서 고개를 끄덕일 가능성이 높아요(투고에 관한 노하우는 2권 '4부 1장 투고 노하우의 모든 것' 편을 참고하세요).

4장 절대 지지 않는 책 기획 시크릿 9가지

반갑습니다, 독자 여러분! 제가 27년 동안 연구한 히트 공식을 최근에 드디어 총정리를 했습니다. 그동안 중간 중간에도 정리한 적은 있어요. 하지만 이번처럼 전체적으로 다 정리한 것은 처음입니다. 대외적으로도 이 내용은 한 번도 알려드린 적이 없어요. 이 귀한 첫 발표에 독자 여러분과 함께하게 돼서 기쁘게 생각합니다.

제가 그동안 책을 직접 쓴 것은 11권이고 번역은 2권을 했어요. 총 13권을 제 이름으로 출간했는데, 그 13권 모두 한 권도 빠짐없이 베스트셀러가 되었습니다. 제가 혹시 빠진 것이 있었나 하고 다시 체크해봤거든요. 다시 봐도 역시 모두 베스트셀러에 올랐더라고요. 종합 베스트셀러 1등 한 것도 있고, 종합 베스트셀러 50위권 내에도 여러 권 있었고, 최소한 분야 베스트셀러 이상은 다 했습니다. 그래서 더 자신 있게 여러분에게 최소한 '지지 않는 책 기획 시크릿'을 알려드릴 수 있겠다 생각했습니다.

자, 그럼 다 함께 고고씽!

절대 지지 않는
책 기획법 개요

이번 장의 주제는 '절대 지지 않는 콘셉트 기획 시크릿'입니다(달리 말해 '지지 않는 히트 공식'입니다). 자기 브랜딩을 잘하는 것과 책의 기획을 잘하는 것은 통하는 부분이 많습니다. 진짜로 그래요. 책이라는 상품을 시장에서 히트시키는 것은 곧 자기 자신의 브랜드를 남들에게 인식시키는 것과 같은 원리거든요.

백전백승?

사실 지피지기면 100전 100승이라고 알고 있는 건 잘못된 상식이죠. 틀린 말입니다. 백전백승이라는 문구는 손자병법 어디에도 없어요. 저 죽간에 손자병법 내용이 다 담겨 있는데 전체 죽간을 다 뒤져도 100전 100승이라는 말은 어디에도 없어요. "100번 싸웠는데 100번을 다 이긴다"라는 걸 손자는 주장한 적이 한 번도 없단 얘기죠. 그럼 원문에는 뭐라고 쓰여 있냐고요? "백 번을 싸워도 위태롭지 않다.""나의 전략대로 따라 하면 100번

손자병법의 원문이 쓰여 있는 죽간

을 다 이기는 건 몰라도 최소한 위태로운 지경에 빠지지는 않는다." "이긴다는 건 보장할 수 없지만 최소한 위험해지지는 않는다"라고만 말했거든요. 백전불태百戰不殆가 사실 맞는 원문 표현입니다.

그래서 저도 생각을 해봤습니다. 모든 책 기획을 무조건 베스트셀러로 다 만들 수 있다면 얼마나 좋겠어요? 그렇지만 출판의 결과는 사실 누구도 장담은 못해요. 책이 나왔을 때의 경쟁 상황과 여러 가지 변동성 때문에 쏜 화살이 매번 정확하게 최고 점수 포인트에 꽂힐 거라 장담할 순 없는 거죠. 외부에서 바람(환경 변화)이 세게 불어 화살이 날아가는 중에도 궤적이 달라질 수 있으니까요. 책도 100전 100승을 장담하진 못해도 다만 그 책이 잘못돼 위험에 빠지는 상황만큼은 피해보자, 최소한 손해는 안 보게 하자는 얘깁니다.

기획이 예비 독자들에게 전혀 안 먹혀서 제작비 마이너스 나고 마케팅비까지 손해가 나서 몇 년에 걸쳐서 적자가 지속되는 최악의 상황만큼은 면해야 합니다. 그런 취지로 제가 손자병법의 백전불태를 응용해 '절대 지지 않는 기획법'을 불태 체크리스트라는 형태로 만들었습니다. 9가지 항목으로 정리해봤습니다.

손자병법의 충고에 따르면, 이 비법은 적들(경쟁자들)에게는 함부로 알려주시면 안 됩니다. 원래는 저만 알고 있으려고 했어요. 우연히 제가 이런 체크리스트를 완성해 가지고 있는 걸 주위의 몇 분이 아시게 됐어요.

"제발 저희도 좀 알려주세요!"라고 통사정을 하셔서 이 책의 독자 여러분에게만 최초로 공개해드립니다.

콘셉트는 벼리다

콘셉트는 벼리입니다. 벼리가 뭔지 아세요? 그물의 위쪽 코를 꿰어서 오므렸다 폈다, 열었다 닫았다 하는 부분을 벼리라고 합니다. '벼리를 당긴다' '벼리를 쥔다' 이런 표현들을 쓰죠. 일의 핵심에 해당되는 게 벼리죠. 책으로 치면 콘셉트입니다. 벼리와 관련돼 연상할 수 있는 것이 파레토 법칙이에요.

이탈리아의 경제학자 파레토 씨가 발견한 그 법칙이죠. 이탈리아 상위 20%의 부를 가진 사람들이 80%의 경제 생산량을 차지한다는 8020 법칙, 이게 파레토 법칙이죠. 사실 책도 그렇고 영화도 그렇고 이 세상의 법칙들은 웬만하면 다 8020 법칙이에요. 자연법칙은 결코 평등하지 않죠. 진짜 중요한 것은 20%가 다 차지하고 있어요. 나머지 80%는 그냥 그걸 따라오는 추종 세력일 뿐이에요. 진짜 핵심을 쥐고 있는 머리에 해당하는 건 20%밖에 없죠.

실제 우리 몸도 그렇잖아요? 신체에서 머리의 비율을 보면 20%도 안 되죠. 전체 몸은 80% 정도인데도, 20%도 안 되는 그 머리가 모든 걸 조종하죠. 머리가 생각하고 명령하는 대로 몸이 따라서 반응하고 느끼고 행동하는 거죠.

책도 마찬가지예요. 책 전체를 관통하는 가장 중요한 것은 콘셉트예요.

콘셉트가 바로 그 핵심 20%에 해당한다고 감히 말씀드릴 수 있습니다. 콘셉트는 책의 20% 핵심에 해당하는 벼리입니다(벼리가 순 우리말인데 제가 찾은 비유지만 너무 좋은 것 같아요).

모든 기획의 시작은 콘셉트입니다. 출판 기획도 콘셉트가 사실은 거의 전부에요. 콘셉트에서 제목이 만들어지는 거고요. 콘셉트를 정리하다 보면 거기서 부제가 도출되는 거고, 홍보 문구도 콘셉트에서 조금 더 말을 길게 도출하는 문구일 뿐입니다. 별도로 만드는 게 아니에요.

그래서 여러분이 애초에 콘셉트를 예리하게 잘 벼려 놓으시면 제목하고 부제하고 홍보 문구까지 다 잡아낼 수 있어요. 심지어 목차까지도 이 콘셉트에서 다 나올 수 있어요. 이 목차에 내용을 채워 넣는 것이 바로 원고가 되는 거고요.

모든 것은 콘셉트에서 출발합니다. 내 책이 팔리는 책이 되려면 콘셉트와 목차와 원고까지가 다 이어져야 됩니다. 따로따로 노는 게 아니고요. 그런데 대부분 실수하시는 분들의 특징은 뭘까요? 제목은 멋있는 걸 써 놓아요. 그런데 본문 내용은 전혀 다른 거예요. 독자들이 조금만 읽어보면 '아, 이건 사기당한 것 같아!' 이런 느낌 때문에 신뢰성을 확 잃어버리죠.

제가 출판계 27년 차잖아요. 그동안 무수한 경험을 했어요. 이 업계에 27년 동안 있었으니까 잔뼈가 꽤 많이 굵었습니다. 저는 출판을 꽤 어릴 때부터 시작했어요. 거의 대학 졸업하자마자 잡지사 편집자로 시작해 곧 YBM시사영어사 편집장으로 성장했거든요. 이어 위즈덤하우스 편집장으로 넘어갔고, 21세기북스 기획실장으로 넘어갔고, 지금은 출판사를 차린 대표죠. 저의 그동안의 경험을 종합해보면 콘셉트가 책에서 진짜 중요합니다. 콘셉트는 책 전체의 운명을 좌우하는 핵심 벼리와 같아요.

최고의 자기계발

제가 이 책을 무려 800페이지가 넘는 분량(총 2권의 분량)으로 썼잖아요? 탈고하면서 최근에 새삼 다시 한 번 느꼈어요. '이 책 한 권을 쓰는 시간 자체가 사실은 더 없는 자기계발 시간이구나!' '이거보다 더 좋은 자기계발이 없구나!' 책쓰기라는 게 정말 매번 한 권을 쓸 때마다 최고의 자기계발이 되는 거예요. 이 이상의 자기계발이 없어요.

왜냐하면 내가 동원할 수 있는 모든 자료, 내 머리에서 나올 수 있는 모든 생각을 다 쥐어짜서 원고라는 큰 여행가방 하나에 담는 과정이거든요. 글로 담다 보면 생각이 굉장히 또렷해져요. 내 머릿속에 있는 모든 지식과 나의 통찰 이런 것을 눈에 보이는 가시적인 문구나 말로 구체화시키면 정체가 확실하게 파악이 돼요. 그 과정에서 불분명했던 모든 개념들이 선명해져요. 내 체계의 어디가 아직 부족하구나를 알 수 있죠.

강의로 할 때는 대충 애드립으로 구멍을 메꿔버릴 수 있어요. "대충 이렇게 합니다." 아니면 유머로 메꾸고 대충 넘어가거나 할 수 있어요. 하지만 글자라고 하는 객관화시킨 텍스트로 다 뽑아 놓고 보면 어디가 허점인지 굉장히 잘 보여요. 어디가 엉성한지, 구조에서 어디가 좀 비틀어져 있는지... 이런 것이 너무나 선명하게 보이죠.

그래서 강의를 책으로 정리하는 것은 또 다른 문제가 돼요. 강사들이 책을 많이 쓰고 싶어 하지만 정작 책으로 쓸 때 굉장히 어려움을 느끼거든요. 왜 그래요? 강의할 때는 술술 나왔는데 책으로 텍스트화하다 보면 내 콘텐츠가 생각보다 많이 비어 있는 거죠. 그걸 채우는 과정이 책쓰기 거든요. 그거 자체가 굉장한 공부가 되는 거예요. 그래서 책쓰기를 하면 자기계발을 따로 할 필요가 없어요. 내가 어떤 주제에 대해서 새로 책을 쓴다면 그 분야에 대한 엄청난 공부가 되는 겁니다. 책쓰기만큼 매번 공부가 되는 게 없어요. 책쓰기는 정말이지 최고의 자기계발이 맞습니다.

정리의 온전성만으로도

내가 책 한 권으로 정리를 온전하게 했다면? 꼭 히트하지는 않더라도 그 정리의 온전성만으로도 이미 충분한 의의가 있습니다. 굉장히 큰 의미가 있죠. 물론 이왕이면 다홍치마니까, 지금 알려드리는 이 히트 공식을 써서 이왕이면 히트하면 좋겠지만 꼭 그렇지 않아도 족해요. "책을 다 썼다는 것 자체가 이미 너무나 멋진 달성이다." 그 말씀을 꼭 드리고 싶습니다.

예를 들어 300페이지 신국판 책으로 나의 생각을 완성했다면? 체계를 갖춰 정리한 그 온전성completeness만으로도 자기 삶의 한 단계가 충분히 정리되는 거죠. 히트하고 안 하고를 떠나서 그 자체만으로도 굉장한 의미가 있어요. 삶이 충만해지는 느낌을 받으실 거예요.

이제 본격적으로 알아봅시다. 내 책 기획을 절대 위태롭지 않게 해주는 항목은 다음 9가지입니다. 차별성, 신뢰성, 단순성, 필요성, 용이성, 시류성, 대표성, 활동성, 확장성. 이렇게 총 9개의 체크리스트에요. 이 체크리

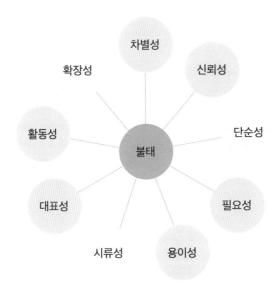

스트를 내가 새로 하는 기획에 매번 대입해보세요. 대입해 봤을 때 핵심 항목은 충족하는지, 어느 부분이 어긋나는지, 이런 걸 하나하나 체크해보세요. 그럼 웬만큼은 다 팔리는 책으로 방향 전환을 할 수 있습니다. 그걸 여러분에게 도움을 드리려고 표를 만든 거예요. 이 9가지 항목 모든 걸 다 충족하지는 않아도 돼요. 예를 들어 내 책은 이 중에 차별성이 뛰어나다면? 거기에 더해 신뢰성까지 확보한다면 더 좋은 거죠. 플러스 알파의 위력을 발휘한다는 거지, 9개 항목 전체를 다 충족해야 되는 건 아니에요. 자, 그럼 본격적으로 살펴봅시다.

1.차별성: 최초이거나 전혀 다르거나 압도하거나 카피 불가하거나

첫 번째 체크 항목부터 살펴보죠. 차별성 부분입니다. 저 자신의 개인 신조이기도 한 유명한 표어 중에 이런 말이 있어요. "최초이거나 전혀 다르거나 압도하거나(Be the First, totally different, or overwhelming)." 이 명언을 그대로 책 기획에도 적용할 수 있겠더라고요. 책으로 적용하면 이 주제 내가 최초인가, 아니면 전혀 다른 구성을 하고 있는가, 뭔가 내용의 함량이 굉장히 압도적인가. 우리는 여기에 더해 카피 불가성까지 갖추면 더욱 좋을 거 같아요. 이 네 가지 중에 하나 이상 해당되면 히트할 요건이 갖춰져 있다고 할 수 있겠죠.

차별성

이 주제로는 내가 최초인가? 전혀 다른 구성인가? 압도적인가? 카피 불가한가?(최초이거나, 전혀 다르거나, 압도하거나, 카피 불가하거나)

최초

차별성의 핵심 포인트로 먼저 이 주제의 책으로는 내가 처음 쓰는 게 맞는가를 보세요. 그 주제에서 최초라는 깃발을 꽂는 게 굉장히 중요해요. 무슨 기네스 기록을 가지고 있으라는 얘기는 아니에요. 자기가 글을 쓰는 입장이 굉장히 특이하거나 해도 되는 거예요.

일본의 시바타 도요라는 할머니를 아세요? 일본의 100세 할머니로 유명하신 이 분은 무학이에요. 초등학교도 졸업 못하셨어요. 글을 배운 적이 없어요. 그렇지만 80 몇 세에 평생학습원 이런 데서 글씨 쓰는 걸 처음 배우신 거예요. 그렇게 늦게 배워 가지고 아들의 권유로 92세에 처음 시를 쓰기 시작하셨어요. 첫 시집《약해지지 마》는 2009년 10월에 '자비 출판으로' 나왔어요. 시 속에 녹인 유머감각과 긍정적인 마음가짐이 독자들의 입소문을 타기 시작했어요. 다음해 대형 출판사인 아스카신사飛鳥新社가 삽화와 작품을 추가해 총 41편을 수록해서 정식 출간했고요. 일본에선 시집이 1만 부만 팔려도 성공작으로 평가받아요. 시바타 할머니 시집은 158만 부나 판매됐어요. 할머니의 시각에서 엄청 쉽고 평이한 일상 용어로 따뜻하게 쓴 시들의 모음이었어요.

있잖아

불행하다고 한숨 짓지 마

햇살과 산들바람은

한쪽 편만 들지 않아

꿈은 평등하게 꿀 수 있는 거야.

나도 괴로운 일도 많았지만

살아 있어 좋았어.

너도 약해지지마

_시바타 도요 《약해지지 마》 중에서

무려 158만 부라니! 이게 왜 팔린 거예요? 이 할머니가 최초성을 가지고 있었기 때문이에요. 무엇의 최초죠? 100세 할머니로서도 최초이고, 무학 출신자로서 시집을 낸 것도 최초죠. 100세라는 카테고리에 더해서 무학이라는 카테고리에서 최초성을 확보하신 경우예요. **이렇게 자기 나름대로의 최초성만 확보해도 돼요. 뭐 엄청난 자격증이나 대기록을 세울 필요까진 없어요. 어떤 분야에서 '책으로서의 최초성'을 확보하면 충분해요. 먼저 깃발을 꽂으세요.**

만약 백세 할머니가 박사였으면 판매가 신통치 않았을 거예요. '무학'이라서 사람들에게 더 강하게 어필한 거죠. 무학이고 백세인데 이제 막 글(일본어 쓰기)을 뒤늦게 배워서 시를 썼다는 점. 추가로 대중에게 호소하는 책의 특성까지(우연인지 의도인지) 잘 지켜서 쓰신 거죠. 즉, 《약해지지마》라는 위로하는 메시지를 계속 던진 거죠. 세상의 후배들에게 위로하는 하나의 콘셉트로 주구장창 쓴 격려의 시예요. 이 할머니의 시는 모두 '격려', '위로', '괜찮아'… 다 그런 내용이었던 거죠. "내가 100세가 되도록 한은 많았다. 그러나 세상사에 치이는 당신들에게 따뜻한 위로의 말은 건네줄 수 있다." 이런 톤을 유지하면서 계속 시를 쓴 거죠. 거기에 엄청나게 많은 사람들이 반응을 한 거예요. 그래서 일본에서 무려 158만 부가 팔렸어요. 그때 당시에 백세셨으니까 지금은 돌아가셨죠. 하여튼 그때 저도 출판 전문가지만 '와, 이런 스탠스에서 이런 시집이 나올 수도 있구나!' 하고 감탄했던 기억이 나요.

시집이 이런 스탠스에서 나왔기 때문에 오히려 힘이 셌던 거죠. 입장 자체가 특이하잖아요. 모든 게 평범하지 않잖아요. 무학이고 백세고 세상에 고생이란 고생은 다 했는데 자기 삶의 거의 마지막에 그런 첫 시집을 쓰신 거죠. 그런 스탠스가 독특하다는 거예요. 사실 이와 비슷한 스탠스로 유명해진 예술가들도 제법 있어요. 75세에 그림을 그리기 시작해 101세까지 살면서 그림을 그린 미국의 국민 화가 모지스 할머니도 유사했고요. 일흔이 넘은 나이에 그림을 그리기 시작해 75세에 신진 작가로 선정된 영국의 로즈 와일리 할머니 사례도 있어요.

《아침형 인간》이라는 일본 책도 최초성을 확보했죠. 아침에 일찍 일어나서 뭔가를 하는 것에 대한 효용을 책으로서는 처음으로 크고 분명하게 떠들었죠. 일본 사람들이 이렇게 최초의 콘셉트를 많이 잘 건드리나 봐요.《아침형 인간》도 100만 부가 넘게 팔렸어요.《아침형 인간》이라는 책이 나오고 나서 한국에서도 많이 따라 했죠. 아침을 좀 더 좁혀서 새벽을 말한《새벽거인》은 권민 씨라고 유니타스 브랜딩을 세운 사람이 쓴 책이에요. 유니타스 브랜딩이 마케터들 사이에서는 많이 회자됐거든요. 나중에 공단기와 영단기 강좌를 출시한 회사에 흡수합병됐죠. 요즘에는 이 키워드가 '미라클 모닝'으로까지 유행이 이어졌는데 모두《아침형 인간》의 세분화 주제로 파생한 경우죠. 미국에서 나온《5초의 법칙》, 이 책도 굉장히 많이 팔렸는데 모두《아침형 인간》의 변형이고요. 콘셉트를 좀 더 특이하게 좁혀서 작은 최초성을 확보했어요.

《한국의 부자들》이라는 책은 제가 몸담았던 위즈덤하우스의 건물을 세워주다시피 한 책이에요. 100만 부 넘게 팔렸죠. 사업 초기에 첫 번째 대박을 내서 위즈덤하우스라는 출판사가 부흥하게 된 결정적 계기가 됐던 책이에요. 당시 한국 책 중에선 처음으로 직접 부자들을 만나 인터뷰하고 다녀서 최초성을 확보했던 경우예요. 이후 다른 출판사에서 그 책을 따라 해서《한국의 젊은 부자들》이라고 타깃을 좁혀서 냈는데 많이 팔렸습니다. 유사도서로 따라 해도 그걸 좀 더 구체화시켜 좁히면 그 작은 니치마켓에서 최초성을 확보하는 셈이에요. 그럴 경우 카피캣 유사품도 나름 좋은 반응을 이끌어낼 수 있어요.

최초성: 최초 여부

- 《약해지지 마》: 시바타 도요
- 《아침형 인간》
  - 《새벽거인》
  - 《5초의 법칙》
  - 《미라클 모닝》
- 《한국의 부자들》
  - 《한국의 젊은 부자들》

최고(권위)

차별성의 두 번째로 권위가 있으면 됩니다. 특히 한국 사람들이 권위를 굉장히 따져요. 서울대 혹은 더 국제적으로는 하버드 또는 스탠퍼드 타이틀 들어가면 꼬박 죽고 예일 이런 거 들어가면 거의 보지도 않고 사요.

그래서 팔린 책이 마이클 샌델 교수의《정의란 무엇인가》이죠. 보시는 이미지가 최초의 표지였거든요. 하버드대 강의실을 배경으로 찍었어요. 굉장히 권위 있어 보이게 바지에 손 찔러 넣은 채로 하버드생들을 가르치고 있는 표지죠. 얼마나 권위가 서요? 저 표지가 판매에 큰 역할을 했어요. 표지 맨 위에 '하버드대 20년 연속 최고의 명강의' 이렇게 권위로만 내세워 카피를 쓴 거예요. 김영사에서 번역본을 냈는데 권위에 최고로 어필한 거죠. 하버드, 교수, 20년, 명강의 등등 이런 걸로 카피를 포장하니까 빵 터진 거예요.

사실 이 책 꽤 어려워요. 내용 제대로 이해한 사람 별로 없어요. 책 내용 자체가 딱딱하고 철학적이라서 대부분 사람들이 앞에 한두 꼭지 정도 읽고 '나중에 읽어야지' 하다가 영영 어디 서가에 꽂아놓는 그런 류의 책이에요. 유명하다니까 구매는 했는데 집 안에 고이 모셔 놓죠.

《사피엔스》도 권위에 어필했죠. 저자 유발 하라리가 젊은 신진학자로 뜬 사람이잖아요. '유인원에서 사이보그까지 아주 대담한 인류 역사를 통찰한다'라는 도발적 메시지로 신진학자의 참신한 권위를 어필했어요. 권위감이 높아서 이 책도 있어 보이는 걸 좋아하는 여러 집에 꽂혀 있는 그런 책이 됐습니다. 물론 내용의 서술 방식도 꽤 재미있게 썼기 때문에 더 오랫동안 사랑받은 측면도 있고요.

《총균쇠》는 왜 팔렸어요? 이 책 역시 권위에 어필한 측면이 굉장히 컸어요. 처음에는 꾸준하게 판매되다가 나중에 어디서 확 터졌을까요? 서울대 학생들이 도서관에서 가장 많이 빌려다 보는 최다 대여 도서로 매번 1위로 선정된 이후죠. 그 내용을 출판사에서 아예 광고 카피로 활용했어요. 그러면서 사람들이 그 권위를 더 받아들이게 됐고요. "《총균쇠》 책이 얼마나 대단하면 서울대생들이 다 저 책만 빌려 보려고 줄을 설까?" 하는 생각을 불러일으키죠. 사람들이 저 책도 끝까지 읽지는 못하면서 열심히 사요.

《100년을 살아보니》이 책도 연세대 철학과에서 30년이나 교편을 잡아온 김형석 교수님의 책이라는 권위에 어필해서 많이 팔았죠. 해마다 나오는 《트렌드 코리아》는 서울대라는 권위를 판 셈이고요. 소비 트렌드 분석센터가 아예 서울대 안에 있어요. 만약 어디 지방대 소속 분석센터에서 낸 소비 트렌드 서라고 출간됐다면? 임팩트가 약했겠죠. 느낌이 많이 달랐을 거예요. 서울대라는 최고 권위를 파니까 많이 팔리는 거죠.

우리나라 사람들이 권위를 굉장히 좋아하거든요. 최고 권위에 호소하는 책들은 묻지도 따지지도 않고 반응해요. 최고 권위 대학이나 최고 권위 학자 등이 들어가면 내용 잘 보지도 않고 웬만큼 책을 사요(그래서 약삭빠른 모 출판사들은 내용과 별 상관도 없는데 일부러 표지에 '하버드' 타이틀을 갖다 붙여놓기도 해요). 권위에 약한 건 우리나라에서 특히 심해요. 좀 이상한 편향이죠. 우리는 이 특성을 역이용해야겠죠.

최고(권위) 여부

- 《정의란 무엇인가》: 하버드, 마이클 샌델
- 《사피엔스》: 유인원에서 사이보그까지 인간 역사의 대담하고 위대한 질문
- 《총균쇠》: 재레드 다이아몬드, 서울대 최다 대여 도서
- 《백년을 살아보니》: 연세대 철학과 30년 교육, 김형석 교수
- 《트렌드 코리아 2021》: 서울대 소비 트렌드 분석센터의 2021 전망

희귀

차별성의 세 번째는 희귀한가rare에 대한 겁니다. 뭔가 드물거나 마지막이거나 유일한 거죠. 그런 여부가 히트 메이킹을 합니다. 랜디 포시라는 분도 아시죠? 암으로 돌아가셨죠. 카네기멜론대학 컴퓨터공학과 교수였어요. 이분도 불치병을 선고받고 그걸 알린다는 전제하에 강의를 연 거예요. "제가 여러분에게 마지막 강의를 하겠습니다." 하고 강의를 내걸었어요. 대학에서 한 그 강의 제목 자체가 '마지막 강의'였어요.

실제로 당시 오프라인 강의에 많은 사람들이 몰렸어요. 공개 강의에서

구술한 것을 그대로 그냥 텍스트로 바꿔서 책으로 만든 게 랜디 포시 교수의《마지막 강의》였죠. 이것도 수백 만 부가 팔렸죠. 교수지만 실제로 시한부라서 삶의 마지막 자락을 붙잡으며 쓴 거예요. 그러면 이 마지막 메시지를 누구에게 전달할 것이냐? 나의 삶 이야기와 지혜를 자기 아이들에게 전달하겠다는 거였죠. '만약 내가 내일 당장 사라진다면 어떤 것을 유산으로 남길 수 있을까?'를 사람들에게 생각하게 만들었어요.

이 책이 왜 전 세계적인 베스트셀러가 됐어요? 희귀성을 담보했기 때문이죠. 그 교수가 죽기 전에 유언처럼 남기는 콘텐츠이기 때문에 사람들이 엄청나게 반응을 한 거죠. 더 이상 이 사람 말을 못 듣잖아요. 희귀해지잖아요. 마치 화가가 죽고 난 뒤에 그림 값이 수직 상승하는 것처럼요(유튜브에 찾아보면 실제 그의 마지막 강의하는 영상이 있어요. 지금도 그 장면이 잘 보관돼 있는데 조회수가 2천만 뷰가 넘었어요. 시간 날 때 한번 검색해보세요.)

<마지막 강의>
영상

《모리와 함께 한 화요일》의 저자 모리 교수님도 원고가 만들어질 당시 내일모레 하셨던 상황이었죠. 스포츠학과 학생이었던 미치 앨봄과 친하게 지냈고요. 어느 날 미치가 놀러갔는데 모리 교수님이 말씀하셨죠. "미

치야, 내가 머잖아 죽을 거 같다. 빨리 내 말을 받아 적어라." 그래서 열심히 받아적어 탄생한 책이 《모리와 함께한 화요일》이에요. 화요일마다 만나러 갔거든요. "남기실 말씀은 무엇입니까?" 그랬더니 "인생은 말이지. 심각하게 살지 말고 댄스를 즐기듯이 사는 거야." 이런 말을 하나하나 다 받아적어 원고로 만들었죠. 일종의 인터뷰집 비슷한 거였는데 《모리와 함께한 화요일》이라는 자기계발서로 정리했죠. 이 책은 왜 팔렸을까요? 역시 마지막이라는 유일성과 희귀성에 어필했기 때문이죠.

희귀성(마지막, 유일성) 여부

- 랜디 포시, 《마지막 강의》
- 미치 앨봄, 모리 슈워츠, 《모리와 함께한 화요일》

충격적인 역발상과 반전

네 번째 차별성은 구성이 다른 어떤 형태, 충격적인 역발상을 하거나 뭔가 반전의 메시지를 가지고 있는 겁니다. 경쟁 상품과 뚜렷이 차별된 나만의 강점 포인트를 찾아서 그걸 충분히 어필을 했느냐 여부죠.

《미움받을 용기》라는 책이 사실은 반어법이죠. 용기는 용기인데 사람들에게 기꺼이 미움 받을 만한 용기를 내라니? "미움 받아도 괜찮아, 용기를 내서 미움 받아." 사실 아이러니한 말이에요. 반어적이라서 사람들에게 강렬하게 각인되는 제목이 됐어요. 약간 역발상이잖아요.

양창순 박사의 《나는 까칠하게 살기로 했다》도 일종의 반어법이죠. 보통 사람은 '나는 조용하게 살기로 했다' 혹은 '나는 얌전히 살래' 이런 말을 하지. 누가 까칠하게 산다는 걸 공개적으로 천명을 해요. 사실 따지고 보면 웃기는 말이죠.

《스물아홉 생일 1년 후 죽기로 결심했다》는 일본 책인데 제목이 특이하잖아요? 자기가 자살을 결심했는데 "이왕 죽을 거 1년 동안 원하는 대로 다 해보고 1년 후에 죽자. 그 1년 동안 평소라면 전혀 상상도 못 해봤을 일까지 다 해보고 죽자"라는 28살 일본 여성의 다이어리를 책으로 옮긴 거예요. 근데 결론은? 1년 후에 안 죽었어요. 앞으로도 세상이 살만 하다고 결론을 낸 거예요. 충격적인 제목 덕분에 역시나 잘 팔렸던 경우에요.

전혀 다른 구성 여부

- 충격적 역발상/반전 여부
  - 《미움받을 용기》
  - 《나는 까칠하게 살기로 했다》
  - 《스물아홉 생일, 1년 후 죽기로 결심했다》

선명한 대조 콘셉트

다섯 번째, 선명한 대조 포인트가 중요합니다. 여러분 이건 새겨두시기 바랍니다. 진짜 이건 약간 족보를 공개하는 것 같은 느낌이 드네요. 그동안 잘된 제목 혹은 잘 팔린 책들의 공통점 중 하나입니다. 내용은 사실 별 차이가 없거든요. 근데 제목 때문에 대박 난 책들이 상당수 이 구조를 가지고

있어요. 선명한 대비 혹은 대조의 제목이에요.

《부자 아빠 가난한 아빠》. 우리 아빠는 평생 월급쟁이로만 살아서 가난해요. 그런데 옆집 아저씨는 집도 몇 채씩 있고 롤스로이스 타고 다니고 엄청 부유해요. 두 사람이 뭐가 다를까? 그걸 연구해서 로버트 기요사키 씨가 쓴 책이죠. 그런데 특히 제목을 잘 지었다고 저는 생각해요. 원제도 RICH DAD, POOR DAD잖아요. 이 선명한 대조 구조를 원서도 가지고 있어요. 그래서 원서로도 전 세계 4000만 부(한국 350만 부)를 팔았고요.

《화성에서 온 남자 금성에서 온 여자》. 이 책도 대조 구조를 가지고 있는 제목이죠. 역시나 전 세계적으로 5000만 부 이상 판 책이죠. 이걸 따라한 책으로《말을 듣지 않는 남자 지도를 읽지 못하는 여자》도 있어요. 일종의 카피캣인데도 잘 팔렸어요. 내용은 별로 새롭지 않았어요. 그냥《화성에서 온 남자 금성에서 온 여자》그 제목 구조를 사용한 거예요.

앙드레 코스톨라니, 사망하신 지 좀 되신 분이지만《돈, 뜨겁게 사랑하고 차갑게 다루어라》책 제목도 선명한 대조 구조를 가지고 있죠.《푼돈에 매달리는 남자 큰돈을 굴리는 남자》는 미국 책인데, 아는 후배가 편집을 담당했어요. 원서는 거의 안 팔렸던 책이거든요. 내용은 그냥 평범해요. 근데 제목만 대조 구조로 만들어 한국어 번역본을 낸 거예요. 그랬더니 세상에! 서점에 나가자마자 그 다음 날부터 주문이 엄청 오는 거예요. 그래서 우리 모두 깜짝 놀랐잖아요. 제가 21세기북스 다닐 때 매일 아침에 전날 책들의 판매가 얼마나 됐나 확인했거든요. 아무도 기대하지 않았던 책인데 제목 하나 때문에 이 책이 확확 치고 올라오는 거예요. 그 후로도 꽤 오랫동안 베스트셀러에 머물렀어요. 제목 하나로요. 그래서 우리가 "와, 진짜 이 대조 구조는 무서운 네이밍이구나. 장난 아니다." 하고 위력을 통감했던 기억이 생생해요.

《행복한 이기주의자》도 사실은 내용상 대조 구조죠. 행복하려고 하는 것은 보통 이타주의를 지향하잖아요? 그런데 이 책은 이기주의를 내세운 거죠. 뭔가 반어적이면서 대조 구조를 가지게 된 제목이죠. 역설적 대조 구조를 띤 제목이라 독자들에게 어필했다고 봐요.

선명한 대조 구성

- 《부자 아빠 가난한 아빠》
- 《화성에서 온 남자 금성에서 온 여자》
- 《돈, 뜨겁게 사랑하고 차갑게 다루어라》
- 《말을 듣지 않는 남자 지도를 읽지 못하는 여자》
- 《푼돈에 매달리는 남자 큰돈을 굴리는 남자》
- 《행복한 이기주의자》

압도

여섯 번째, 압도 여부입니다. 다 휩쓸어버리는 어떤 충분한 내공을 응축했다가 빵 터뜨리는 그런 맛을 발휘하며 원고를 쓰면 힘이 세요. 주제는 설령 다른 책들하고 비슷해도 돼요. 근데 분량적으로나 깊이적으로나 총망라하는 느낌을 주면 독자들에게 남다른 임팩트를 줘요. 뭔가 저자가 이 주제 전체를 다 총정리했다는 느낌을 주는 게 강력한 히트 요인 중 하나죠. 이것도 굉장히 파괴력 있는 요소에요.

채사장이라는 사람이 지금 굉장히 잘 나가죠. TV에도 안 나오는 데가 없고요. 사실은 굉장히 평범한 사람이었어요. 채사장이라는 초보 저자를 방송에 자주 나오는 유명 인사로 만든 것은《지적 대화를 위한 넓고 얕은 지식》책의 영향이 크죠. 저 사람이 팟캐스트를 꽤나 오래 했는데 그동안 패널들이랑 떠든 여러 가지 잡다한 상식들을 다 모으고 모아서 두 권의 책으로 엮었죠.

왜 대박이 났어요? 넓고 얕은 지식이지만 인문학 전반에 대한 모든 걸 다 훑었어요. 졸라맨 그림도 그려 넣어가면서 아주 쉽게요. 저도 보고 "굉장히 정리 잘했네?" 하고 감탄하면서 읽은 책이에요. 여러 인문학적인 기본기를 다 커버하면서도 아주 내공을 많이 응축해 놓았더라고요. 저렇게 하면 터져요. 제목이 쉬운 것도 아니었어요.

사실 저 제목은 굉장히 어렵잖아요. '지적 대화를 위한~'라고? 그 제목을 잘못 외우고 있는 사람이 태반이에요. 지대넓얕이라는 약어로 외우는 것도 헷갈려서 저는 '지넓얕대였나?' 하면서 제목이 매번 헷갈려 틀리게 말하곤 했어요. 제목을 이토록 외우기 힘들게 지었는데도 압도적으로 많은 내용을 망라해 놓으니까 책이 엄청 팔렸죠. 응축해서 그래요(채사장은 필명이고 지금은 자기 출판사를 별도로 차렸어요. 웨일북이라는 출판사의 오너에요. H출판사 출신의 편집자와 동업하는 걸로 알고 있어요).

그 다음에《좋아 보이는 것들의 비밀》의 이랑주라는 저자도 제가 아는 분이에요. 저 책이 첫 책이 아니고 세 번째 책이에요. 제가 처음 출판 미팅을 하러 만났을 때는 전혀 유명하지 않았어요. 근데《좋아 보이는 것들의 비밀》이라는 저 책에 그동안 앞서 출간했지만 잘 안 팔렸던 책들의 노하우와 자료들까지 싹 다 정리해서 총결산을 했더라고요. 세 번째 책에 그동안의 모든 노하우를 다 끌어 모아 응축시킨 거죠. 해외여행 할 때 찍어 놨던 현지 매장 진열 사진 등 모든 비주얼 자료를 모두 넣고 응축력을 폭발시킨 결과 종합 베스트셀러가 됐어요. 내공 응축으로 인한 압도성이 높아졌고 제목도 잘 지었던 덕이 컸죠. 이 책이 큰 성과를 거둬서 이 분은 그 다음부터 인생이 달라졌습니다. 이 책이 뜨고 나서 몸값이 한 10배는 뛴 것 같아요. 그 전에는 그냥 평범한 강사 중 한 사람이었는데요.

《돈의 속성》은 스노우폭스(저자분 아내의 별명인 '백여우'에서 따왔다고 함)라는 기업을 세운 사람이 쓴 책이죠. 미국에서 도시락 체인점, 꽃 체인점 등 여러 사업을 해서 돈을 많이 버신 분이에요. 한국에 직접 출판사도 차렸어요. 그 뒤 '사장학 강의'라고 한국에서 예비 사장들 대상으로 수십 회에 걸쳐서 오랫동안 강의를 했는데요. 그 내용을 총 결산해서 낸 책이《돈의 속성》입니다. 굉장히 응축성이 높기 때문에 이 책도 두고두고 잘 팔립니다. 그동안의 모든 특강 내용을 응축했기 때문에 압도성이 있죠.

압도 여부: 충분한 내공을 응축하고 또 응축한 내용인가?

- 《지적 대화를 위한 넓고 얕은 지식》(채사장)

- 《좋아 보이는 것들의 비밀》(이랑주)

- 《돈의 속성》(김승호)

카피의 어려움

차별성의 마지막 일곱 번째는 다른 사람들이 카피하기에 진입 장벽이 높은가 여부입니다. 언 카피어블uncopiable. 다른 사람이 카피하기 힘들 만큼 진입 장벽이 높아야 돼요. 그래야 오래 갈 수 있어요.

《블루오션 전략》은 여러 가지 카피하기 어려운 요소를 가지고 있었죠. 가치혁신 곡선, 구매자 효용성 지도 이런 것들이요. 자기만의 이론 체계가 확고하게 있어서 블루오션 전략도 역시나 카피 불가한 자기만의 요소로 오랫동안 베스트셀러 자리를 유지할 수 있었어요.

세스 고딘의《보랏빛 소가 온다》도 마찬가지죠. 자기만의 여러 가지 차별화를 위한 이론 체계를 책에 담았어요.《부자 아빠 가난한 아빠》에도 독특한 자기만의 이론 체계가 있어요. 부의 사사분면이라고 해서 사람들의 소득 유형을 4가지 형태로 나눈 거예요. 월급쟁이, 자영업자나 전문직, 사업가, 투자가 이렇게 4가지로요. 이 중에 가장 바람직한 유형은 사업가다, 이렇게 자기만의 이론 체계를 나눈 부의 사사분면 이론이 저 책의 핵심이에요. 그 이론 체계가 자기만의 틀이 있어서 남들이 바로 대충 따라할 수 없었던 거죠. 저런 이론을 개발하고 검증하려면 시간이 걸리니까요.

《88연승의 비밀》은 미국의 존 우든 감독님의 책이에요. 제가 번역한 책이고 베스트셀러 됐어요. 지금도 엄청 스테디하게 잘 팔려요. 스포츠 좀 한다는 미국 사람들은 최고 존경하는 사람으로 아직도 1등으로 손꼽는 분이죠. 그는 농구시합에서 88번을 내리 이겼어요. 그 비결은? 성공 피라미드라는 자기

이론 체계예요. "성공하려면 이 피라미드의 블록들을 마치 체크리스트처럼 충족해야 그 윗단계를 성취할 수 있다. 이걸 너희가 제대로 수행하면 88번을 내리 이길 수 있다" 이런 이론이죠. 우든 감독이 굉장히 오랫동안 연구한 거라 아무도 카피할 수 없어요. 이게 그만의 성공 방정식이에요. 이런 카피 불가능한 요소가 책에 있으면 굉장히 오랫동안 스테디하게 팔릴 수 있어요.

남이 카피하기에 진입 장벽이 높이 쌓여 있는가?

- 《블루오션 전략》: 가치혁신 곡선, 구매자 효용성 지도

- 《보랏빛 소가 온다》

- 《부자 아빠 가난한 아빠》: 부의 4사 분면 이론

- 《88연승의 비밀》: 성공 피라미드

2. 신뢰성: 나는 이 주제에서
신뢰할 만한 사람인가?

두 번째 중요한 건 신뢰성입니다. 나는 이 주제에서 과연 믿을 만한 사람인가? 이걸 충분히 입증할 수만 있다면 사람들이 책을 많이 사요. 굉장히 중요한 얘기입니다. 여러 가지 히트 항목 중에 차별성이나 신뢰성이 특히 중요해요.

예를 들어 저 레오짱은 독자분들에게 어떻게 신뢰를 줬을까요? 저는 제 자신을 어필할 때 이렇게 하죠. "레오짱은 메이저 출판사 27년 경력자입니다. 책쓰기를 가르치는 여러 사람 중에 저처럼 메이저 출판계에 있었던 사람은 아무도 없어요. 위즈덤하우스, 21세기북스, 시사영어사 등 국내 톱 출판사들에서 연달아 편집장을 한 사람은 책쓰기 코치들 중에는 아무도 없거든요." 여기서 27년 동안 제가 경력을 쌓았다는 것 자체가 신뢰를 주죠. 책에 대한 진짜 전문가다라는 그 신뢰요.

또 "직접 쓴 책들 11권이 하나도 빠짐없이 100% 베스트셀러 자리에 올랐습니다." 이것도 신뢰성 요소죠. 그래서 저는 대기 독자, 대기 팬들이 나름 있어요. 제가 신간을 내면 기본적으로 베스트셀러에 최소 2주 이상은 머물러 있을 수 있어요. 대기 독자들이 저를 과거에 경험했고 여전히 신뢰하고 있기 때문이죠. "레오짱이 낸 책은 최소한 내용이 엉터리는 아니야!"라는 신뢰가 있는 거죠.

제가 코칭해서 출간 된《내 마음은 충전중》은 김근하 강사라는 분이 회복탄력성에 대해서 오랫동안 강의한 내용을 정리해서 쓴 책이에요. 그 주제에 대해 오랫동안 강의한 강사다, 이게 믿음을 준 거죠. 그래서 꽤 잘 팔렸어요. 그렇다고 이 분이 이 분야에 무슨 국가공인 자격증을 가지고 있던 건 아니잖아요? 단지 본인이 기업체에서 이 주제의 강의를 여러 번 했을 뿐이죠. 긍정심리학, 회복탄력성 등의 주제로요. 이 분은 본인의 주 강의 주제를 책으로 쓰기로 선택했고 반응이 좋아서 나라에서 선발하는 '청소년 권장도서'에도 선정됐어요.

신뢰성

- 레오짱: 메이저 출판사 27년 경력자 + 직접 쓴 책들이 100% 베스트러 등극
- 회복탄력성 강사:《내 마음은 충전중》

전문성

신뢰성을 갖는 다음 요소는 전문성입니다. 이 부분이 사실은 독자들에게 가장 어필하죠. 독자들에게는 저자의 전문성 부분이 굉장히 중요해요.

자신만의 전문성이 있으면 책을 팔기가 훨씬 유리해요. 무슨 자격증이 있어야 한다는 게 아니라 자기가 오랫동안 공부했던 영역을 책의 테마로 다루라는 거예요.

컬러 강사분 사례를 보죠. 역시 저한테 개인 코칭을 받으셨던 분이에요. 이 분도 컬러 바틀 가지고 사람들의 심리 상태를 봐주는 강의, 즉 컬러 테라피스트 활동을 오래 하셨던 분이에요. 자기가 오래 몸담았던 강의 분야를 책으로 다뤘죠.《마음을 치유하는 컬러 테라피》에요. 다른 컬러 테라피 책들은 굉장히 교재처럼 어려운데, 이 분은 매우 말랑말랑하고 감성적인 측면으로는 첫 책을 내신 셈이에요. 이렇게 전문성을 어필하면서 소프트한 컬러 책의 깃발을 나름대로 꽂았던 거죠. 첫 인세 정산할 때 보니까 생각보다 많이 팔렸더라고요. 그래서 저도 아주 기분이 좋았습니다. 또 신문 등 여러 언론에도 소개되고 독자 반응도 좋아서 요즘 더 잘 나가고 계십니다.

제게 개인 코칭 받으셨던 쇼호스트분도《라이브 커머스 성공 전략》이라는 책을 내서 더할 나위 없이 아주 잘되셨다고 말씀드렸죠? 베스트셀러도 되고 김미경TV 유튜브 대학에 20강 유료 코스 강좌도 개설되었고요.

《뇌를 들여다보니 마음이 보이네》책은 제게 출판 코칭을 받으셨던 가정의학과 의사분이 저자세요. 뇌 이야기에 명상 얘기까지 접목해서 했기 때문에 전문성으로 잘 어필된 거죠. 가정의학과 전공의지만 명상 영역으로 크로스해서 넘어간 케이스죠. 새로운 분야로 자기 전문성을 통섭함으로써 좋은 반응을 얻었습니다. 해외 수출까지 잘 되서 대만 출판사에서 중국어 번역본이 출간됐어요.

책이 뜨거운 반응을 얻었던 이 분들의 공통점은 뭘까요? 모두 자기 전

문성을 베이스로 쓴 책이라는 점이죠. 이 패턴이 가장 바람직합니다. 자기가 전문성을 조금이라도 가지고 있는 분야의 책부터 먼저 첫 책으로 내세요. 주력 분야를 첫 책으로 내야 퍼스널 브랜딩이 됩니다. 석박사 학위까지는 필요 없어요. 자기가 그 분야 공부를 오래 했다면 충분해요. 자신의 전문 영역을 첫 책의 주제로 다루는 게 가장 좋아요. 그래야 일반 대중들에게는 가장 '상품으로서의 유익함'이 돋보이게 되죠.

전문성

· 쇼호스트:《라이브 커머스 성공 전략》

· 컬러 강사:《마음을 치유하는 컬러테라피》

· 가정의학과 의사:《뇌를 들여다보니 마음이 보이네》

기타 검증 가능한 증거들

그렇다면 저자가 꼭 무슨 자격증이나 의사이거나 쇼호스트 출신이어야만 되느냐? 아닙니다. 그런 경력이 없더라도 자기만의 독특한 경험이나 오랜 경험을 증명하시면 돼요. 그 경험이 특이하거나 엄청 유명한 자격증이 아니어도 돼요. 혹은 자기가 어떤 연구를 했는데 그게 꽤 오랫동안 연구한 거여도 돼요. "나만의 실험을 새로 해봤는데 그게 먹힐 것 같아." 이런 것들을 어필하셔도 되고요. 여러 가지 검증 가능한 증명만 될 수 있다면 이런 것도 신뢰성을 높여줘요. 오랜 경험이거나 아니면 굉장히 특이한 경험이거나.

특이한 경험의 예를 들어 보죠. 유수연 저자는《20대 나만의 무대를 세워라》책으로 종합 베스트셀러 작가가 됐잖아요? 그분이 무슨 엄청난 자격증이 있는 사람은 아니었어요. 다만 자기 경험이 특이해요. 맨땅에 헤딩하면서 엄청 좌충우돌하는 경험 자체가 재미있는 거예요. 그래서 그분 책은 천상 20대에게 팔아야 돼요. 40대한테 그렇게 좌충우돌하라고 했다간 너무 피곤해지니까요. 20대 군인에게 어필하기 딱 좋아요. 그래서 실제로 군인들 대상으로 엄청나게 많은 강의를 했더니 대박이 나버렸습니다. 특이한 경험을 파는 거예요.

또 오랫동안 자기가 연구한 게 있으면 이것도 팔려요. 레오짱에게 출판 코칭을 받은 유혜리 저자의《잠깐 스트레스 좀 풀고 올게요》책이 그런 사례죠. 이 분도 긍정심리학 쪽에서 오랫동안 강의를 하시던 분이에요. 자기의 오랜 개인적 자료 수집과 연구를 바탕으로 스트레스에 관련된 책

으로 콘셉트를 좁혀서 쓰신 거죠. 반응이 아주 좋습니다.

《목소리 누구나 바꿀 수 있다》의 우지은 저자도 오랫동안 자기가 보이스 트레이닝 강의한 내용을 목소리 트레이닝 책으로 쓴 거고요.《창업자금 23만 원》의 전지현 저자도 그래요. 편의점 하시는 분인데 이 책이 왜 팔렸냐? 자기의 독특한 이론이 몇 가지 있었죠. "파워 진열을 해라." "편의점 제품이라고 똑같이 팔지 말고 본인이 직접 DIY로 곰돌이도 넣고 하면 훨씬 비싸게 잘 팔 수 있다." 이렇게 자기만의 실험 결과를 책에 넣은 거예요. 그래서 책이 아주 잘 됐습니다.

[검증 가능한 기타 증명들]

· 오랜 경험을 증명

· 특이한 경험을 증명(맨땅에서 헤딩하듯 좌충우돌했던 경험)

 - 유수연:《20대, 나만의 무대를 세워라》

· 오랜 연구를 증명

 - 긍정심리학 강사, 유혜리:《잠깐 스트레스 좀 풀고 올게요》

- 보이스 트레이닝 강사, 우지은:《목소리 누구나 바꿀 수 있다》

• 자기만의 실험 결과를 증명

- 편의점 운영, 전지현:《창업자금 23만원》(파워진열론, DIY포장론)

3. 필요성: 잠재 독자들에게 급박하게 필요한가?

필요성은 곧 "잠재 독자들에게 급박하게 필요한가?(그렇게 제목과 카피를 뽑았는가?)"를 묻는 항목입니다. 이 항목 꽤 중요합니다. 여기엔 몇 가지 하부 항목들이 있어요. 독자의 니즈에 어필하는 목적적 급박성이 있고, 원츠에 어필하는 정서적 급박성이 있고, 마지막으로 호기심에 어필하는 호기심적 급박성, 이 세 가지로 나눠서 말씀드릴게요.

목적적 급박성

첫 번째 목적적 급박성입니다. 독자의 이익이 뭐가 될지를 크고 분명하게 떠들어라는 얘기에요. "독자가 이 책을 보면 이런 이익을 얻을 수 있어요"를 굉장히 크고 분명하게 알려주라는 거죠. Loud and clear라는 영어 표현이 있어요. 크고 분명하게 떠들어라. 목적적 급박성을 환기시키세요.

《공부습관 10살 전에 끝내라》는 10살이라는 걸 크고 분명하게 떠들며 학부모의 목적적 급박성에 어필했죠. 대박 났던 책입니다. 또《대한민국

2030 재테크 독하게 해라》는 출판 초보였던 제 지인의 첫 책이에요. 당시 유행하던 2030 문구와 표지를 카피했는데도 여전히 먹히더라고요. 다른 책 따라 한 건데도 타깃을 더 좁혀서 하면 새로운 타깃에 니즈 소구가 돼서 먹히더라고요. 30만 부나 팔았어요. 세상에! 목적적 급박성에 대한 소구는 이렇게 강력합니다.

《살아있는 동안 꼭 해야 할 49가지》, 죽기 전에 빨리 하라고 어필하잖아요? 《100만 클릭 부르는 글쓰기》도 100만 클릭이라는 이익을 독자들에게 크고 분명하게 알려드리겠다고 떠들고 있죠. 좋은 반응을 얻었습니다. 《인생을 바꾸는 정리의 기술》은 제가 좋아하는 책이에요. 정리를 잘하면 인생까지도 바꿀 수 있다고 목적적 니즈에 급박하게 어필했어요. 라이프 체인징 정리 기술인 셈이죠. 제목도 그럴 듯하고 실제 내용도 꽤 알차요. 저도 이 책 읽고 정리와 청소에 대한 새로운 영감을 얻었습니다.

돌아가셨지만 번역자로 유명했던 이윤기 선생님의 《조르바도 춤추게 하는 글쓰기》라는 책은 제목이 니즈에 잘 어필하죠. 먹물들의 노잼을 극

험했던《그리스인 조르바》의 그 조르바도 춤추게 만들 도의 글쓰기 비법을 알려주겠대요.

요즘에 주식 시장이 엄청 핫해지면서 주린이(주식 어린이)라는 용어가 인기죠.《주린이가 알고 싶어 하는 최다 질문 TOP 77》이런 것도 목적적 급박 니즈에 강하게 어필하는 제목이죠.《마음챙김의 시》는 류시화 씨가 쓴 책인데, 마음챙김^{mindfulness} 명상이 국내에서도 본격 유행하니까 마음챙김 전용 시집의 콘셉트로 신간을 낸 경우에요. 류시화 씨도 독자의 니즈에 어필하는 법을 아주 잘 알고 있는 저자죠.

목적적 급박성(니즈): 독자의 이익이 뭐가 될지 크고 분명하게 알려주라

- 《공부습관 10살 전에 끝내라》
- 《대한민국 2030 재테크 독하게 하라》(미르북스)
- 《살아 있는 동안 꼭 해야 할 49가지》
- 《100만 클릭을 부르는 글쓰기》
- 《인생을 바꾸는 정리 기술》
- 《조르바를 춤추게 하는 글쓰기》(이윤기)
- 《주린이가 가장 알고 싶은 최다질문 TOP 77》(염승환)
- 《마음챙김의 시》(류시화)

정서적 급박성

아까는 목적성에 어필했다면 이번에는 정서에 어필할 수도 있어요. 원츠에 어필하는 거죠. '꼭 필요하지는 않아도 이거 왠지 있으면 좋을 것 같아.' 이런 거죠. 제가 아는 출판계 선배가 썼던 표현이기도 해요. 히트 메이커로 유명한 쌤앤파커스 여자 대표님인데(현재는 고문으로 활동 중), 제가 어느 날 놀러 가서 물었죠. "대표님은 책 카피를 어떻게 뽑으세요?" 그랬더니 "나는 항상 이 표현을 염두에 둬요. '뒤통수를 자꾸 잡아끄는 듯한' 그런 느낌을 줘야 해요. 독자가 서점에 놓여 있는 내 책을 무시하고 갔는데 눈앞에 자꾸 어른거려서 다시 처다보게 만들라는 거죠."

뒤통수를 잡아끌려면 어떻게 해야 할까요? 독자의 마음을 대변해주면 돼요. 예를 보죠. 아이들은 참을성이 부족하기 마련이죠. 부모들은 그런 상황에서 욱하고요. 이런 현상 자체를 제목으로 뽑아 쓰면 부모들이 급공감하겠죠?《못 참는 아이 욱하는 부모》는 그렇게 원츠에 어필해서 히트했어요.

《세상의 바보들에게 웃으면서 화내는 방법》, 세상에는 바보들이 너무 많아요. 그렇지만 나는 걔들한테 화를 내고 싶지 않아요. 여유 있게 웃으면서 화를 내고 싶어요. 움베르토 에코는 그렇게 책 제목을 뽑아서 원츠를 건드렸죠. 아주 오랫동안 사랑받는 베스트셀러가 됐고요.

《적을 만들지 않는 대화법》, 같은 대화인데도 매번 싸워서 남들을 다 적으로 만들어놓고 "이젠 안 볼래!" 하는 대화법은 바람직하지 않죠. 이왕이면 적을 만들지 않는 방식의 대화법을 하자고 주장해서 원츠를 건드렸어요. 큰 공감을 사서 대박이 났어요.

《무례한 사람에게 웃으며 대처하는 법》, 세상에 무례한 사람들이 꽤 많죠. 그런데 그걸 웃으면서 대처하는 법이래요. 그동안 내 마음 깊은 곳에 있었던 생각을 대변해주죠? 이왕이면 다홍치마라고 이런 정서적 급박성

에 어필한 제목의 책들이 잘 팔리죠.

제가 주목한 부분은 바로 이거예요. 내용은 딱히 별 거 없는데 제목을 이렇게 잘 만들어서 많이 판 책들이 굉장히 많다는 거예요. 그렇다고 내용을 부실하게 만들자는 얘기가 아니고요, 제목을 이렇게 잘 뽑을 수 있을 때까지 치열하게 고민하자는 얘기예요.

《기분이 태도가 되지 않게》이 책이요. 이 책만 보면 제가 좀 억울한 기분이 들어요. 왜냐하면 이 제목은 사실은 십 년 전부터 제가 제목으로 쓰려고 메모장에 저장해놨던 후보였거든요. 즉, 이 제목은 이 책의 저자가 만든 제목이 아니고 이미 유명했던 말이잖아요. "너의 기분이 태도가 되지 않게 해라." "행동을 똑바로 하렴." 이렇게 조언할 때 쓰던 말인데 저 분이 선점해버렸네요.

여러분 여기서 중요한 포인트! 제목에는 저작권이 없습니다. 그 말은 무슨 뜻일까요? 여러분이 앞선 책의 제목과 똑같은 제목을 새 책에 써도 된다는 얘기예요. 근데 너무 똑같으면 알 만한 사람들은 다 비웃죠. "저 책은 카피한 건데?" "먼저 잘 팔린 책이 있는데 똑같이 썼네? 양심이 없나

봐." 이렇게 비웃음을 살 순 있죠. 하지만 원칙적으로는 그렇습니다.

그래서 《기분이 태도가 되지 않게》 이 책처럼 세간에 유행하는 말, 아직 책 제목으로는 쓰이지 않는 그런 표현을 여러분이 선점하시면 됩니다. 먼저 쓰는 사람이 임자입니다. 최근에 출간된 책 중에 《친절하게 웃어주면 결혼까지 생각하는 남자들》이 있어요. 이 제목도 굉장히 공감을 사죠? 정서적 급박성(원츠)에 잘 어필해서 판매도 잘되고 있어요.

독자의 마음을 위로해주는 걸로 필요성을 자극할 수도 있습니다. 우울증 때문에 《죽고 싶지만 떡볶이는 먹고 싶어》라는 기발한 표현으로 MZ세대의 마음에 공감과 위로를 이끌어낸 백세희 작가. 종합 1위 베스트셀러에 70만 부 정도 팔았죠. 초보 저자가 참으로 놀라운 결과를 이루어냈어요.

《아프니까 청춘이다》, "당신은 교수니까 안 아프겠지" 이렇게 비웃는 사람들도 있었지만 이 책도 무지 공감을 일으켜서 무려 100만 부가 팔렸잖아요. 역시나 잘 위로해주는 제목이죠.

격려해주는 제목도 있습니다. "신경 끄고 살아도 된다"는 취지의 《신경 끄기의 기술》. "나는 개인주의자로 살겠다"는 취지의 《개인주의자 선언》. 《나는 나로 살기로 했다》와 《애쓰지 않고 편안하게》 연작을 낸 김수현 씨. 그는 일러스트레이터인데 계속 이런 류의 제목으로 어필해서 좋은 반응을 이끌어내고 있죠.

정서적 급박성(원츠): 잠재독자의 뒤통수를 자꾸 잡아끄는

· 독자 마음을 대변해주는(공감)

- 《못 참는 아이 욱하는 부모》

- 《세상의 바보들에게 웃으면서 화내는 방법》

- 《적을 만들지 않는 대화법》

- 《무례한 사람에게 웃으며 대처하는 법》

- 《기분이 태도가 되지 않게》

- 《친절하게 웃어주면 결혼까지 생각하는 남자들》

· 독자 마음을 위로해주는(위로)

- 《죽고 싶지만 떡볶이는 먹고 싶어》(백세희)

- 《아프니까 청춘이다》(김난도)

· 독자 마음을 격려해주는(격려)

- 《신경 끄기의 기술》(마크 맨슨)

- 《개인주의자 선언》(문유석)

- 《나는 나로 살기로 했다》(김수현)

- 《애쓰지 않고 편안하게》(김수현)

호기심적 급박성

필요성에 어필한다의 마지막 호기심적 급박성입니다. "이게 도대체 뭐야?" "뭔 얘기를 하려는 거야?" 하고 궁금하게 해서 열어보게 하는 그런 제목을 의미합니다. 《영어공부 절대로 하지 마라》, 이 제목은 반어법이기 때문에 사람들이 궁금해서 열어보느라고 초대박이 났습니다. 일부러 센 주장을 해버린 거예요. "야, 하지 마!" 하는 식으로 말이죠. 저자인 정찬용 씨는 사실은 영어와는 상관이 없던 사람이죠. 건축 전공자로서 에버랜드 건축설계 도면 작업에 참여했던 사람이었어요.

이 책은 저자가 일종의 뇌피셜로 쓴 '이야기'예요. 사실은 스토리텔링 방식을 써서 만든 '영어공부 소설' 같은 원고였죠. "영어 잘하는 토익 만점자인 과장이 있었지. 그런데 토익점수 안 나오던 후배 여사원이 있었지." 이 둘의 대화를 소설처럼 쓴 거예요. 결국 이 책에서 말한 핵심 노하우라는 것은? 영어 잘하려면 영화 하나만 선택해 죽도록 파서 외우고 또 외워라 그러면 점수가 올라갈 거야." 이거였어요. 이 방법을 따랐더니 나중에 여직원의 토익 점수가 높게 나오는 것으로 해피엔딩되는 단순한 이야기에요.

《영어 공부 절대로 하지 마라》라는 책은 한마디로 저자가 지어낸 이야기였던 거죠. 본문 속 주장 자체도 사실 그렇게 특이한 내용은 없어요. 근데 제목 자체가 사람들에게 엄청난 호기심을 일으킨 거예요. 무슨 말인지 아시겠죠? '영어 공부를 아주 열심히 해도 어려운데, 하지 말라니 이게 무슨 말이야?' 하는 독자들의 궁금증을 일으키면서 선풍적인 인기를 끌었

어요. 판매부수는 100만 부를 넘겼어요. 제목이 주는 콘셉트의 힘이 주효했다고 봐요.

《꿈꾸는 다락방》, 이 제목도 "초라한 그 다락방에서 대체 무슨 꿈을 어떻게 꾼다는 거야?"라는 의문을 품게 해 이지성 씨를 스타덤에 올린 책이죠. 이지성이라는 작가가 이 책 내기 전까진 10년 동안 무명이었잖아요. 《해적들의 창업 이야기》, "창업은 창업인데 해적 방식으로 창업한다고?" 제법 궁금하게 지은 제목이잖아요. 그래서 저도 사봤습니다. 《마시멜로 이야기》, "마시멜로 가지고 뭐 한다는 얘기야?" 궁금증을 일으키죠. 《회사가 당신에게 알려주지 않는 50가지 비밀》, 회사가 당신에게 알려주지 않는 시크릿을 얘기하고 있으니까 이것도 굉장히 잘 팔렸어요. 50만 부가 넘었습니다. 《4개의 통장》이라는 책은 표지를 보면 "4개 통장으로 뭘 어떻게 한다고?" 이런 호기심을 자극하죠. 이렇게 독자의 호기심을 건드리면 통합니다.

설마? 진짜? 약간 의심을 사게 만드는 그런 제목도 괜찮습니다. 《칭찬은 고래도 춤추게 한다》나 《공부가 가장 쉬웠어요》처럼 쉽게 믿을 수 없는 주장을 한 경우 사람들이 책을 많이들 열어 봤죠. 장승수 저자는 나중에 변호사 돼서 개업한 후로 제가 직접 미팅한 적도 있습니다.《공부가 가장 어려웠어요》책도 있다고요? 그런 패러디도 있긴 한데 '공부가 가장 어려워서'는 절대 안 팔리죠. 왜요? 말이 평범하잖아요. 공부가 어렵다는 건 누구나 인정하는 상식이니까 너무 뻔하고 재미없죠. 아무 호기심도 일으키지 못하잖아요.

평범한 주장은 예를 들어 이런 거죠. '밥 먹으면 배부르다' '원숭이는 바나나를 좋아한다' 어때요? "우와, 너무 새롭죠?" 맞나요? "아아, 너무나 당연한 공자님 말씀 감사합니다."라는 반응이 더 어울릴 말이죠. 너무나 새로운 이 사실을 깨우쳐 주시다니 눈물이 날 지경이죠? 이런 뻔한 상식적인 말들이 평범한 주장이죠.

그런데 여러분의 원고도 실제로 이런 식이 많아요. 신경 안 쓰고 글을 쓰다 보면 너무 뻔하고 상식적인 말만 늘어놓고 있는 거죠. 그럼 '밥 먹으면 배부르다' '원숭이는 바나나를 좋아한다' 수준의 글밖에 안 되는 거예요. 하나마나 한 뻔한 말씀에 감동할 독자는 없어요. 그렇지만 여러분! 개가 사람을 물면 뉴스가 안 되지만 사람이 개를 물면 뉴스에 나오죠. 거꾸로 뒤집어야 해요. 화제성, 뉴스성은 어디서 시작돼요? 그 원리와 똑같아요.

평범하지 않은 사건으로 만들 때 뉴스가 되잖아요. 평범한 시각, 평범한 입장을 뒤집으세요. 예를 들어 책 제목 중에《나는 까칠하게 살기로 했다》이것도 특이하잖아요. 보통은 "나는 얌전하게 사람들과 잘 어울릴 거야." "적을 만들지 않을 거야." 이렇게 생각하죠. 근데 제목 자체가 까칠하게 살겠대요. 벌써 세지요?

　《합법적으로 세금 안 내는 110가지 방법》을 알려준다고? 이 책도 제목이 특이하잖아요? 일주일에 4시간만 일한다는 파격적인 주장을 최초로 제목으로 쓴《나는 4시간만 일한다》책은 이제 아주 고전반열에 올랐죠. 이 제목도 특이하니까 사람들이 많이 찾아보게 된 거고요. '4시간만'이라는 제목만 보고 읽고 싶어진다는 분들도 계세요. 제목 때문에 많이 팔았어요.《자본 없이 먼저 팔고 창업한다》이 제목도 특이하죠. 제가 기획한《목소리, 누구나 바꿀 수 있다!》도 "목소리를 바꾼다고? 화법을 바꾼다는 얘기는 들어봤는데…." 이 책도 사람들로 하여금 열어보게 만들어서 우지은 저자의 출세작이 됐습니다. 그 다음에 책을 서너 권 더 냈어요.

호기심적 급박성

· 이거 도대체 뭔데? 궁금하게 만드는 책

　-《영어공부 절대로 하지 마라》

　-《꿈꾸는 다락방》

　-《해적들의 창업 이야기》

- 《마시멜로 이야기》

- 《회사가 당신에게 알려주지 않는 50가지 비밀》

- 《4개의 통장》

· 설마? 진짜?? 열어보게 만드는 책

- 《칭찬은 고래도 춤추게 한다》

- 《공부가 가장 쉬웠어요》

- 《합법적으로 세금 안 내는 110가지 방법》

- 《나는 4시간만 일한다》

- 《나는 까칠하게 살기로 했다》

- 《나는 자본 없이 먼저 팔고 창업한다》

- 《목소리, 누구나 바꿀 수 있다!》

4. 단순성: 송곳처럼 만든 하이 콘셉트 하나가 있는가?

단순성입니다. 최종적으로는 단순하게 어필해야 된다는 얘기에요. 책은 콘셉트가 2개면 안 됩니다. 온리 원! 하나로 모아지는 게 좋습니다. "콘셉트는 송곳이어야 한다" "송곳이 뾰족하게 솟아 있어야 소비자의 심장을 관통한다" 저는 이렇게 비유합니다. 제가 만든 비유지만 참 그럴싸한 것 같아요.

대표적인 하나의 뾰족함을 가져야지, 내 책에 하고 싶은 말이 너무 많아서 이것도 주장하고 저것도 주장하고 하면 망한다는 얘기죠. 온리 원, 한 가지만 주장하세요. 한 가지만 주장할 때 책이 만 부 팔릴 게 10만 부가 팔립니다. 그런 사례가 《원씽》이라는 책이죠. 저도 인상 깊게 읽었어요. 여러 곳에 밑줄 치면서 읽었던 책이거든요. 이 책 자체가 "하나만 해라" "모든 일상생활도 그 하루에 할 수 있는 것 중에 가장 중요한 하나만 일단 처리하고 나서 그다음 나머지 것들secondary things을 해라" 이런 주장이거든요. 이 책의 표지나 제목

자체도 원씽 식으로 어필했기 때문에 꽤 많이 팔렸어요. 원씽이 원씽을 담고 있기 때문에 파급 효과가 컸던 셈이죠.

《배려》《경청》《마시멜로 이야기》 이런 책들이 다 원씽 메시지에요. 배려에 대해서만 주구장창 얘기하고 있고, 경청도 잘 들으라 이 얘기만 계속 얘기하고 있어요. 어린 아이들에게 마시멜로를 쥐어주고 15분 내에 안먹고 참으면 2개를 줄게. 단순한 이 얘기만 줄곧 하고 있는 거고요. 사실 내용이 그렇게 깊이 있지는 않아요. 근데 인내력에 대한 어떤 얘기를 마시멜로라는 걸로 상징해서 일관되게 밀어붙이는 그 원씽력으로 어마어마하게 팔았죠. 하나만 뾰족하게 솟아 있으면 잘 뚫을 수 있습니다.

원씽에 올인하라: 뾰족한 대표 송곳으로 갈아놓은 하이 콘셉트, 단 하나가 있는가?

- 《배려》,《경청》,《마시멜로 이야기》,《원씽》

5.대표성: 인상 깊은 대표짤 한두 장이 있는가?

콘셉트상 대표 이미지, 이 책 하면 떠오를

다음 히트 항목은 대표성입니다. 오랫동안 기억될 인상 깊은 대표 짤 한두 장, 이것도 중요합니다. 요즘에는 짤방이라고 하죠? 이런 게 통합니다.

《넛지》라는 책이 유명했죠.《넛지》콘셉트상의 대표 이미지가 파리예요.《넛지》책 하면 떠오르는 게 소변기 파리였어요. 왜 파리를 붙였냐? 이 책의 기반이 행동경제학 behavioral economics 이잖아요. 행동경제학에서 말하길 행동을 추동하는 방식은 설계에 의한 것이 돼야 한다. 미리 설계해놓은 그 넛지의 힘, 살짝 옆구리만 쿡 찔러서 상대가 원하는 방향으로 가게 하는 힘이 넛지죠.

파리를 남자 소변기에다 붙여놓으면 남자들이 어떻게 반응하나요? "아, 저거 혹시 진짜 파리 아니야?" 하면서 의식적으로 조준하면서 쏘게 돼요. 그러면 소변이 변기 밖으로 절대 새지 않죠. 그 원리, 그런 대표 이미지 짤로《넛지》가 전 세계적으로 소변기 파리 열풍을 일으켰잖아요. 원래 소변기 파리 이미지 활용은 그 전에도 있었어요. 근데《넛지》가 대표 사례 이미지로 언급하면서 소변기 파리 유행이 본격화됐어요. 그리고 책도 대박이 났어요.

근데 또 표지에도 대표 짤을 넣었죠. 엄마 코끼리가 아기 코끼리를 넛지 하고 있죠? 코끼리 코로 툭 "이쪽으로 가렴, 저쪽이 아니라" 하고 건드리고 있죠? 이게 바로 넛지라는 대표 이미지예요. 넛지는 세게 때리는 게 아니에요. 살짝 건드리는 거죠. 넛징nudging한다고 그래요. 대표 사례를 이미지화해서 책이 더욱더 넓게 유행을 탔죠. 그래서 교보문고에서 저 책에 실린 저 파리 소변기 이론에 따라 파리를 실제로 남자 소변기에 붙여놨었어요. 교보문고 광화문점부터 시작해서 책을 한참 팔 때 저도 여러 번 봤거든요. "와, 책 하나 때문에 여기 소변기에 파리까지 붙여놓고 교보문고도 참 대단하다!" 그랬거든요. 하여튼 대단한 열풍을 일으켰죠. 이게 짤방의 힘입니다.

그런데 이 책의 진실을 말하자면? 글이 꽤 어려워요(번역이 어렵게 된 건

지…). 다들 유명하다니까 책을 사본 거예요. 우리나라에서 수십 만 부가 팔렸는데 많은 구매자들이 사놓고도 끝까지 읽지 않았어요. 내용이 뭔지도 모르는 경우 많이 봤어요. 주변에 독자들 얘기를 들어보면 "넛지가 무슨 내용이에요?" 그러면 아무도 내용을 모르더라고요. 그래서 '와~ 이 책도 사놓기만 하고 거의 모셔놓는 책이구나' 싶었죠. 왜 고이 모셔놓는 책을 샀을까요? 대표성 이미지가 제대로 바이럴 됐기 때문이죠.

《부의 추월차선》도 책 표지에 추월차선을 실제로 그려놨잖아요? 이런 게 짤방 역할을 해요. 《누가 내 치즈를 옮겼을까?》 이건 치즈 이미지를 표지에 커다랗게 넣었죠. 《마시멜로 이야기》 표지에도 마시멜로가 크게 있고요.

표지상의 눈길을 휘어잡는 와우(WOW) 요소

《칭찬은 고래도 춤추게 한다》도 실제 고래가 꼬리를 파닥거리고 있는 이미지를 표지에 크게 넣었어요. 최근에 화제가 된 넷플릭스 창업 스토리

《규칙 없음》이라는 책이 있어요. 리드 헤이스팅스가 썼죠. 이 책은 넷플릭스 로고를 표지에다가 대문짝만하게 박아놨어요. 넷플릭스 영상 처음에 로고 시작하는 그 '따~당!' 하는 거 있잖아요? 책 표지에 그걸 따당하고 박아버린 거예요. 그랬더니 사람들이 "아이고 따~당!" 하면서 사버리는 거죠.

콘셉트상 대표 이미지: 이 책 하면 떠오르는 이미지

· 《넛지》, 소변기 파리

· 《부의 추월차선》, 추월차선

· 《누가 내 치즈를 옮겼을까?》, 치즈

· 《마시멜로 이야기》, 마시멜로

표지상의 눈길을 휘어잡는 와우(WOW) 요소

· 《넛지》, 새끼&어미 코끼리

· 《칭찬은 고래도 춤추게 한다》, 고래

· 《규칙 없음》, 넷플릭스 로고

첫눈은 사로잡고 뒷눈은 오래 기억되게

대표성 두 번째 항목은 '첫눈은 사로잡고 뒷눈은 오래 기억되게'입니다. 뭔가 뒤통수를 잡아당기는 그런 표지 말입니다. 표지에 있는 이미지가 뒤통수를 잡아끌면 좋아요. 뭔가 여운을 남기는 이미지. 처음 표지를 보자마자 시선을 머물게 만들고, 그걸 무시하고 그냥 가려고 하는데 자꾸 뒤통수를 잡아당기는 듯한 여운이 남는 이미지가 좋아요.

《멈추면 비로소 보이는 것들》, 저건 사실은 표지 이미지가 좋기도 하거니와 혜민이라는 저자의 이미지가 대다수 여성들의 뒤통수를 잡아당겼죠? 인물이 잘 생겼고 하버드잖아요. 우리나라 사람들이 꼬박 죽는 그 하버드. 저기다가 그 권위성을 또 쓴 거예요. 스님이라서 미혼인데 잘 생겼고 하버드야. 게임 끝났죠 뭐. 그래서 100만 부가 팔린 거예요. 표지도 깔끔하게 잘 냈어요. 지금은 출판사를 바꿨는데 원래는 쌤앤파커스에서 출간된 책이죠. 《아프니까 청춘이다》도 표지가 뭔가 아련하잖아요? 직접적이진 않아도 뭔가 아련하게 건드리죠. 시선이 머무르게 한 표지예요.

제가 기획한 《피터 드러커가 살린 의사들》도 피터 드러커가 제목에 크게 들어갔는데 의사 가운을 크게 넣어서 의사들이 절대 저 책을 무시 못하게 만들었죠. 자기 가운이 들어가 있는데 제목까지 재밌게 생겼으니까,

웬만한 의료계 종사자들이 다 사본 책이 됐어요. 이렇게 이미지를 깨끗하고 단순하게 유지해도 뭔가 오랫동안 잔상이 남는 그런 표지로 만들면 좋아요.

첫 눈은 사로잡고, 뒷눈은 오래 기억나게

- 《아프니까 청춘이다》
- 《피터 드러커가 살린 의사들》
- 《멈추면 비로소 보이는 것들》

6. 시류성: 현 시류보다 1.5보 정도 앞서가고 있는가?

그 다음 히트 포인트는 시류성입니다. 어떤 분이 질문해주셨습니다. "베스트셀러 콘셉트라는 건 결국 트렌드를 반영하는 건가요?"라고요. 꼭 그런 건 아닙니다. 그렇지만 시류를 반영하면 더욱 좋습니다. 다만 현재의 시류를 그대로 타지 말고 대략 현재보다 1.5보 앞서 가 있는 게 항상 더 좋습니다. 왜냐하면 원고가 다 탈고되고 책으로 나올 시점이면 시한이 점점 뒤로 밀리니까요. 그러니까 살짝 앞서서 쓰는 게 책 나올 때쯤에는 좋아요.

주제는 익숙하나 방식은 새롭게

《콘텐츠의 미래》라는 유명한 책이 있습니다. 우리나라에도 번역이 돼 있는데 이 책의 핵심이 뭐예요? 한마디로 '마야 법칙'이죠. 굉장히 중요한 용어입니다. 익숙한 주제인데 새롭게 내야 돼요. 이것도 굉장히 중요한 대목이어서 지금 하고 있는 전체 항목 중에 중요한 포인트 넘버 3 안에 들어요.

Maya란 "가장 최신의 것을 다루나most advanced 수용할 수 있어야 된다Yet acceptable"의 준말이에요. 새롭기는 하되 너무 앞서가서 "이거 전혀 무슨 말인지도 모르겠어." 하면 안 된단 얘기에요.

예를 들면, 새로운 인공지능 기술에 대한 책이라고 쳐요. 딥 러닝에 대해서 너무 앞서간 기술적인 내용으로만 범벅을 만들지 말란 소리에요. 새롭지만 뭔가 익숙했던 사건, 예를 들어 알파고와 이창호와의 대전에 비유하는 식이어야 해요. 익숙한 기존의 것에 비유해서 새로운 이론이나 개념을 설명해야 좋아요. 그게 바로 마야 법칙이에요.

콘텐츠 중에 뜨는 콘텐츠의 가장 큰 공통점은 마야 법칙을 따릅니다. '새롭지만 익숙하게 하라' 이게 핵심이에요. 책으로 치자면 첫 번째 방법은 주제는 익숙하지만 방식을 새롭게 하시면 돼요. 예를 들어 《김미경의 리부트》책을 보죠. 코로나 터지기 전이었다면 이 저자분이 늘 쓰던 대로 전형적인 자기계발서를 쓰고자 했겠죠. 그런데 갑자기 코로나가 터져버렸어요. 그래서 코로나를 주축에 두고 서술의 포인트를 새롭게 바꾼 거죠.

《아무튼, 술》, 술이라는 익숙한 소재를 이야기하긴 했는데 마치 소설이나 에세이 읽는 것처럼 너무 재밌게 써서 새로운 방식이 됐죠. 김혼비 저자의 이 책도 많이 팔렸어요.

《부의 추월차선》도 차선에 비유해서 "저축만 하면 100~300년 걸릴 당신의 30억 자산 쌓기가 추월차선 방식으로 하면 3년만 해도 가능하다" 이런 걸 주장하는 거예요. 주제는 재

테크이나 제시하는 방식을 새롭게 한 거죠.

《잉글리시 리스타트》라는 책도 50년 전에 한 번 나왔는데 당시엔 묻혔어요. 독자 반응이 없었다고요. 그 내용을 다시 포장해서 '새로운 성인용 영어 그림책'처럼 어필했더니 대박이 났어요.

제 책《나비효과 영문법》도 기존의 영문법 책들과 설명하는 방식이 많이 달라요. 저는 무조건 중요한 핵심 개념 세 개 이내로만 통합시켜서 설명했어요. 방식을 새롭게 한 거죠. 결과는 베스트셀러 1위를 했고요.

15년이 지나도 여전히 팬심이 살아있는《나비효과 영문법》책

그 뒤 제가 다시 낸 책《우주에서 제일 쉬운 영어책》. 앞의 제 전작을 더쉽게 설명해서 영어 베스트셀러 1등은 물론 종합 베스트셀러까지 했어요. 초등학교 5학년도 이해할 수 있게 썼죠. 그랬더니 정말 아이들이 저에게 감사 편지를 보내더라고요. "너무 재밌게 읽었습니다." "중학교에 들어가기 전에 이 책을 봐서 너무 다행이에요." 나중에 제 SNS 친구 중에 그렇게 편지 보냈던 아이 아버지가 있더라고요. "저희 아이가 어렸을 때 이 책을 보고 레오짱님의 엄청 팬이 되었는데 저랑 페친인지 몰랐어요!"라고요.

제가 쓴 책 중에 《한토막 논어》《한토막 명심보감》《한토막 손자병법》 3권 세트 시리즈가 있어요. 이 3권은 동시에(세트로) 종합 베스트셀러 1등까지 했거든요. 이 시리즈가 왜 잘 팔렸냐면 제가 방식을 새롭게 한 거예요. 기본적으로 《논어》,《명심보감》,《손자병법》은 고전 중에 고전으로 너무나 익숙한 주제죠. 하지만 저는 그걸 새로운 방식으로 바꾼 거예요. 《논어》 책에 영어를 넣은 거 상상이나 되세요? 한자-한글 번역-영어-해설까지 붙인 거예요. 이 새로운 방식으로 전혀 다르게 어필했기 때문에 반응이 아주 뜨거웠습니다. 방식이 새로웠죠.

《누가 내 치즈를 옮겼을까?》는 변화에 대한 자기계발서인데 형식을 스토리텔링으로 바꿨죠. 《더 해빙》은 '운'이라는 엄청 오래된 주제를 다뤘는데, 마치 새로운 과학적인 이론인 것처럼 포장을 다시 한 거죠. 《시크릿》류의 책이라고 평가하는 사람이 많아요.

《피터 드러커가 살린 의사들》은 제가 21세기북스 편집장으로 일할 때 담당해 내드렸던 책입니다. 이 책은 피터 드러커라는 경영학 구루를 가져다가 병원 경영에 빗대어 썼죠. 기존의 병원 경영 책들은 하나 같이 굉장히 딱딱하고 재미없었어요. 그런데 피터 드러커라는 경영학 이론에 비유해서 말랑하고 재미있게 출간했더니 많은 의사와 병원 종사자들이 엄청 봤어요. 병원 경영이라는 익숙한 주제를 피터 드러커라는 새로운 방식으로 서술해낸 거죠.

주제는 익숙하나 방식은 새롭게

• 《김미경의 리부트》, 코로나로 멈춘 나를 다시 일으켜 세우는 법

- 《아무튼, 술》

- 《부의 추월차선》

- 잉글리시 리스타트》

- 《나비효과 영문법》(레오짱)

- 《우주에서 제일 쉬운 영어책》(레오짱)

- 《한토막 논어》,《명심보감》,《손자병법》 세트(레오짱)

- 《누가 내 치즈를 옮겼을까?》

- 《더 해빙》

- 《피터 드러커가 살린 의사들》

주제는 새로우나 방식이 익숙하게

이번엔 거꾸로 주제는 새롭지만 방식이 익숙하면 됩니다. 아무튼 시리즈가 요즘에 잘 나가고 있죠.《아무튼, 하루끼》 책을 보세요. 하루끼라는 인물 자체만 다룬 주제는 새롭죠. 하지만 방식은 익숙한 에세이 구성법을 따르고 있어요.《아무튼, 문구》, 국내 저자가 문구류만 집중적으로 다루는 책이라는 게 새롭죠.《아무튼, 떡볶이》처럼 떡볶이만 책으로 한 권을 묶는다는 것도 새롭잖아요. 근데 이 책들의 서술 방식은 익숙해요.

《티핑 포인트》《아웃라이어》를 쓴 말콤 글래드웰은 이렇게 주제는 새로우나 익숙한 자기계발서 방식으로 집필하죠. 이 사람이 전개하는 서술 문법은 예전과 똑같아요. 통계 대고 그다음에 예외는 어떻고 하는 전형적인 구성법을 따르죠. 주제는 새로우나 방식을 익숙하게 하는 저자죠.

《아주 작은 습관의 힘》책도 그래요. 기존에
는 다 습관을 큰 대상으로서 얘기했다면 이 책
의 경우는 아주 작은 습관atomic habits이라고 해
서 최소한의 습관을 얘기하죠. 하루에 매일 팔
굽혀펴기를 30개씩 하는 게 아니라 오늘의 달
성 목표는 그냥 팔굽혀펴기 하나에요. 이렇게
작게 목표를 잡으면 매일 할 수 있다는 식이

죠. 작은 습관만 집중적으로 다뤘죠. 그렇지만 역시나 서술 방식은 거의
비슷해요.

주제는 새로우나 방식이 익숙하게

- 《아무튼, 하루키》

- 《아무튼, 문구》

- 《아무튼, 떡볶이》

- 《티핑 포인트》

- 《아웃라이어》

- 《룬샷》

- 《아주 작은 습관의 힘》

- 《나도 번역 한번 해볼까》

과거/현재에만 머무르지 않는 미래성

시류성 세 번째에요. 신간이 너무 과거 얘기만 하거나 현재 당면한 문제만 얘기하면 인기가 없어요. 조만간 이런 트렌드가 펼쳐질 거야. 이런 걸 알려주는 책들이 인기가 많아요.

미래성이 중요하다 말씀드렸죠? 과거 현재에 머무르지 않고 미래까지 다루는 게 좋아요. 왜냐하면 여러분이 지금 쓰는 원고가 책으로 나오려면 출판사에 투고해야 하죠. 투고해서 계약하는 데만도 보통은 1~2개월 이상은 걸리고요. 계약이 됐어도 책으로 인쇄돼서 서점에 깔리려면 추가 3~4개월은 잡아야 돼요. 그렇게 모든 시간을 고려하면 최소 6개월은 걸린다는 얘기잖아요. 지금 원고를 모두 넘겨도 6개월 후에나 선보인단 뜻이에요. 그러니 지금 쓰는 원고가 6개월 후에 뒤떨어져 보이지 않아야 돼요.

그러려면 약간 앞서가야 돼요. 지금 쓰고 있는 시점보다 1.5보 정도 미리 앞으로 나가면서 쓰셔야 해요. "이런 게 각광받을 것이다"까지도 좀 다뤄줘야합니다. 신사임당(본명 주언규)이라는 유튜버의 《킵 고잉》이라는 책이 그렇게 쓴 책이에요. 요즘 소상공인들이나 1인 기업이 온라인으로 돈 버는 트렌드를 선제적으로 담고 있거든요. 저도 읽어봤는데 재밌더라고요. 약간 미래적으로 앞서가는 트렌드를 많이 담고 있어서 괜찮았어요. 《김미경의 리부트》도 마찬가지였고, 《코로나 사피엔스》도 코로나 시대에 앞으로 어떻게 하는 게 좋겠다는 담론을 담아 미래성을 확보했죠. 90년대생의 출연을 말한 《90년생이 온다》도 약간 앞서가는 소개를 한 셈이죠.

과거/현재에 머무르지 않는 미래성 여부

· 《킵 고잉》, 주언규 신사임당

· 《김미경의 리부트》, 김미경

· 《코로나 사피엔스》, 최재천 외 공저

· 《90년생이 온다》, 임홍택

7. 용이성: 초5도 바로 이해할 만큼 쉽고 재밌게 쓰여졌는가?

얼마나 쉽게 쓰는가 하는 거예요. 강우석 감독이 흥행 영화 히트메이커로 유명했죠. "천만 영화를 어떻게 만듭니까?"라고 기자들이 물어보면 강 감독님이 예전엔 이렇게 대답했어요. "천만 영화는 중학교 2학년 학생도 바로 이해하는 영화여야 합니다. 중2가 신나서 극장에 또 보러 가자, 이렇게 할 정도로 쉽고 재밌는 영화를 만들면 됩니다"라고 했거든요. 그래서 예전엔 대중서의 난이도를 풀이하는 수준도 중학교 2학년에 맞춰서 내곤 했어요.

그런데 요즘에는 상황이 달라졌죠. 애들이 성숙되고 스마트폰으로 웬만한 정보를 다 아니까 초등학교 5학년 정도로 내려야 돼요. 여러분이 성인용 책을 쓰더라도 초등학교 5학년도 이해할 만큼 쉽고 재미있게 쓰는가를 체크해보셔야 돼요. 기본적으로 모든 책은 쉽고 재미있게 써야 돼요. 같은 원고를 쓰더라도 그냥 쓰지 말고 이 세 가지 기준에 맞춰 쓰세요. 제가 여기 제시한 이 세 가지 기준 정도는 들어가야 인기 있는 원고가 돼요.

첫째, 일단은 쉽고 잘 읽혀야 합니다. 쉽고 잘 읽히려면 논문체로 딱딱

한 학문적인 말 쓰지 마세요. 반드시 일상어로 하세요. 중요한 포인트는 만연체로 길게 늘여 쓰면 안 된다입니다. 단문으로 다 끊어 쓰라는 얘기에요. 끊어 치면 굉장히 힘이 생겨요. 똑같은 내용인데도 굉장히 힘이 있어 보여요. 사실 간단한 건데 이걸 몰라서 문장을 질질 끄는 사람이 많아요. "똑같은 내용인데도 왜 저 사람 글은 이렇게 재미가 없지?" 늘어지는 내용들은 만연체입니다.

둘째, 책을 중급자 상급자용으로 쓰시면 절대 안 돼요. 모든 책은 입문자용으로 쓰셔야 돼요. 입문자도 읽기 좋은지 그 말은 최대한 풀어줘라, 풀이를 많이 하라는 뜻이에요. 친절하게요. 레오짱이 그래서 왕 친절합니다. 만약 내가 엄청 어려운 블록체인 주제의 책을 쓰더라도 입문자들을 위한 책처럼 쉽게 쓰면 고급자들도 다 좋아하면서 그 책을 봐요. 해제나 풀이를 잘해줘야 된다는 얘기예요.

마지막으로 잘 팔리는 책이 되려면 재미있게 써야 돼요. 재미있게 쓰는 핵심은 뭐예요? 비유를 많이 하면 돼요. 아까 제가 벼리라고 비유했던 것처럼요. 제가 또 8020 법칙에서 머리와 몸의 상관관계로 비유를 들었죠. 이게 쉽게 만들기 위한 여러 가지 장치예요. 같은 표현이라도 있는 그대로 "a는 b다"라고만 하지 마세요. 비유를 들어서 하시면 설명이 훨씬 재미있어집니다.

이왕이면 유머러스하게 표현해보세요. "어떤 상황에서도 유머를 사용하는 것을 두려워 마라(Don't be afraid to use your humors)!" 명 사회자로 유명했던 래리 킹이 쇼를 재미있게 이끌어가기 위해 꼭 필요한 요소로 자주 강조했던 요령이에요. 아무리 엄숙한 주제라도 유머 쓰는 것을 두려워

하지 마세요. 그리고 예시를 많이 드세요. 글이 생동감 있어지려면 예시가 핵심이에요. 책이 재미있어지려면 주장만 하시면 절대 안 돼요. 예시를 풍부하게 담고 있으면 같은 주제의 책이라도 훨씬 내용이 재미있어져요.

초5도 바로 이해할 만큼 쉽고 재밌게 쓰여졌는가?

• 쉽고 잘 읽히는지 여부(일상어, 단문화)

• 입문자도 읽기 좋은지 여부(해제, 풀이)

• 재밌게 썼는지 여부(비유, 유머, 예시)

8. 활동성: 나는 마이크로 인플루언서 이상인가?

이제 히트 항목의 거의 마지막인데 활동성이 중요합니다. 베스트셀러 저자가 되려면 최소한 마이크로 인플루언서 이상이 되면 일단 매우 유리해집니다. 출판사에서도 계약을 잘해주고요. 마이크로를 쓴 것은 영향력은 조그맣지만 나름대로 바이럴 효과를 일으킨다는 의미잖아요.

팔로워 혹은 구독자 1만 명 이하를 우리가 마이크로 인플루언서라고 하죠. 1천 명 이상에서 1만 명 사이에요. 이 정도만 돼도 어느 정도 바이럴 효과를 일으킬 수 있습니다. 특히 첫 책을 낸다 그러면 어느 정도 움직여 줍니다. 사람들이 축하 차원에서라도 구매를 해줘요. "축하해요. 그동안 쭉 봐왔는데 첫 책이라니 의리 구매 안 할 수 없죠!" 대부분 이렇게 나오거든요. 그러면 초판 2쇄 3쇄 정도는 가뿐히 소화하는 경우도 제법 많더라고요.

일단 현재 활동성이 높아야 돼요. 이 활동성이라는 것은 식물처럼 굴지 않기(Don't be a plant), 동물이 되기(Be an animal!)가 중요해요. 식물처럼 굴지 마세요. 피동적이면 안 돼요. 뭐든지 주도성을 가지고 임하셔야 해요. 뭔가를 하더라도 수동적으로 하지 말고 "여러분 뭐 해봅시다. 제가 이런 이벤트 할 건데요."라고 막 떠들기도 하고 그래야 돼요. 본인이 주도성을 갖는 게 활동성입니다.

가장 중요한 건 이겁니다. 초반 마케팅에서 저자가 할 수 있는 키포인트는 뭐냐면 첫 3개월, 이게 굉장히 중요해요. 첫 3개월간 딴눈 팔지 않고 집중하셔야 해요. 온전하게 이 3개월은 내 책 홍보 마케팅에 헌신하겠다는 각오가 돼 있어야 해요. 근데 대부분 사람들은 안 그래요. 굉장히 체면을 차려요. 그래서 자기 첫 책이 나왔는데도 "아, 이거 내 책 나왔다고 직접 떠들기도 민망한데 네가 대신 좀 올려주지?" 뭐 이러고 있어요. 그러면 망하는 거예요. 싹수가 벌써 노랗습니다. 그렇게 하시면 안 돼요. 첫 3개월만큼은 얼굴에 철판을 까셔야 돼요. "여러분 제가 무료로도 해드릴 테니까 강연에 초빙해주세요. 또 제가 소소하지만 자체 이벤트도 해보려고 합니다." "제 책 구매 인증해주시면 스타벅스 커피 쏘겠습니다. 세트로는 곤란하고 한 잔짜리 뭐 이런 거요."

또 바이럴이라고 본인이 만든 책의 좋은 구절 등을 카드뉴스 형태로 만들어서 계속 연재한다든가 블로그나 SNS에 책의 일부 내용을 연재할 수 있어요. 이걸 첫 세 달 정도는 계속해야 됩니다. 체면 차리다가 처음 석 달간 이런 활동을 안 하면 김이 팍 새버려요. 이거 굉장히 중요한 얘기에요. 처음에 책이 나왔을 때 최소 1~2주 동안이라도 집중적으로 저자가 홍보에 적극 나서야 합니다.

여러분 우물물 기를 때 마중물이라는 거 아시죠? 우물물을 오랫동안 안 기르고 있으면 공기가 다 빠져서 그냥 펌프질 하면 절대 물이 안 올라와요. 진공 상태가 돼야 물이 올라오잖아요. 그래서 다시 약간의 마중물을 부어서 우물을 일시적으로 다시 진공 상태로 만들어야 펌프질 할 때 물이 올라오죠. 이 원리예요. 책이 갓 나오고 나서 뛰는 활동은 곧 마중물을 붓는 거예요. 이 마중물 활동 없이 가만히 있다가 나중에야 "가만히 있긴 좀 뭐 한데…" 하고 한 달 뒤, 두 달 뒤에나 "이제 좀 움직여 볼까?" 이러면 이미 게임 끝나요! 김이 이미 팍 새버린 거예요. 더 이상 아무 것도 뜨거워지지 않아요. '뜨거울 때 철을 때려라(Hit the iron when it's hot)' 그 말이 진리입니다. 여러분! 뜨겁던 쇠가 다 식어서 딴딴해져버린 뒤엔 때려봐야 주물이 돼요? 안 되죠. 모양이 안 만들어집니다.

그런데 사실 본인이 마이크로 인플루언서 아닌 사람이 더 많죠. 아니라면 최소한 그런 사람들이랑 친하게 지내놓으셔야 돼요. 마이크로 인플루언서랑 제휴를 얘기할 수 있어야 돼요. 예를 들면, 제가 최근에 본 사람 중에 아주 기똥찬 사례가 있어요. 본인이 당시 50만 유튜버였던 신사임당 채널에 갑자기 연락을 한 거예요. 지인도 아니었어요. 그런데 자기가 책(그것도 자비출판) 냈다고 여기 채널에 한번 출연하고 싶다고 얘기했어요. 그냥 들이민 거예요. 어떻게 됐을까요? 출연하게 됐어요! 그 다음부터 이 분(주부) 엄청 잘 나가요.

당장 쌓아놓은 친분이 없더라도 들이대기 작전, 그런 것도 통할 때가 있습니다. 인플루언서가 추천하면 굉장한 광고 효과가 있거든요. 책을 소개해주거나 그 사람 채널에 출연하거나 하면 영향력이 많이 생깁니다. 한번 인플루언서 채널에 출연함으로써 자기도 마이크로 인플루언서가 되더라고요. 갑자기 돼버려요. 그 전에는 참 미미한 존재였는데요.

이 사람은 지금 자기 팬들이 많이 생겼어요. 수백 명은 생긴 것 같아요. 그러자 자기 오픈 채팅방을 별도로 운영하기 시작하더라고요. 그리고 거기서 얇은 PDF 파일을 유료로 팔고 있어요. 불과 몇 개월 전에는 완전히 피라미였는데 어떻게 3개월 만에 저렇게 많은 팬이 생겼을까요? 인플루언서에게 제안하는 용기를 발휘했기 때문이죠.

이 분이 평범한 주부거든요. 게다가 아이가 아파서 운신이 좀 자유롭지 않아요. 근데 역으로 그걸 어필한 거예요. "제 아이가 아픈데도 저는 이렇게 자기계발에 매진했고, 부업을 열심히 해서 작은 성과를 거뒀다. 이 얘기를 하고 싶다." 그랬더니 신사임당이 오케이한 거였죠. 출연해서 1시간 정도 떠든 거예요. 그랬더니 사람들이 갑자기 "인스타가 어디예요?" "계정이 뭐예요. 알려주세요." "오픈 채팅방도 하신다면서요. 어디로 들어가면 돼요?" 그래서 갑자기 팔로우가 확 늘어버렸어요. 이런 방식도 있어요.

인플루언서의 어깨에 올라서는 방법인 셈이죠. 그러려면 거인의 어깨 위에 다 가설 정도까지는 본인이 용기를 내는 노력을 해야겠죠? "저기요. 거인님? 똑똑똑! 그 어깨에 제가 잠깐 올라가 봐도 될까요?"라고 말할 수 있는 뻔뻔함 혹은 '들이대 정신' 정도는 있어야 돼요. 본인이 거인이 되지 못하는 이상 그렇죠. 이 주부 작가처럼 거인의 어깨에 얹히는 용감한 들이대 정신 이런 게 필요합니다. 어떤 식으로든 마이크로 인플루언서 이상의 활동성이 있어야 요즘에는 책이 팔립니다.

현재의 영향력

- 현재의 활동성

- 피동성 X, 주도성 O

- 식물처럼 굴지 않기, 동물이 되기

출간 직후 3개월간의 '온전한 헌신' 각오 여부

- 강연회

- 이벤트

- 바이럴, 연재

아직 아니라면, 인플루언서와 친하게 제휴를 논할 수 있는가?

- 인플루언서 추천, 소개, 출연

9.확장성: 규모를 키울 수 있겠는가?

마지막 히트 항목은 확장성이 있는가? 스케일러블scalable한가 여부에요. 확장성이 있으면 뭐가 좋을까요? 한번 베스트셀러가 되면 엄청 큰 규모의 빅셀러가 될 수 있어서 말씀드리는 거예요. 확장성이 보장된다면 책으로도 정말 큰 돈을 벌 수 있죠(10억~100억 사이도 가능).

스케일scale은 '규모'라는 뜻의 영어죠. 근데 스케일러블은 '규모'의 형용사형이에요. 즉, '규모가 늘어날 수 있는'이라는 뜻이죠. 확장 가능성scalability은 구글에서 신규 사업을 판단할 때 굉장히 중요한 기준으로 삼는 거예요. "그게 과연 스케일러블 하냐(Is that scalable)?" 그 사업의 BMbusiness model이 스케일러블한가를 굉장히 따져요. "이 사업 모델이 나중에 더 커질 수 있어? 이건 1000명짜리용 비즈니스야, 아니면 나중에 커지면 10만 명까지도 커질 수 있는 비즈니스야?" 이런 거 물어보는 게 스케일러블한가를 체크하는 거거든요.

그런데 책에서는 꼭 필요 사항은 아니에요. 스케일러블 하면 더 좋다는 거지, 모든 책이 다 스케일러블 해야 된다는 뜻은 아니에요. 있으면 좋다예요. 그냥 덤이에요 덤.

확장 가능성이라고 해서 독자 타깃팅을 할 때 '모두가 보는 책'이라고 설정하면 안 돼요. 오히려 역설적으로 콕 집어서 한 명에게만 말하듯이 해야 좋죠. 일단 스케일러블을 따지기 전에 핵심 타깃부터 명확하게 하면 이게 나중에 자연스럽게 확장이 됩니다. 대부분 책은 확장이 가능해요. 예를 들어 12살만 딱 꼬집어서 제목을 잡은 《12살에 부자가 된 키라》가 그래요. 12살만 콕 찍었다고 해서 13살이 안 본 게 아니에요. 부모들도 다 사봤고요. 여러 사람들이 다 사봤습니다. 제가 기획했던 《20대, 나만의 무대를 세워라》도 20대만 본 경우가 아니에요. 실제로는 30대도 봤고요. 10대도 봤어요. 이런 식으로 다 확장이 돼요.

그런데 대부분의 실수하는 저자들은 "2030 다 봐라!" 아니면 "30대는 물론 40대까지 보라고 할까?" 그래서 2040을 위한 책으로 만들면 망하시는 거예요. 10년 전에도 20대만 콕 찍었잖아요? 지금은 시장이 더 세분화되고 있으니 더 좁히는 게 좋죠. 《23세, 나만의 무대를 세워라》 이렇게 해도 돼요. 이렇게 좁혀서 콕 짚는 게 더 좋아요. 《언니의 독설》도 콕 찝어서 '흔들리는 30대를 위한 책'이라고 부제를 좁혀 달았잖아요? 그래도 40대도 봤고 20대도 봤어요. 결과적으로 50만 부 이상 팔렸습니다.

《배려》는 《어린이를 위한 배려》 시리즈로도 확장돼 나왔고, 《경청》도 그랬고요. 《마시멜로 이야기》도 성인용이 대박이 나니까 《어린이 마시멜로 이야기》로도 나와서 좋은 반응을 얻었어요.

왜 저렇게 제목을 콕 찍는 게 중요하다고 했죠? 콕 집어서 핵심 독자를 정하면 원고를 쓸 때 그 한 사람에게만 말하는 생생한 톤 앤 매너 말투가 만들어지

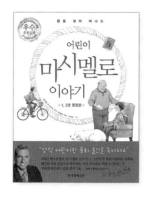

기 때문이에요. 굉장히 중요한 부분이에요. 그러면 자연스러운 말투로 계속 퐁퐁 샘솟는 아이디어로 원고를 서술할 수 있게 돼요. 그게 아니라 "내 책은 모든 사람이 다 볼 수 있도록 타깃을 모든 사람으로 할래!"라고 선언하면? 글이 굉장히 모호하게 써져요. "앞에 한 명만 있다고 생각하고 떠들어라" 이 원리예요. 그래서 실제로 여러분이 원고를 쓸 땐 이렇게 하세요. 자기가 가장 중시하는 예비 독자 그 사람 얼굴 사진까지 갖고 있으면 좋아요. '내 주변의 이 사람은 이 책의 핵심 독자일 것 같아'라고 생각되면, 그 사람 얼굴을 프린트해서 모니터 옆에 붙여놓고 글을 쓰세요. 그렇게 하면 진짜 글이 생생해져요. 저도 그렇게 많이 했거든요. 그러면 자연스럽게 서브 타깃으로 또 확장이 잘 되더라고요. 책의 타깃을 아무리 한정지어놔도 일단 베스트셀러가 되면 다 확장할 수 있는 방법이 생기니 안심하고 타깃을 좁히세요.

핵심 타깃 명중성(콕 집어 1명에게만 말하듯)

- 《12살에 부자가 된 키라》
- 《20대, 나만의 무대를 세워라》
- 《꿈이 있는 아내는 늙지 않는다》
- 《언니의 독설》, 흔들리는 30대를 위한

서브 타깃 관통성/확장성

- 《배려》, 《어린이를 위한 배려》

- 《경청》, 《어린이를 위한 경청》

- 《마시멜로 이야기》, 《어린이 마시멜로 이야기》

OSMU 가능성

스케일러블한가를 따지는 진짜 이유는 원소스 멀티 유즈로 확장이 가능하기 때문이죠. 진짜 스케일러블하게 영화나 연극이나 뮤지컬로도 팔고 싶으면 스토리텔링이 있어야 돼요. OSMU라고 부르는 원소스 멀티 유즈가 가능하려면 그 책에 스토리가 있어야 돼요. 소설책 혹은 소설에 준하는 이야기 책, 우화나 웹툰에 준하는 스토리들이 필요하죠. 동화나 만화의 대본도 가능하고요. 스토리텔링을 할 수 있는 것들이면 다 OSMU가 돼요.

그 책에 스토리가 있으면 확장을 어디로든 할 수 있죠. 연극으로도 팔고 영화로도 팔고 뮤지컬로도 팔고 심지어 게임기로도 팔고 도시락 통으로도 팔고 연필자루로도 팔고 모든 형태로 다 팔 수 있게 돼요. 그래서 이런 시리즈 하나로 제법 많은 출판사들이 건물을 세웠어요. 《그리스 로마 신화》 학습 만화 시리즈도 그랬죠. 《마법천자문》도 파주에 있는 21세기북스 출판사의 빌딩을 세워준 시리즈죠. 예를 들어 《마법천자문》은 연극으로도 팔렸고 TV 드라마로도 팔렸고 애니메이션으로도 팔려서 그렇게 된 거예요. 《구름빵》도 마찬가지에요.

《7년의 밤》도 영화로 나왔고, 《완득이》도 영화화됐고, 《우리들의 행복

인기 웹툰 <이태원 클라쓰>가 책으로도 출간됨

《7년의 밤》소설은 영화로 제작됨

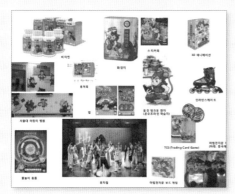

《마법천자문》은 연극, TV 드라마, 애니메이션으로도 제작됨

멀티유즈로 다양하게 뻗어나간《구름빵》

한 시간》공지영 씨의 소설도 그랬죠.《미생》은 뭐 말할 것도 없죠.《미생》은 제가 몸담았던 위즈덤하우스에서 한 기획위원이 주축이 돼 기획한 책이에요. 처음에 "바둑 만화를 하겠다." 그래서 다들 비웃었어요. "바둑도 지루한데 그걸 누가 만화로 보고 있냐?" 그런데 바둑 자체에 대한 이야기가 아니라 바둑으로 좌절한 한 청년의 성장 스토리로 푸니까 반응이 뜨거웠죠. 나중에 드라마화까지 되고 나서 더 폭발적인 인기를 끌었죠. '우리는 미생인가 완생인가?' 이런 용어도 유행했고 빙그레도 아닌 장그레가 사랑받는 캐릭터가 됐고요.

《은밀하게 위대하게》도 영화로 만들어졌고,《이태원 클라쓰》도 웹툰이었는데 나중에 책으로도 묶여져 나왔고 드라마도 만들어져서 뜨거운 인기를 얻었죠 이런 모든 사례가 책 속에 확장성이 있었기 때문에 펼쳐진 현상이죠. 특히 OSMU가 본격 가능하려면 스토리를 가지고 있어야 한다는 걸 명심하세요. 스토리가 확장성의 핵심입니다. 히트 공식 이상 끝!

분류	전체 질문	세부 질문	o / x
차별성	이 주제로는 내가 최초인가? 전혀 다른 구성인가? 압도적인가?	최초, 최고, 유일, 희귀 여부 중 하나 이상에 해당하는가?	
		전혀 다른 구성 여부:경쟁상품과 뚜렷이 차별되는 강점 포인트를 찾았는가?	
		압도 여부: 충분한 내공을 응축하고 또 응축한 내용인가?	
		남이 카피하기에 진입장벽이 높이 쌓여 있는가?	
신뢰성	나는 이 주제에 신뢰할 만한 사람인가?	나는 이 주제에 신뢰성을 갖고 있는가?	
		나는 이 주제에 신뢰성을 갖고 있는가?	
		기타 검증 가능한 증명들이 있는가?	
단순성	뾰족한 대표 송곳으로 갈아놓은 하이 콘셉트 단 하나가 있는가?	단 1개의 대표 송곳으로 갈아놓았는가?	
필요성	잠재독자들에게 급박하게 필요한가?	목적적 급박성(니즈)에 소구하는가?	
		정서적 급박성(원츠)에 소구하는가?	
		호기심적 급박성에 소구하는가?	
시류성	시류를 타는가, 아니면 시류보다 1.5보 앞서가고 있는가?	주제는 익숙하나 방식이 새로운가?	
		주제는 새로우나 방식이 익숙한가?	
		과거/현재에 머무르지 않는 미래성을 확보하고 있는가?	
용이성	초5도 바로 보고 이해할 만큼 쉽고 재밌게 쓰여졌는가?	쉽고 잘 읽히게 쓰여 있는가? (일상어, 단문화)	
		입문자도 읽기 좋게 풀어 썼는가? (해제, 풀이)	
		재밌게 썼는가? (비유, 유머, 예시)	
활동성	나는 마이크로 인플루언서 이상인가?	나의 현재 영향력은 1천~1만 팔로워 이상에 해당하는가?	
		아직 아니라면, 인플루언서와 친하게 제휴를 논할 수 있는가?	
		출간 직후 3개월간 '온전하게 헌신'할 각오를 했는가?	
대표성	오래오래 기억될 인상 깊은 대표짤 1~2장이 있는가?	이 책하면 떠오를 대표짤이 있는가?	
		표지에 눈길을 휘어잡는 WOW 요소를 확보했는가?	
		첫눈은 사로잡고, 뒷눈은 오래 기억날 이미지가 있는가?	
확장성	Scalable한가?	콕 집어 1명에게만 말하듯 하고 있는가? (핵심 타깃)	
		서브 타깃으로 확장 가능한가? (서브 타깃)	
		OSMU로 확장 가능한가?	

총정리 및
특히 중요한 4가지

자, 정리해보겠습니다. **차별성** 항목에선 이런 걸 얘기했죠. 이 주제론 최초인가. 아니면 전혀 구성을 다르게 했거나 압도적인가? 최초이거나 최고이거나 유일하거나 희귀하거나. 그거 하나 이상에 해당돼야 좋아요. 지금 새롭게 "뭔가 내 책을 기획해볼래"라고 생각하셨다면 이 체크리스트에 하나씩 대입해보면서 내 기획을 체크해보세요. 각 항목의 몇 개가 해당되는지. 그래서 동그라미가 많이 나오면 히트할 가능성이 굉장히 높은 거예요. 별로 없다면 자신의 기획을 바꾸거나 달리 해보셔야 돼요. 전혀 다른 구성을 생각해본다든지 남이 카피하기에 어려운 자기만의 이론 체계를 새로 만들 것인지를 고민해보셔야 하죠.

신뢰성도 중요했죠. 이 주제에 관해서 내가 믿을 만한가. 전문성이 있거나 기타 검증 가능한 증명들이 있는가? 아까 오래된 경험이나 특이한 실험 같은 것들을 예로 들었죠.

단순성은 대표 송곳을 기억하시면 돼요. 하이 콘셉트 개념이 중요하다는 얘기였죠. 그 후에 말한 대표 이미지(대표 짤) 여부와는 조금 다른 얘기에요. 이건 메시지적으로 대표적인 콘셉트가 하나로 잘 모아졌는지를 말하는 거죠. 빙산에서 위로 뾰족하게 솟은 단 하나의 메시지가 있는가 여부입니다.

대표성은 이미지적 대표성을 뜻해요. 아까 하이 콘셉트의 원씽은 메시지로서의 원씽이었다면 지금은 대표 짤방 한두 개를 마련할 수 있는 방법을 찾아보면 좋다는 거죠. 이건 필수는 아니에요. 있으면 책이 히트하는 데 훨씬 도움이 돼요. 이 책 하면 떠오를 대표 짤, 혹은 와우 하게 하는 이미지나 오래 잔상이 남는 이미지를 갖고 있는 게 좋습니다.

필요성 부분. 필요성은 잠재 독자들에게 급박하게 필요한가를 묻는 항목이었죠. 3가지 소구 포인트가 있었고요(소구는 '어필한다'는 얘기죠). 목적적 니즈에 소구하는지, 정서적 원츠에 수고하는지, 호기심적으로 궁금하게 만드는지 등을 말씀드렸죠. 뭔가 왠지 뒤통수를 잡아당기거나 호기심이 일게끔 해서 "이 책 진짜 궁금해." "진짜 설마?" 하면서 열어보게 하는 콘셉트를 만들어야 합니다.

용이성 항목. 용이하게 쓰는 건 굉장히 중요하죠. 쉽고 재미있게 읽히는지, 입문자도 읽기 좋게 풀어 썼는지, 비유나 유머나 예시를 많이 다뤘는지 등을 말씀드렸어요.

시류성 항목. 현 시류보다 약간 앞서가게 하면 좋다고 말씀드렸죠. 마야 법칙도 기억나시죠? 새롭지만 익숙하게 느껴지게 하는 방법이요. 잘 기억해두세요.

활동성 항목. 저자의 활동성이 중요합니다. 본인이 마이크로 인플루언서 이상이 되거나 그런 사람이랑 친하게 놀 수 있는 담력이나 친화력을 가지면 좋다고 말씀드렸죠. 출간 직후에 석 달 동안 온전히 내 책의 홍보 마케팅에 헌신할 각오를 가지고 있는가가 중요했습니다. 본인이 규모는 좀 작더라도 인플루언서가 되면, 오랫동안 그 영향력을 써먹을 수 있으니까 좋아요. 본인이 일단 만 명 팔로워를 확보하게 되면 나름 파워가 생기죠. 두 번째 책, 세 번째 책 낼 때도 역시나 그 영향력을 계속 써먹을 수 있고요.

실제로 제 지인 중에 김수영 저자라고 '꿈쟁이'로 유명한 분 있어요. 그분도 본인을 유튜브 인플루언서로 만들려고 열심히 노력했어요. 그래서 매주 3회 이상 영상을 정기적으로 업로드하더니 최근에 10만 구독자 실버 버튼 받았더라고요. 이런 사람들은 새 책을 내면 웬만큼 팔려요. 구독자가 10만이기 때문에 자기 채널에 홍보하면 효과가 있는 거예요. "신간이 나왔어요. 이번에는 이런 내용이고요. 다음 주에도 한번 연재해볼게요!"라고 얘기하는 식이죠. 주인장 권한으로 계속 노출시킬 수 있기 때문에 책도 잘 팔려요. 기본은 할 수 있어요. 하여튼 본인이 마이크로 인플루언서가 되면 진짜 좋은 거예요. 남한테 아쉬운 소리 할 것도 없고요.

마지막으로 확장성 항목. 모든 책에 필요한 사항은 아니지만 책으로 큰 규모의 효과를 거두려면 한 번쯤 생각해두면 좋아요. 더더욱 좋은 것은 OSMU 원스 멀티 유즈로 확장하면 최고인데, 그 중심에는 스토리가 있어야 한다고 말씀드렸어요.

이 중에서도 탑4만 꼽아보면

9가지 책 불태 체크 포인트 중에 여러분이 생각하시기에 진짜 중요한 항목은 뭐 같으세요? 내 책을 베스트셀러 만들려면 지금까지 말씀드린 9가지 중에 가장 중요한 네 가지가 뭘까요? 히트하는 데 있어서 이것만큼은 진짜 빼놓으면 안 될 것 같아 하는 게 뭔가요?

다른 모든 것들 중에서도 차별성만큼은 절대 양보할 수 없어요. 용이성 같은 항목은 당장 처음 눈에 띄는 대목은 아니잖아요. 내용 구성에서는 용이성이 굉장히 중요하나 사실은 당장 잠재 독자의 눈에 당장 띌 정도로 중요한 '벼리'로만 따지자면 차별성이 가장 먼저여야 하죠. 차별성이 얼마나 표지나 콘셉트, 제목 부제 등에서 드러나느냐의 문제니까요.

신뢰성도 빠뜨리면 안 돼요. 왜냐하면 저자는 기본적으로 신뢰성을 줘야 하는 사람이니까요. 어떤 식으로든 대기 독자나 잠재 독자들에게 신뢰성을 줘야 해요. 그게 전문적인 신뢰성이 아니어도 된다고 그랬죠. 본인이 오랫동안 해봤던 어떤 경험이나 특이한 체험, 자기만의 독특한 주장도 된다고 말씀드렸어요. 《영어공부 절대로 하지 마라》는 책처럼 특이한 자기만의 주장이 자기 약력과 부합하면 돼요.

정리해보죠. 제가 꼽는 1번은 차별성이고, 2번은 신뢰성을 빼놓을 수 없겠다는 겁니다. 3번 필요성이 중요하겠네요. 왜냐하면 급박하게 독자들의 니즈와 원츠에 소구를 해야 잘 팔리는 책이 되니까요. 그다음에 대표성, 활동성, 확장성 중에서는? 나머지는 있으면 더 좋은 정도지만 활동성만큼은 없으면 안 돼요. 자신이 마이크로 인플루언서가 되거나 다른 인플루언서들에게 비빌 수 있어야 돼요. 그래서 차별성, 신뢰성, 필요성, 활동성. 이 4가지를 TOP 4라고 말씀드릴 수 있겠습니다. 이상입니다.

책 기획 체크리스트의 상대적 비중

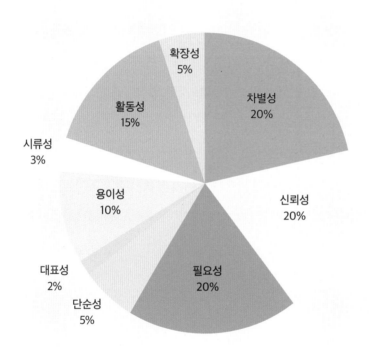

5장 새벽 글감옥 실천 비법

이번 파트는 아주 중요한 대목입니다. 저 레오짱만의 특별한 노하우인 새벽 글감옥 실천 비법을 자세히 알려드릴 예정이거든요. 새벽이 힘든 분들도 어떻게 하면 새벽 글쓰기를 루틴으로 정착시킬 수 있을지 알려드립니다. 나아가 실제 새벽 글감옥 집필 과정과 요령도 상세히 알려드립니다. 당부 사항은 보너스고요. 자, 그럼 새벽 글쓰기 습관 정착을 향해 고고!

새벽 집중의
위력

"레오짱 님이 새벽 글감옥을 그토록 강조하시는 이유가 궁금해요. 밤에도 혼자서 글감옥을 수행하면 안 되나요? 뭐가 다르죠?"

많이 다릅니다. 밤에 하는 글쓰기와 새벽에 하는 글쓰기는 차이가 많이 나요. 새벽 집중이 왜 위력적일까요? 이건 이미 여러 학자들이 연구한 결과로 밝혀졌습니다. 기상 후의 두세 시간, 막 깨어나서의 첫 두세 시간이 두뇌의 골든타임이거든요. 뇌과학 책들에도 그렇게 무수한 연구 결과가 밝혀져 있습니다.

왜냐하면 어지럽게 흩어져 있던 정보들이 자는 동안에 뇌 속에서 다 정리되기 때문이죠. 저녁에 일을 하려고 하면 하루의 끝은 뇌도 피로에 쩔어 있게 마련이에요. 그렇기에 새로운 것을 배우거나 뭔가 집중적인 생각을 하기가 힘들어요.

이런 요인 때문에 기상 직후 2시간이 골든타임이고, 결과적으로 '아침 5분이 밤 한 시간에 맞먹는다'고 하는 거죠. 시간의 양보다 시간의 질이 달라지는 시간대가 바로 아침 시간대입니다. 저도 새벽 시간을 활용하면서 좋았던 게 이런 부분입니다. 새벽은 지식의 인풋input뿐만 아니라 아웃풋output하기에도 참 좋은 시간대라는 점이에요. 저는 주로 새벽에 책쓰기를 하거든요. 책쓰기는 인풋 작업이 아니라 아웃풋 작업이잖아요? 뭔가를 집어넣는 게 아니라 표현하는 작업이죠. 나의 콘텐츠를 밖으로 꺼내는 아웃풋 작업을 하기에도 참 적절한 시간대가 새벽입니다.

새벽엔 어려운 내용도 단박에 이해되는 경향이 있어요. 저의 경우 잘 안 풀리는 아웃풋 작업도 새벽 시간대에는 잘 풀려요. 새벽에는 인풋도 아웃풋도 훨씬 잘 되는 셈이죠. 성공한 억만장자들 – 백만장자는 흔한데 억만장자는 '1조 이상씩 벌어들이는 사람들'이잖아요? 이런 '조쟁이'(레오짱이 만든 말로서, 저도 머잖아 되고 말 거예요)들은 거의 포브스 전 세계 부자 400 리스트에도 오르내리는 사람들이죠. 그런 사람들이 대부분 새벽형 습관을 가지고 있는 걸로 조사됐습니다. 특히 수준 높은 문제를 해결하거나 집중이 필요한 작업은 새벽이 최고에요. 그러니 책 집필도 새벽에 집중적으로 해야 합니다. 저 레오짱이 새벽 집필을 '새벽 글감옥'이라는 이름으로 계속 고수하는 이유죠.

전날 잘 자야 새벽 글감옥에 차질이 없다

수면을 하루의 끝이 아닌 다음 날의 시작으로 보세요. 수면과 기상 시간을 매일 기록해두세요. 저도 습관 노트를 엑셀파일로 만들어서 매일 기록하고 있어요. 아주 효과가 좋습니다. 이걸 기록하면 시간을 야금야금

써버리는 게 많아지지 않아서 좋아요.

　수면 3시간 전부터는 배가 공복 상태가 돼야 합니다. 그래야 소화기관도 같이 쉬게 됩니다. 그래서 수면이 잘 되는 거예요. 식사를 하고 나서 보통 소화기관이 3시간에 걸쳐서 다 소화시킨다고 하거든요. 디너^{dinner}라고 부르는 마지막 식사를 자기 전 3시간 전까지는 마쳐야 속이 편안해져서 숙면이 됩니다. 안 그러면 불면증의 원인이 돼요. 덜 소화된 음식이 뱃속에 남아 있으면 아무리 자도 피로감이 남게 되거든요. 저처럼 11시에 자려면 8시 전까지 식사를 끝내는 게 좋겠죠. 저녁 이후로는 카페인이나 알코올 이런 각성 작용을 하는 것은 삼가야 합니다. 저도 현재 8시 전에 저녁식사를 끝내고 11시에 자고 있습니다.

새벽 기상이 좋은 점

"새벽에 일어나면 절로 부지런한 사람이 될 거 같아요. 실제로 레오짱님은 새벽에 잘 일어나고 계신가요?"

네, 대체로 정해놓은 새벽 시간에 잘 일어나고 있습니다. 새벽 글감옥을 위한 기상이 좋은 점이 몇 가지 있습니다. 첫 번째가 성과 향상이고, 두 번째는 자신감과 자존감을 높여준다는 거죠. 자신감에는 '자기 컨트롤감'이 굉장히 중요한 키워드인데요. 살면서 우리가 가져야 할 마인드 중에 '본인의 인생을 컨트롤할 수 있다는 어떤 느낌', 이게 매우 중요합니다. 자신을 스스로 컨트롤하는 경험이 쌓이면 자신감이 높아져요. 새벽 글감옥을 위한 기상은 이 감각을 높이기에 아주 좋죠.

저의 새벽 기상 직후 루틴은 대강 이렇습니다. 새벽 기상 직후에 '계획 명상'(잠시 후 설명)이라는 걸 하고, 침대를 정리정돈하고 (각을 잡고), 짧게 운동을 한 뒤 간단히 세수만 하고 바로 서재로 가서 컴퓨터를 켜고 새벽 글감옥을 시작합니다.

이런 패턴을 아침에 수행하고 나면 '나 자신이 내 인생을 컨트롤하고 있다는 느낌'이 굉장히 강해져요. 그러면 하루 전체를 내가 컨트롤한다는 자신감으로 이어지거든요. 그래서 새벽 기상은 곧 '하루를 컨트롤할 수 있다'는 감각의 다른 말이에요.

저라고 매일 새벽 집필에 성공하는 건 아니에요. 그 전날 밤까지 일이 많아서 취침 시간이 대폭 늦어져버린 날도 있어요. 그럼 새벽 기상 자체가 힘들어지죠. 그렇지만 조금 늦게 일어나 짧아진 새벽 집필 시간에라도 최대한 써 보려는 자세가 중요해요. 새벽 집필을 성공한 날은? 하루 종일 자신감이 넘쳐서 다른 일도 잘 풀립니다. 그래서 아침을 보내는 패턴이 하루 전체를 좌우합니다.

새벽에 이른 기상을 하면 두 번째로 좋은 점은? 취침 시간이 더 명확해진다는 겁니다. 새벽에 무조건 일어나야 하니까 취침 시간을 불규칙하게 흐트러뜨려서 일상 리듬이나 건강을 해치지 않게 해주죠. 일찍 일어나는 걸 지속하려면 그냥 결심만 하면 안 됩니다. 일정한 습관의 세트인 '루틴'이라는 걸 설정하세요. 루틴 설정의 핵심은 잠자기 전에 미리 설계해둔 새벽 루틴입니다. 이게 나를 자동화시켜서 일찍 일어나게 해줍니다.

루틴이 되는 것들의 특징은 그걸 굳이 잘하려고 노력하지 않고 그냥 반복적으로 한다는 겁니다. 글쓰기를 루틴으로 만들려면? 굳이 잘 쓰려고 하지 말고 '그냥 매일 쓴다' '오늘도 거지 같은 3페이지를 일단 써야지'라고 생각하고 몸을 움직이면 됩니다. 레오짱의 경우에는 매일 새벽 6페이지씩 새 원고를 씁니다.

새벽 루틴을
정착시키는 방법

"루틴이라는 건 반복적인 습관의 세트 같은 걸 말하는 거죠? 그걸 정착시
키려면 어떻게 하는 게 좋아요?

　루틴을 정착시키는 방법은 몇 가지 있습니다. 일단 자기와 싸우지 않아
야 합니다. 그러려면 환경 자체를 그렇게 세팅해야 합니다. 자기와 굳이
매번 싸워도 되지 않을 환경으로 세팅하세요. 목표 달성률은 유혹 요인의
접촉 횟수와 반비례한다고 하죠? 2017년 칼턴대와 토론토대학교에서 대
학생들을 대상으로 한 심리학 실험 결과입니다.
　애초에 유혹거리 자체를 가까이 두지 않는 걸 추천합니다. 취침 30분
전부터는 스마트폰을 멀리 두는 거예요. 저도 이 습관을 실천 이후로 아
주 잠을 잘 자고 있습니다. 취침 1시간 전부터는 모든 자극거리, 특히 넷플릭
스나 유튜브, 컴퓨터 화면, 폰 화면 등 각종 디지털 유혹거리들을 다 내려놓으세
요. 디지털기기들은 스크린에서 청색광$^{blue\ light}$까지 발산하기 때문에 시력
에도 매우 안 좋으니 저녁엔 멀리 하세요.

즐거운 새벽 기상을 일으키는 법 또한 루틴에 핵심이 있습니다. 글감옥을 본격 수행하기 이전에 일단 뇌를 깨워줄 내가 좋아하는 것을 세팅해 놓으세요. 스타벅스의 창업자인 하워드 슐츠는 새벽 4시 30분에 일어난대요. 그리곤 제일 좋아하는 맛있는 커피를 끓이는 걸로 스스로를 깨운대요. 어떤 저자의 경우는 좋아하는 고급 보이차를 마시는 것으로 루틴을 설정해 놓으신대요. 좋아하는 음료는 그 새벽 시간에만 마시는 걸로 정해 놓는 거죠. 그래야 일어나는 동기 부여가 자동으로 생긴다는 말이에요.

저 같은 경우에는 좋아하는 다양한 버전의 캐논 변주곡 음악을 틀어놓고 아메리카노 커피를 연하게 타서 마십니다(커피를 진하게 마시면 밤에 숙면이 안 되더라고요). 하나의 커피 분말 스틱을 뜯어서 물을 많이 타면 연하게 돼요. 연하게 두 잔 나오더라고요. 저는 그걸 좋아해요. 그렇게 하니까 새벽의 시작이 산뜻해집니다.

두 번째로 추천드릴 방법은 '의미 부여'에요. 새벽 글감옥의 문을 잘 열려면? 새벽 글쓰기 자체를 재미있고 설레는 어떤 것이라고 스스로에게 의미 부여를 해야 해요. 습관을 바꿀 때는 설레는 것을 목적으로 삼으세요. 의무적으로 일어나야 한다고 자기를 몰아세우면서 강압하면 뒤끝이 안 좋습니다. 이른 기상 자체를 목적으로 하면 스트레스가 돼요. 저 같은 경우에는 새벽에 내 원고를 쓸 때 진짜 설레는 느낌이거든요(믿기지 않으시나요?). '어떻게 하면 더 재미있게 내 이야기를 전달해볼까?' 이런 궁리를 하는 게 너무 재미있으니까요.

세 번째로 추천드리는 방법은 '재미 발견'이에요. 사람들은 뭔가 어렵거나 불편하다고 느낄 때 농땡이를 피우는 경향이 있거든요. 힘든 일을 재

있는 놀이라고 재해석해보세요. 재미라는 건 꼭 즐거워야만 찾아지는 건 아니에요. 우리를 집중시키는 도구로 '재미 발견하기 방법'을 써먹을 수만 있다면 충분하죠.

"재미란 익숙한 상황을 의도적으로 새로운 방식으로 처리했을 때 생기는 결과다. 그러므로 과업 자체에 집중해야 한다. 고통에서 달아나려고 하거나 보상을 이용해 동기를 유발하려고 할 게 아니라 익숙한 일에서 이전에 보지 못했던 도전 과제를 찾을 수 있을 만큼 주의를 깊이 기울여야 한다."

'재미 연구가'로 알려진 조지아공과대학교 이언 보고스트Ian Bogost 교수의 말입니다. 일을 재밌는 것으로 재해석하는 방법은 6장에 있는 '집필 시 쉬이 지치는 현상에 대한 현실적인 대처법' 꼭지에서 추가로 상세히 말씀드릴게요.

새벽 글감옥
직전 루틴은 계획명상

"레오짱님이 새벽 글감옥 시작 전에는 실제 뭘 하시는지 궁금해요. 기상 직후에 무얼 하시는지요? 커피부터 내리시나요, 운동부터 하시나요, 아니면 바로 집필 모드로 돌입하시나요?"

저는 기상 직후 첫 루틴으로 '계획 명상'을 가장 먼저 하고 있습니다. '계획 명상'은 레오짱이 만든 명상법이에요.

명상의 기본은 1) 호흡을 고르고 2) 자신의 마음에서 일어나는 변화를 알아차린 뒤 3) 무념무상의 단계에서 자유로운 느낌을 각성하는 것입니다(레오짱 식의 '명상' 정의). 저는 이 과정을 기상 직후에는 꽤나 목적적으로 변형해서 씁니다. 즉 1) 호흡을 고르고 2) 유념유상의 단계에서 하루 전체 일정을 시뮬레이션 해보기.

이렇게 바꾼 겁니다. 하루 전체 할 일 중에는 당연히 잠시 후 실행할 새벽 집필에서 다룰 영역에 대한 명상도 포함시킵니다.

계획 명상의 목적은? 하루의 큰 그림을 그려보는 작업인데요. 그날 하루 동안 제가 해야 할 일의 전체 과정을 머릿속으로 돌려봅니다. 집필에서 다룰 내용도 포함해서요. 집필 과정도 명상으로 그려보면 큰 그림을 잘 그릴 수 있거든요. 결국 이것도 계획의 단초를 와다다 꺼내는 작업이 되는 셈이에요('단초만 와다다'라는 레오짱의 집필 개념을 활용한 것). 다만 머릿속에서만 해보는 점이 다를 뿐입니다(물론 필요할 땐 노트에 메모를 해두기도 합니다).

계획 명상을 하면 좋은 점이 또 있습니다. 무엇보다도 기상 직후 뇌 혈류가 안정됩니다. 자다가 갑자기 벌떡 일어나 돌아다니면 어떤 현상이 일어나나요? 밤새 누워 자느라 뇌에 쏠려 있던 피가 일시에 밑으로 내려가면서 약간 어지러울 수도 있고 활동 의욕이 안 생길 수 있습니다. 뇌에 다시 혈류를 공급하려는 본능 때문에 자꾸만 침대에 다시 눕고 싶어질 수 있어요.

〈레오짱 줌스쿨〉에서 강연해주신 이상현 선생님(가정의학과 의사) 특강 중에 이런 내용이 있었습니다. 맥박, 호흡, 체온, 혈압과 같이 생물에게 생명이 있다는 것을 증명해주는 징후들을 우리가 '바이털 사인vital sign'이라고 부릅니다. 그런데 이런 바이털 사인 중에 우리가 의지대로 '조절할 수 있는 것은 딱 하나밖에 없습니다. 바로 호흡breathing (숨쉬기)입니다. 호흡은 우리 의지대로 천천히 쉴 수도 있고 빨리 쉴 수도 있죠. 우리 맘대로 조절이 가능합니다. 명상은 이러한 '호흡'을 가지고 자신을 조절하는 것에서부터 시작합니다.

기상 직후 계획 명상을 하면 호흡이 안정되며 심신이 안정됩니다. 하루가 차분히 계획되고 의지력이 정돈되는 시간이라 아주 값어치 있는 순간이 됩니다. 기상 직후 첫 스타트로 삼기에 더없이 좋은 루틴인 셈입니다.

이 이후에야 커피를 내리든 화장실을 가든 아침운동을 하든 하세요.

저의 경우는 계획 명상 직후에 간략한 근력운동을 해서 신체까지 깨운 뒤에 곧바로 '새벽 글감옥'에 들어가곤 합니다. 계획 명상 때 가졌던 선명한 그림을 얼른 실제 작업에 반영하고 싶어져서요. 차는 전날 밤 우려놨던 것을 마시고, 커피는 첫 55분 여의 작업이 끝난 뒤에야 기분 전환 겸 내립니다.

예를 들어 오늘의 제 계획 명상은 '이 계획 명상 자체에 대해서 한 꼭지 쓰고 집필을 시작한다'는 것이었습니다. 실제 제 머릿속 생각은 이랬죠.

'이 계획 명상으로 루틴의 첫 번째를 여는 과정 자체에 대해 써야겠다. 그 다음엔 콘셉트 잡기부터 1단계 와다다 초벌원고 쓰기, 2단계 늘여쓰기, 3단계 다듬어쓰기, 4단계 퇴고하기까지의 전 과정을 압축적으로 보여주는 시연 영상을 하나 만들어야지! 그 단계별 과정 하나하나의 영상을 화면으로 캡처해서 내 원고의 실습 편에 시연 사진 자료로 쓰면 좋을 거 같아!'

이것이 제 오늘(2021년 3월) 아침의 계획 명상 내용이었습니다. 기상 직후의 순간을 괴로워 하는 분들은 계획 명상부터 시작해보세요. 심신이 안정되고 머릿속이 깔끔해진 채로 의욕적으로 시작할 수 있게 됩니다.

새벽 글감옥
실제 집필 요령

"레오짱님이 매일 새벽 글감옥을 실제로 어떤 식으로 수행하는지 전체 과정을 듣고 싶어요. 아주 상세히 좀 알려주시면 고맙겠습니다!"

저 레오짱은 주로 매일 새벽 5시에서 8시까지 3시간씩, 전날 일정이 늦게 끝났을 때는 새벽 6시에서 8시까지 2시간씩 새벽 글감옥을 수행합니다. 그렇게 매일(주말 포함) 새벽마다 셀프 감옥을 설정하고 집중 집필을 시작해요.

일단 일어나면 일단 계획 명상을 10분 정도 합니다. 이후 자아 컨트롤감을 높여주기 위해 짧은 운동 루틴을 합니다. 이어 세수만 간단히 한 채로 컴퓨터를 켭니다. 머리까지 감으면 더 개운할 수는 있으나 갓 일어났을 때의 '아, 빨리 집필하고 싶다!'는 의욕이 사라지는 기분이라서요. 전날 준비해놨던 원두커피나 차 같은 음료를 가져와 책상 위에 둡니다(넉넉히 2~3시간은 마실 양으로요).

제가 새벽 글감옥 시간 중 가장 경계하는 것은 랜선(인터넷 환경)입니다. SNS,

인터넷 뉴스, 단체톡방, 모바일 메시지, 카카오톡 등을 일절 확인하지 않습니다. 그렇게 하기 위해 핸드폰 자체를 '항공모드'로 바꾼 뒤 방 바깥에 둡니다. 뭔가를 검색하려다 샛길로 빠지는 유혹을 원천 차단하기 위해 인터넷 랜선도 뽑아둡니다.

이어 제 서재 방문을 걸어 잠궈 방해가 없게 만들고 집중적으로 집필을 합니다. 랜선 뽑고, 좋아하는 원두커피를 마시면서 오롯이 2~3시간을 몰입해 작업하죠. 아침 먹는다고 부산 떨지 않고 현란한 거 보지도 않고 배경음악도 없이 조용히 작업합니다. 그러면 마음의 포커싱이 아주 제대로 일어납니다.

저는 잠깐 5분의 휴식 시간에도 절대 디지털 기기를 뒤적이지 않습니다. 잠깐 화장실을 다녀오거나 차를 더 우려내거나 잠시 멍을 때리거나 5분간 눈을 감고 명상을 합니다. 그게 '딴짓'으로 새는 것보다 100배 낫기 때문이죠.

저는 집필할 땐 배경음악도 틀지 않는 게 기본값이에요. 그냥 아무 소리도 없이 조용한 상태에서 집필에만 열중하는 게 가장 순수한 집중을 끌어오기 때문이죠. 나중에 좀 지루해지거나 졸릴 타이밍에 가서야 '말 걸지 않는 음악'을 들으면서 집필합니다. 가사가 있거나 시끄럽고 신나는 '말 거는 음악'은 자기도 모르게 신경을 분산시켜요. 그러니 말 걸지 않는 명상 음악이나 클래식 음악을 틀어놓고 하세요. '자연의 소리' 배경음도 괜찮아요. 예를 들어 이런 거요.

자연의 소리1 자연의 소리2

레오짱은 집필 시간을 중고등학교 수업 시간 운용하듯 하고 있어요. 55분 집필하고 5분씩 쉬었다가 다시 55분 집중 집필하고 5분 쉬어 주고를 3라운드 정도 반복합니다(총 3시간). 그리고 나서 아침은 샐러드로 간략히 먹고 씻은 뒤 출근합니다.

270쪽짜리 신국판 책 분량의 원고를 만들려면 A4 문서 기준 90페이지 원고를 쓰면 되죠. 레오짱 방식으로 15일×6p씩 집필=90p의 초고를 완성할 수 있습니다. 저는 새벽 2~3시간 동안 매일(A4 문서 기준) 6페이지 정도의 원고를 써냅니다. 그걸 다시 추가 15일×6p씩 퇴고=90p의 퇴고를 완성합니다. A4 문서 90페이지×3배수=신국판 225페이지의 책의 분량을 써내는 셈입니다(물론 이 책의 경우는 일반 책들보다 2배 이상으로 많은 분량을 써내야 해서 퇴고에 더 많은 시간이 걸렸습니다만). 그렇게 매일 목표 페이지 분량을 기준으로 작업에 속도를 가합니다. 사정이 생겨서 목표량을 완수 못한 날엔 '새벽에 6페이지만큼을 다 못 썼으니 이따가 저녁에 보충해서 끝내고 자야지!' 이런 마인드도 필요하고요.

실제 새벽 글감옥 실행 패턴(레오짱 사례)

1. 기상 직후 계획 명상을 10분간 한다.

2. 자아 컨트롤감을 높여주는 짧은 운동을 한다.

3. 세수만 하고 바로 컴퓨터를 켠다.

4. 전날 준비해 놨던 원두커피 등 음료를 가져온다.

5. 휴대폰을 '항공모드'로 설정 후 방 밖에 둔다.

6. 방 문을 걸어 잠그고 랜선을 뽑고 집필을 시작한다.

7. 6~8시(2시간) 또는 5~8시(3시간) 동안 새벽 글감옥을 수행한다.

8. 55분 집필에 5분 휴식×3회=3시간을 채운다.

9. 매일 A4문서 6페이지씩 집필하는 것을 목표로 한다.

10. 이후 아침식사를 간단히(샐러드 등으로) 먹고 씻고 출근한다.

휴일에도 같은 패턴을 유지하는 게 매우 중요하다

"주말이나 공휴일 같은 휴일에는 어떻게 하세요? 아무래도 좀 쉬어주는 게 좋겠죠?"

아니요. 주말에도 최대한 똑같은 패턴을 유지해 주시길 추천드립니다. 무라카미 하루키는 새벽 4시에 기상해 9시에 취침하기까지 매일 규칙적인 글쓰기 일과를 지키는 소설가로 유명하죠. 반복적인 루틴을 지키는 것은 창작 활동에 필수적인 습관이기 때문입니다.

휴일에도 토/일요일이라고 패턴이 흐트러지면 안 됩니다. 같은 시간을 고수하는 게 좋아요. 생명체에겐 체내 시계라는 게 굉장히 중요합니다. 그 체내 시계가 매번 달라져 버리면 몸이 시차 증상을 일으켜요. 그러면 새벽 글감옥 습관이 정착이 안 되고 자꾸 삐걱거리게 되거든요.

저 레오짱은 토/일요일에도 같은 수면과 기상 패턴을 유지하려고 노력 중입니다(사실 주말엔 약간 분투하고 있어요. 아무래도 주말에는 여러 일정도 있고, 기분도 해이해지려고 해서 좀 힘들긴 하더라고요). 여하튼 주말에도 새벽 기상 시간을 똑같이 유지하려고 한답니다. 일정한 리듬을 항상 같은 패턴으로 유지하는 게 최고의 컨디션 유지 비결이라고 생각하거든요. 규칙적인 생활리듬 유지로 건강의 항상성constancy을 높이는 것도 삶에서 굉장히 중요한 포인트라고 저는 느끼고 있습니다.

마지막으로 습관 체크 달력 같은 것을 만들어서 기록을 하면 좋습니다. 나의 매일매일의 실행 결과를 빼곡히 색칠을 하면서 가시화시키면 실행 여부 체크에 도움이 됩니다. 실제로 제가 엑셀 시트로 습관 체크 노트를 만들었거든요. 앞에서 보여드렸죠?

엑셀 시트로 만든 습관 체크 노트

그날 제대로 실행한 건 초록색으로 채우고 실행을 못하고 빠졌다면 이 하나 빠진 것처럼 보기 싫어서 다음 날에라도 채우려는 심리가 발동됩니다. 그런 동기 부여가 돼서 좋아요. 저 레오짱도 습관 체크 달력을 만들어서 매일 기록 중이고 효과가 아주 좋답니다.

예비 저자 A씨: 저는 새벽 글감옥을 시도하려고 일어나 봤는데 도저히 못 하겠더라고요.

레오짱: 새벽에 시도했을 때 나타나는 증상이 어땠는데요?

예비 저자 A씨: 일단 졸려요. 딱히 비몽사몽한 상태는 아닌데, 자꾸만 다시 눕고만 싶어져요. 더 자야만 될 거 같은 기분이 들어요. 새벽형 인간은 저랑은 도저히 안 맞는 거 같아요. 평소에 일할 때도 야행성으로만 해 왔거든요.

레오짱: 그럼 야행성 글감옥 방식으로 갈 수밖에 없으시겠네요. 가장 중요한 핵심은 오래 몰입할 수 있느냐에요. 밤샘 글쓰기 방식으로라도 가셔야죠.

예비 저자 A씨: 네, 그래서 저는 전날 밤 10시부터 시작해 새벽 5시까지, 어제는 (빨리 안 끝나는 이 상황에 스스로 화가 나서) 무려 아침 7시까지 밤샘했어요. 3일 연속으로 밤샘 글쓰기를 한 셈이죠. 다행히 주말과 연휴가 끼어 있어서 가능했지요. 다음날 무리가 가도 7시에 자서 오후 12시쯤 일어나면 되니까요.

레오짱: 장하세요. 그래도 의지력, 목표의식이 뚜렷하시니 그렇게 해내시는 거예요, 정말 장하세요. **야행성이신 분들은 집중적으로 며칠만 좀 무리해서라도 바짝 작업을 해놓으시는 방법밖에 없어요.** 달리 이 상황을 타개할 길이 없네요. 안 그러면 집필 시간이 너무 길어질 테니까요. 사실 새벽 작업이 되시는 분들은 매일 2~3시간씩 꾸준히 조금씩(한꺼번에 무리하

지 않고) 하시면 되는데, 야행성 분들은 매일 밤샘을 할 수 없으니 다만 며칠 밤이라도 사나흘 이어서 새벽까지 몰아치기로 하시는 수밖에 없죠. 주로 주말과 연휴를 낀 날에 그리 하셔야겠죠.

예비 저자 A씨: 맞아요. 그렇게라도 몰입해서 해야 하는 이유가, 또 며칠 업무 하다 보면 하루이틀이 훅 가버리더라고요. 원고엔 아무 손도 못 댄 채로 허무하게도 말이죠. 그럼 글 쓰던 흐름이 뚝 끊겨서 다시 하기가 몇 배로 힘들어지더라고요. 그냥 며칠 무리해서라도 흐름을 끊지 않고 쭉 이어서 써야 술술 흐름이 잘 잡혀 나오더라고요.

레오짱: 글 쓰는 진도는 좀 어때요? 느린 편인가요?

예비 저자 A씨: 제가 원래부터 완벽주의 성향, 깔끔주의 성향이 평소에 있어요. 그래서 제 자신이 초고 때부터 벌써 퇴고하는 식으로 문장을 예쁘게 다듬어가면서 쓰고 있더라고요.

레오짱: 처음부터 퇴고하듯이 쓰면 안 돼요. 나중에 퇴고 때 어떤 꼭지는 통째로 들어내야 할 경우도 많이 생길 수밖에 없는데, 그런 식으로 처음부터 꽃단장 해가면서 쓰면 나중에 버리게 될 부분들까지 쓸데없이 꽃단장 시키느라 시간 낭비한 꼴이 돼요. 단장해 놓은 게 아까워서 못 버리니까 구성도 난삽하게 되고요. 일단은 전체적으로 러프하게 손을 대서 틀을 확정한 뒤에 퇴고하면서 꽃단장을 하셔야 노력 낭비를 없앨 수 있어요.

처음부터 전력 달리기를 하면
더 많은 에너지를 얻게 된다

"새벽 글감옥을 할 때는 쉬엄쉬엄 하시나요, 빡세게 하시나요? 아무래도
즐기면서 하는 게 더 좋겠지요?"

네, 그건 개인의 성향에 맞게 하시면 됩니다. 재미를 많이 추구하시는 성
향이라면 적절히 즐기면서 하세요. 하지만 저는 이왕 할 때는 제대로 집중해서 빡
세게 하는 게 좋다는 스타일입니다. 그래야 단기간에 성과를 낼 수 있거든요.

여기서 잠시 저의 자기계발론인 '전력론全力論'을 말씀드리고 갈게요. 뭔
가를 성취하려면 처음부터 전력을 다해 에너지를 남김없이 다 쏟아붓는
게 더 낫다는 제 믿음입니다. 매일 새벽 글감옥을 시작하는 순간부터 전
력을 다해 달려 에너지를 다 쏟고 나서 잠자리에 드세요.

자기가 가진 힘의 90~95%만 쏟아 버릇 하는 사람은 실패한다고 생각
해요. 인생이 마감될 시즌에 그 쓰지 않은 매일의 5% 때문에 두고두고 회
한이 될 거 같아요. '아꼈다가 똥 되는' 그 미발화된 5%가 우리의 성공을 망친
다고 믿거든요. 매번 물이 끓는 비등점 100도씨에 오르지 못하고 95도씨에서

불을 꺼버리는 것처럼 아쉬운 삶이 또 있을까요?

제가 아는 분 중에 항상 에너지가 넘치는 분도 비결을 이렇게 얘기했어요. "처음부터 끝까지 전력을 다해 제 에너지를 다 쏟고 나면 사실은 더 많은 에너지를 얻게 됩니다."라고요. 전력 달리기를 하면 에너지가 더 많이 소모되는 게 아니라는 거죠. 오히려 전력 달리기를 통해 거꾸로 우리는 더 많은 에너지를 얻게 된다는 고백입니다. 참 삶의 아이러니한 비밀 아닌가요! 전력 달리기를 꼭 일로만 받아들이지 마세요. 기운이 처질 때 오히려 몸을 움직이는 운동을 더 해줌으로써 극복하시라는 얘깁니다. 기운이 떨어지고 의욕이 떨어진다고 느껴질 때마다 휴식을 취하지 말고 오히려 운동을 해보세요. 활력이 살아날 겁니다. 새벽 글감옥부터 제대로 전력 달리기를 해봅시다, 파이팅!

주말이 오히려 격차를 벌일 찬스다

특히 주말이 격차를 벌일 찬스입니다. 세상은 금, 토, 일이라는 분위기에 젖어 흥청망청해 갑니다. 이때야말로 찬스입니다. 저는 이때 역으로 평일과 똑같은 성실 모드로 달립니다. 그러면 세상에서 벗어나 오롯이 혼자 목표한 일을 계속 달성해 나가는 기쁨을 만끽할 수 있게 됩니다. 상대성 원리죠. 이건 마치 쇼트트랙 경기에서 코너를 돌 때 내가 뒷사람과 벌여놓은 격차와 같습니다. 그때의 결정적 차이가 나를 훨씬 멀리 가 있게 해줍니다. 이게 몇 번만 쌓이면 내 뒷사람은 더 이상 나를 따라잡을 엄두도 못 내게 됩니다.

6장 책 쓸 때 슬럼프 극복하기

책을 쓰다 보면 많이 지치실 거예요. 책쓰기는 100미터 단거리 달리기가 아니라 최소한 10킬로미터 마라톤에 해당되니까요. 분량이 아주 많은 책을 쓴다면 42.195킬로미터 풀코스 마라톤이 될 수도 있겠고요. 그래서 원고 쓰기를 할 때마다 멘탈이 자꾸 약해지고 흔들리는 여러분을 위해 이번 장을 마련했습니다. 여러분을 위해 제가 '특급 위로 선물 세트'로 다음 이야기를 해드릴게요. 자, 따스한 마음으로 고고씽!

내 글이 과연
판매될 깜냥인가 하는 걱정

"책을 힘들게 쓰고 있기는 한데 영 자신감이 안 생겨요. 이렇게 쓰는 내 글들이 과연 출판이 되긴 할까요? 독자들의 공감을 얻고 판매로까지 이어질 만한 수준이 될까요?"

책을 한 번도 안 써본 모든 예비 독자 분들의 공통된 갈등일 거예요. 쓰는 과정은 힘들지, 쓰는 도중에 자신감은 자꾸 없어지지… 벽에 부딪힌 기분이 들 수 있어요. 특히 초벌원고를 쓸 때는 누구나 그런 마음으로 후덜덜 하면서 쓴답니다. 저도 첫 책 쓸 때는 그랬어요. 다른 베스트셀러 저자 분들도 초벌원고 쓸 때는 자기 모멸감에 자주 빠지면서 쓰십니다. 그러다가 2차 수정, 3차 수정을 거듭하면서 봐줄만 할 정도로 완성도를 갖추게 됩니다. 그러니 초벌 잡는 단계에서부터 벌써 화려한 치장을 고민하지 마세요. 아직은 섣부른 고민이십니다.

세계적인 작가들도 책쓰기 과정에서 힘들어 한다

세계적인 베스트셀러《연금술사》로 유명한 파울로 코엘료도 여전히 지금도 원고 쓰는 것에 괴로워한다고 합니다. 아침마다 괴로워하면서 30분 글쓰기 정도로 자신을 다독이면서 간다고 할 정도네요. 그의 고백을 잠시 들어보시죠.

> "당연하지만 (아침에 일어나면) 먼저 자리에 앉는다. 머릿속에는 꺼내야 할 책이 들어 있다. 하지만 미루기 시작한다. 아침에는 이메일과 뉴스 등 뭐든지 다 확인한다. 자리에 앉아 나 자신과 마주해야 하는 일을 조금이라도 미루기 위해서다. 3시간 동안 '아니야. 나중에. 나중에.' 한다. 그러다 어느 순간 내 자신에게 체면을 구기지 않기 위해 '자리에 앉아서 30분 동안 글을 쓰자' 생각하고 정말로 그렇게 한다. (중략) 내게 가장 성공적인 하루는 아침에는 괴로워하다가 저녁에는 즐겁게 글을 쓰는 것이다."
>
> _《타이탄의 도구들》(티모시 페리스 저, 토네이도) 중에서

의외죠! 이런 세계적인 베스트셀러 작가 분도! 아마도 글을 잠언적으로 하나하나 쥐어 짜듯 내는 스타일이라 더 그럴지도 모르겠네요. 여튼 세계적인 작가들도 여전히 매일 이렇게 힘들게 자신과의 싸움을 하면서 원고를 쓴답니다. 그 사실에 위안을 받으셨으면 해요.

1시간은 견뎌봐야
책쓰기 근육이 탄탄해진다

"저는 글을 쓸 때 집중력이 20분 이상을 넘어가지 못하는 거 같아요. 금새 지루해져서… 인터넷이나 SNS를 뒤적여야 기분이 좀 나아지면서 다시 글을 쓸 기분이 들어요. 그러다 보니까 중간에 허비하는 시간이 너무 많은 듯해요."

그렇게 글을 쓰다 말다 쓰다 말다 하시는 것은 '시간에 거품을 끼게 하는' 나쁜 방법입니다. 1시간을 쓴 것으로 스스로 착각하지만 사실 딴짓한 시간을 빼고 나면 30분 정도밖에 안 쓴 셈이죠. 이것은 자기 기만입니다. 기분이 아무리 내키지 않더라도, 내가 정해 놓은 그 1시간 단위, 혹은 좀 더 길게 2시간 단위만큼은 반드시 사수해 버릇 하세요. 그러면 몸이 그렇게 길이 듭니다.

견디는 근육이 탄탄해질 때까지 인내하라

세계적인 밀리언셀러 작가인 스티븐 킹도 고백했습니다. "글은 엉덩이로 쓰는 겁니다." 어디서 많이 들어본 말 같죠? 네 맞습니다. 수능시험에서 최고 득점을 한 사람들이 많이 하는 말이죠. 즉, "공부는 엉덩이로 하는 것이다"라는 말과 일맥상통하는 부분이죠. 공부는 엉덩이로 하는 것이고 집필도 엉덩이로 하는 것입니다. 글도 엉덩이(진득함)로 쓰는 것입니다.

달리기도 해봐야 달리기 근육이 붙습니다. 글쓰기도 일단 시작해 1시간을 견뎌 봐야 글쓰기 근육이 붙어요. 책쓰기에는 그런 습관 근육 붙이기가 필요합니다. 제 아무리 내키지 않고 귀찮고 마음이 풀어진 날이라 할지라도 매일매일 1시간 이상씩은 의자에 엉덩이를 붙이고 앉아 계세요. 최소한 그 1시간만큼은 일체의 샛길(딴짓)로 빠지는 법 없이 써버릇 해야 합니다. 이건 의무 사항입니다. 책쓰기 근육을 만들기 위한 최소한의 의무적 훈련 코스란 말입니다.

그렇게 1시간을 견디면 어떤 일이 일어나는데요? 어느덧 책쓰기 근육(다시 말해 엉덩이 근육)이 붙어서 1시간을 견뎌냈던 힘이 곧 2시간을 견디는 힘으로 세집니다. 매일매일 그렇게 습관 근육을 다져가다 보면? 나중엔 하루에 집중력 있게 3시간도 스트레이트로 앉아서 쓸 수 있는 책쓰기 근육이 키워집니다.

탈무드에는 "0부터 1까지가 1부터 100까지 거리보다 멀다."라는 말이 있어요. 일단 책상에 가서 앉기에 성공만 하면 다음부터는 의외로 쉬울 수 있다는 얘깁니다. 무라카미 하루키도 이 방법을 애용하는 작가죠. 그는 쓰고 싶든 쓰고 싶지 않든 무조건 책상에 앉아서 버틴다고 합니다. "비록 한 줄도 써지지 않더라도 어쨌든 일단 앉는다. 아무튼 책상에서 두 시간 동안 버티고 앉아 있는 것이 우선이다." 그러다 보면 어느덧 원고를 채워가고 있는 자신을 발견하게 됩니다. 시작이 반이거든요. 일단 강제로라도 스스로를 책상 앞에 앉히세요.

"우리 뇌는 몸이 일단 움직이기 시작하면 '멈추는 데' 에너지가 더 소모된다"고 합니다. 정신의학자 에밀 크레펠린의 말입니다. 우리 몸은 이미 하던 일을 계속하는 게 더 합리적이라고 판단하게 된다는 거죠. 운동하기 싫은 날도 일단 헬스클럽에 가면 어찌어찌 하게 됩니다. 책쓰기도 마찬가지에요. 쓰고 싶은 기분이 도저히 안 나는 날도 일단 책상 앞에 자신을 앉혀 놓고 보세요. 그러면 어떻게든 원고라는 걸 쓰게 되고, 매일 그 습관이 쌓이다 보면 문득 책 한 권 분량 완성에 가까워지게 됩니다.

일단 그냥 책상 앞에 앉아 원고를 쓰세요. '죽이 되도 밥이 되도 상관없으니까 그냥 한다(I just do it)'는 정신이 핵심입니다. 그러면 우리 뇌는 '인지 부조화'를 제거하려는 현상을 일으킵니다. 나아가 '작동 흥분' 현상을 일으키고, 이렇게 시동이 걸린 채 쉬고 싶거나 딴짓으로 새고 싶어지는 '순간 정서' 2분 이상을 버티면 계속 운행할 근육이 키워집니다. 오늘도 게으름과 샛길에 빠지려는 유혹을 1시간씩 견뎌 보세요. 당신은 곧 더 나은 작가 근육을 갖게 됩니다. 그날 작업 종료 예정 시간이 되기 전까지는 어떤 이유로든 그 장소를 뜨는 일이 없도록 하세요. 그렇게 하고 나면 하루 동안 자신이 얼마나 많은 글을 써낼 수 있는지를 발견하고 깜짝 놀라게 될 거예요.

여기서 한 걸음 더 나아가 봅시다. 지금이 어떤 시대입니까? 4차 산업 혁명 시대 아닙니까. 우리가 매일 가지고 다니는 스마트폰을 글쓰기에도 적극적으로 활용하셔야죠. 기본적인 글과 자료는 굳건한 엉덩이의 진득함으로 쓰시고, 일상 중 자투리 시간이나 이동하는 순간에는 휴대폰을 이용해서 추가로 녹음하고 메모하고 음성을 텍스트로 바꾸고 하는 과정으로 집필을 보충해야 합니다. 2권 1부 3장에서 소개할 '잘 안 써질 땐 녹음으로 쓰기' 방식을 책상 앞에서 엉덩이로 쓰기 방식과 병행해서 활용해 보세요.

'그분'이 오실 때까지
기다리지 마라

"글은 그분이 오셔야 잘 쓸 수 있는 거 아닌가요? 저는 필 받을 때는 잘 써지는데 컨디션 안 좋은 날엔 쉬어야 돼요."

흔히 뭔가 신박한 영감을 받았을 때 '그분이 오셨다'고 하죠. '그분이 오셔야 한다' '나는 아직 그분이 오시지 않았기 때문에 글이 안 된다.' '아직 그분이 오시지 않아서 작업에 들어가지 못 하겠다' 이런 식입니다. 이 것은 다 변명입니다. '그분'은 규칙적인 글쓰기에 있어 공공의 적이에요, 적!

집필 모드가 잡힐 때까지 기다리지 마세요. 규칙적으로 집필을 일상의 숙제로 대하세요. 책쓰기나 글쓰기를 사이드 잡$^{side\,job}$(부차적인 일) 정도로 여기는 분들조차도 집필을 일과^{task}(과제)로 대하시길 권합니다. 일과처럼 대한다는 의미? 집필 시작 시간과 종료 시간을 정해 놓고 그 시간만큼 은 어떤 방해나 돌발변수가 생기든 상관없이 시간을 엄수하는 걸 뜻하죠. 진정한 글쓰기의 대가들은 '그분(영감)'이 오실 때까지 절대 기다리지 않습니다.

집필의 모드가 잡힐 때까지 기다린다든가 '그분이 오실 때까지' 기다리지 마세요. 마감 효과를 기대하며 탈고 목표일이 코앞에 닥칠 때까지 기다리지도 마세요. 몰아치기 하는 심정으로 집필에 뛰어들어 갑자기 파고들려고 하지 마세요.

"영감이란 떠오르지 않을 때가 더 많은 법이죠. 영감이 떠오르기만 기다리며 집필을 쉬고 있는 일 따위는 제게 없어요. 저는 매일 글을 씁니다." 소설가 알베르토 모라비아**Alberto Moravia**의 말입니다. 대부분의 성공한 작가들도 이와 똑같은 말을 합니다. 일과로서 글쓰기를 하세요.

토요일이든 일요일이든 공휴일이든 상관없이 매일 그렇게 해야 해요. 휴가로 쉴 때나 여행을 할 때도 노트북을 가지고 가서 매일 글을 쓰기로 정해 놓은 그 시간을 엄수하세요. 반드시 꼭 써야 될 글이 있어서 그래야 하는 건 아니에요(중요한 포인트!). 그동안 힘들게 반복해서 겨우 자리잡아 놓은 규칙적인 패턴을 무너뜨리지 않기 위해서가 진짜 이유에요.

책을 쓴다는 것은 고독하고 내향적인 노동이에요. 그래서 쉽사리 핑계가 생겨서 책상에 앉는 것 자체를 피하는 게 사람들이 가장 흔히 보이는 모습이에요. '오늘은 머리가 아파서' '오늘은 속이 좀 안 좋아서' '어제 잠을 잘 못 자서' '오늘은 필을 못 받아서…' 등등 핑계를 대기 시작하면 끝도 없죠. 저도 다 알아요.

미리 정해 놓은 집필 시간이 되면 바로 책상 앞에 반드시 앉아 계세요. 그리고 바로 집필에 돌입하세요. 누구에게도 말을 걸지 마세요. 누가 말을 걸어오는 것도 금지하세요. 규칙적인 집필 시간으로 정해 놓은 그 시간만큼은 아이들도 못 들어오게 하세요. 배우자나 친구도 못 들어오게 하세요. 화장실 드나드는 습관도 조절하시고, 식사 습관도 조절하세요. 우주 비행사들은 다 그렇게 합니다. 여러분이라고 못할 이유 있나요?

글쓰기에 있어서 리추얼(습관화)의 힘

한창 집중력을 발휘해 잘 썼다가도 한번 어떤 사건/사고로 그 쓰기의 맥이 끊기면 그 흐름을 다시 찾아 들어가기가 여간 어렵지 않습니다. 책 쓰기라는 '긴 글 쓰기'의 경우엔 더욱 그렇죠. 그러니 조금씩이라도 매일매일 루틴화될 수 있도록 신경 써보세요.

책쓰기는 고도의 집중을 필요로 하는 작업이니 분리 독립된 자기만의 시간을 마련해서 쓰는 리추얼을 행하세요. 모든 위대한 사람들은 다 자기만의 리추얼Ritual을 가지고 있습니다. 리추얼은 곧 매일매일 행하는 자기와의 약속이자 자기 강제에요. 리추얼을 행할 때 가장 중요한 것은 환경 세팅입니다. 복잡하고 정신없는 환경으로부터 자신을 뚝 떼어서 분리시키는 환경으로 만드는 것입니다.

집중은 바로 그 분리된 환경에서 나옵니다. 그 고독의 고도의 집중 상태에서 비로소 자기만의 색깔과 내공이 뿜어져 나올 수 있게 됩니다. 리추얼 하면 레오짱의 '새벽 글감옥'이죠. 새벽 글감옥을 어떻게 실천하는지는 '5장 새벽 글감옥 실천 비법'을 다시 한 번 펼쳐 보세요.

매일 규칙적으로 쓰지 않으면 생기는 일

책쓰기에는 기본적으로 극기克己(나를 이겨내기)가 필요해요. 글쓰기가 인간의 기본적인 생리 욕구로 일어나는 일은 아니기 때문이죠. 극기 생활이라고 하면 자기가 정해 놓은 시간에 규칙적으로 글을 쓰는 습관을 뜻해요. 하루도 빠짐없이 그리 하시길 권해요. 매일 같은 시각에 글쓰기를 시작하고 끝내면서 하루하루를 만들어 가세요.

원고를 기분 내킬 때만 몰아서 쓰는 사람들이 대부분이에요. 그렇게 몰아치기하다가 다시 쉬어버리면 어떤 부작용이 있을까요? 아예 책쓰기에 착수하지 못하는 경우가 생기곤 합니다. "며칠이 지나도록 글 한 줄도 못 썼어요"라는 한탄이 절로 나오죠. 그리고는 또 다시 휴식을 합리화하게 돼요. "얼마 전에 몰아쓰기 하느라 고생했으니 좀 더 휴식이 필요해서 그런 거 같아요"라면서요. 그럼 악순환의 고리에 빠지는 거예요. 몰아쓰기는 신체 리듬에 심한 부담도 가져와요. 제가 아는 사람들 중엔 그렇게 몰아치기로 과로를 하다가 병원 신세를 지면서 '긴 휴식'을 치르게 된 사람들도 있어요.

휴식을 너무 길게 가져 버릇하면 흐름을 놓치게 돼요. 많은 분량의 책을 집필할 때는 흐름을 타는 게 중요하거든요. 규칙적인 흐름 패턴을 만들어놔야 책쓰기가 한결 수월해져요. 너무 길게 펜을 놓아버리면 '단절의 갭'이 생기죠. 몰아쓰기 하는 사람들이 내놓는 원고 생산량을 매일 글 쓰는 사람의 생산량과 비교해보면? 몇 달이나 몇 년 단위로 합산해 한번 비교해보세요. 깜짝 놀랄 만큼 뒤떨어진답니다. 글 쓸 때 규칙적인 시간을 투입하면서 휴식을 짧게 자주 취하는 패턴으로 쓰세요.

책쓰기는 사실 생각 에너지를 많이 쓸 뿐 아니라 육체적으로도 엄청난 에너지 소모를 요구하는 작업이에요. 보통 건강한 사람이라면 하루에 6~7시간 정도의 글쓰기 노동이 최대치라고 저는 봐요. 그보다 넘어서게 되면 과로 증상이 나타날 수 있어요. 집필 시간을 조절해서 매일매일 적당량을 꾸준히 쓰는 게 더 좋아요.

참고로 집필 시간 이외의 시간(예를 들어 새벽 글감옥 형태일 경우엔 오후 시간)은 집필보다 덜 창의적인 일로 시간을 보내도록 하세요. 자료를 조사하거나 팩트를 체크하는 일, 사람들을 만나는 일, 참고가 될 만한 이를 인터뷰하는 일, 메모해 뒀던 것들을 정리하거나 타이핑을 하는 일 등등이 되겠죠.

집필 시 쉬이 지치는 현상에 대한 현실적인 대처법

"집필 작업할 때 쉬이 지치거나 쉬이 지루해지는 이유는 뭘까요? 넷플릭스나 유튜브, 드라마 볼 때는 3시간 동안 몰아보기 해도 전혀 지치지 않는데 말이죠??"

넷플릭스 시리즈나 TV드라마 등을 정주행(처음부터 끝까지 몰아보기) 할 때는 오랫동안 쉬지 않고 봐도 지치지 않죠? 그런데 글 쓸 때는 왜 20분만 써도 몸이 배배 꼬이며 힘들어질까요? 왜 그리 쉬이 지치는 현상이 펼쳐질까요?

이건 전적으로 집필에서 찾을 재미 요소를 스스로 부여하지 않아서에요. 사람들은 뭔가 어렵거나 불편하다고 느낄 때 딴짓을 하고 싶어서 몸이 배배 꼬이게 된다고 말씀드렸죠? 힘든 집필을 재밌는 놀이라고 재해석해보세요. 예를 들어 '오늘은 한 꼭지를 마치는 데 1시간 내로 끝내봐야지!'라는 목표를 세워서 그걸 달성하는지를 스스로에게 테스트해보세요. 그것도 집필에 묘한 재미를 줄 수 있어요. 자신의 전 기록을 경신하는 것이 일을 놀이로 만드는 방법 중 하나랍니다. '내가 이 주제에 대해 평소 궁금히 여겼던 문제를 오늘은 독자를 대신해 내가 파헤쳐 보리라!' '새로운 해답을 내가 대표로 정리해 보리라!' '사람들이 궁금해할 만한 문제에 새로운 해법을 내가 오늘 글로써 제시해 보리라!' 이렇게 생각하고 집필을 해보세요. 그럼 집필이 놀이가 됩니다.

　다른 도전 방법도 시도해볼 수 있고요. 예를 들어 타이핑 속도를 어제보다 더 빠르게 해본다든지, 글을 수정할 때 자주 쓰는 자판을 나만의 방식으로 빠르게 사용하는 방법을 마련해 본다든지… 등등. 따분함과 단조로움을 돌파해줄 새로운 도전 과제를 매일 스스로에게 작게 부여해보세요. 그러다 보면 어느새 집필이 일이 아니라 놀이가 될 수 있을 겁니다.

기타 생각해볼 해결법

　컴퓨터와 자판 사이에 내 맘 같지 않게 바로바로 되어지지 않는 버퍼링 현상들이 있죠. 중간 중간 입력 과정, 변환 과정, 출력 과정 등 중에 발생하는 딜레이 현상 말이에요. 거기서 싫증, 기다림, 지루함 등이 생성되는 면도 있어요. 그럼 어떻게 하느냐? 작업 반응 속도가 가장 빠른 최고 사양 PC로 바꿀 것을 추천드립니다(농담하지 말라고요? 농담 아니고 진짜 조언입니다). 디지털 시대에 PC야말로 여러분이 함께 들고 나가야 할 가장 결정적인 핵심 무기니까, 여기에만큼은 절대 돈 아끼시면 안 됩니다. 돈 몇 푼 아끼려다가 세상과의 전투에서 두고두고 지는 게임을 하게 됩니다.

　내가 주체적으로 알아서 내 머리를 계속 굴려야 한다는 데서 오는 당떨어짐 현상도 원인일 수 있죠. 그럼 단순하게 생각합시다. 당을 보충할 간식거리나 커피나 차를 옆에 두고 집필 작업하세요.

'이 무료함이 지루하다'라는 이유를 대시는 분들도 있습니다. 원고 쓰기 작업은 기본적으로 뭔가 빠른 변화가 팍팍 이루어지지 않고 느리게 느리게 진척되는 유형의 작업이죠. 그래서 몸이 배배 꼬일 수 있어요. 그럼 배경음악을 틀어 보세요. 단, 가사 없는 클래식류 음악이어야 되겠죠. 가사가 들리면 자꾸 그 내용을 신경 쓰게 되니까요.

또 음악 소리는 적당히 작게 트셔야 해요. 너무 커서 집중을 방해하지 않게요. 작지만 졸림을 방지해줄 정도로만 크게 조절하세요. 작은 화이트 노이즈도 각성을 시켜줘요. 또, 빠른 변화감을 주기 위해 다양한 참고자료나 다양한 자료 찾기를 동시에 펼쳐놓으며 일하는 것도 해법이에요. 하나가 지루해질만 하면 10~15분 간격마다 다른 일로 스위치해가면서 작업해보세요(인터넷 재미거리로만 빠지지 않도록 주의하면서요).

함께 행군하기의 힘 1:
글감옥 클래스라는 강제성

"혼자 글 쓰는 과정은 정말 외롭기도 하고 유혹도 많아서 힘든 과정 같아요. 뭔가 누가 강제적으로 옆에서 잡아주면 큰 도움이 될 거 같은데 혹시 그런 프로그램은 없나요?"

예비 저자분들의 그런 사정을 뻔히 아는 저 레오짱이 그래서 프로그램을 만들었지 말입니다. 제가 운영하는 글감옥 프로그램인데요, 코로나 전에는 오프라인 클래스였다가 지금은 온라인으로 운영하고 있죠. 글감옥에 참여해 함께 쓰는 것에는 행군한다는 느낌이 주는 강제성이 장점이에요. 매일매일 목표 분량을 제가 숙달된 조교처럼 점검해주는 것도 자극제가 되죠. "(카페에) 숙제 빨리 제출하세요! 빨리 올리세요." 이렇게 코치의 푸시가 있기 때문에 싫어도 마지못해 올리게 돼요. 그렇게 하는 가운데 뭔가가 되어 있고 그런 마법이 일어나죠.

다른 동료 수강생들이 먼저 과제 원고를 올리면? 내 마음도 급해져서 안 쓸 글도 쓰게 되는 효과가 있어요. 또 이 글감옥 과정이 끝나면 내가 잘 안 쓸 걸 알기 때문에 바짝 쓰게 되는 효과도 있어요. 그래서 글감옥 과정 중에 어떻게든 원고를 다 끝내는 게 사실은 가장 현명한 사람이에요. 함께 해야 오래 멀리 갈 수 있거든요. 달리기 할 때 조교의 푸시를 받으면서 다 함께 막 달려버려야지, 혼자 달리기 하면 외롭잖아요? "나 혼자 달리고 있는 거야, 8000m를?" 그러면 되게 쓸쓸하겠죠. 앞에 달리는 사람도 보이고 뒤에 뒤처져서 달리는 사람도 보여야 달릴 맛이 나죠. "야, 같이 가!" 하는 사람들도 있어야 달릴 기분이 나잖아요. 단체 글감옥의 매력은 그런 거예요.

메타버스 글감옥

메타버스 글감옥도 해봅시다. '메타버스Metaverse'는 '가상세계'라는 뜻이에요. '가상'을 뜻하는 meta와 '세계'를 뜻하는 universe의 합성어죠. 1992년에 출간된 SF소설《스노우 크래시Snow Crash》속 가상세계 명칭인 '메타버스'에서 유래했어요. 현실을 디지털 세상으로 확장시켜서 여러 가지 활동을 할 수 있게 만든 시스템이에요. 코로나19 상황이 장기화되면서 가상세계에서 가치를 창출하는 세상으로 사람들이 메타버스를 주목하게 됐죠. 메타버스 관련 기업들은 교육, 헬스케어, 전자상거래 부문 등에서 공격적으로 사업을 확장해 가고 있어요.

원래 레오짱은 코로나 전에 사람들을 실제 '오프라인 글감옥' 안에 가둬 놓는 프로그램을 준비중이었어요. 사람들에게 죄수복을 입히고 죄수 명찰을 달게 하고 핸드폰 빼앗아 집중적으로 글을 쓰게 하는 거죠. 제가 간수로서 사람들을 강제하면 '강제성의 힘' '상황 제약의 힘' 덕분에 글이 순식간에 팍팍 써지거든요. 그런데 코로나 상황이 장기화됨에 따라 메타버스로라도 대리 체험을 시키려고 현재 준비중이에요. 네이버의 자회사인 스노우^{Snow}에서 개발한 제페토^{Zepeto}나 SK텔레콤에서 개발한 이프랜드^{Ifland} 등에서 만들고 있어요. 현재까지는 메타버스 기술이 아주 섬세하진 않아서 그냥 '재밌는 놀이' 정도의 수준이에요. 하지만 앞으로 VR 기술까지 잘 연결이 된다면 더욱 실감나게 글감옥 죄수가 되어 가상세계에서 함께 글감옥을 수행할 수 있을 것 같아요.

레오짱의 메타버스 글감옥

레오짱 저자가 운영중인 글감옥 프로그램에　　메타버스 글감옥 예시
참여중인 예비 저자분들

함께 행군하기의 힘2:
글감옥 메이트라는 강제성

"원고를 쓰다 보면 이렇게 순간순간 '내가 끝까지 할 수 있을까?'라는 생각이 계속 들게 돼요. '나 진짜 끝까지 할 수 있을까?'라는 회의가 들었다가도 다시 자신감에 차오르기도 하고요. 또 어느 순간, '아, 나 이거 할 수 있을까?' 이런 생각이 하루에도 진짜 몇 번씩 왔다갔다 해요."

맞아요. 책쓰기는 쉽지 않은 여정이라 마음이 수시로 왔다갔다 하죠. '내가 드디어 책을 쓰다니… 꿈인지 생시인지 너무 좋아!' 이런 생각이 순간순간 들 정도로 되게 신기하고 새로운 인생을 산다는 행복감이 들기도 했다가, '내가 이 여정을 끝까지 다 해낼 수 있을까' 하는 두려움이 공존하는 작업이 책쓰기 작업이랍니다.

그런데 그런 심정 변화를 지지해줄 짝꿍이 있다면? 너무 좋겠죠! 글감옥 메이트^{mate}(단짝친구)가 있다면 서로 얼굴 보면서 큰 힘이 되어줄 수 있어요. 그게 없다면 끝까지 혼자만의 싸움을 해나가야 하니까 조금 외로울 수 있죠. 심정 변화가 아침저녁으로 자주 일어나는 분들은 글감옥 메이트를 두는 게 많은 도움이 되실 거예요.

여러분끼리의 단톡방이나 줌 창을 여셔서 일정한 시간을 함께 행군하세요. 서로 합의하셔서 "그 시간에 우리 함께 쓰자"하는 방법이죠. 제 수강생 분들 중에 모범 사례가 있어요. 각자 서로 다른 책을 쓰고 있으신데요. 두 분 다 강사인데 한 분은 전업맘에서 워킹맘으로 전환하려는 분이고, 한 분은 풀타임 강사로 활동하는 분이에요. 두 분은 원래 친구예요. 그런데 저에게 나란히 코칭을 받으시다가 둘이 친하니까 글감옥 메이트를 하기로 한 거예요. "새벽마다 우리 줌 화면 켜놓고 출근하기 전에 1시간씩 같이 할래? 못 일어나면 서로 모닝콜도 해주고." 그래서 열심히 둘이 함께 새벽마다 글감옥을 하셨던 거예요.

글감옥 메이트 활동 중에는 거의 아무 대화도 안 해요. 그냥 화면만 켜놓고 다다다닥 다다다닥 서로 원고 쓰는 모습만 보여주는 거예요. 서로를 강제하는 거죠. 결과는? 원고 진척도가 엄청 빨리 나오더라고요. 저도 깜짝 놀랐어요. 제가 물었죠. "두 분 어떻게 이렇게 잘해요? 원고가 뭐 이렇게 말도 안 되는 속도로 나와요?" 그랬더니 "둘이 아침마다 모닝콜 해주면서 매일 1시간씩(실제로는 3시간 이상씩) 쓰고 있거든요." 그래서 제가 "와, 그거 정말 신박한 방법이네요."그랬죠.

다른 분들께도 추천하고 싶은 방법이에요. 가능하면 모든 분들이 이 글감옥 메이트를 활용하시면 좋겠다고 생각했어요. 시간과 성향이 맞는 분을 서로 찾으셔서 일정 시간 동안 서로를 감시하는 거죠. "언제 무슨 시간대에 아니면 특정 요일만 우리 해보자." 하시면서 일주일에 한두 차례만 한 달 정도 함께 해보실 수도 있겠고요. "네가 깨서 아침에 하는지 매일매

일 내가 숙제 검사해줄게. 감독까지는 아니어도 우리 서로를 감시해주
자." 그렇게 어떤 식으로든 약간의 강제성을 부여하면 진행이 엄청 빨리
잘 되더라고요.

아직도 쓰기가 루틴이 안 되는데 방법이 없을까요?

"아직도 쓰기가 루틴이 안 되고 있어요. 저는 옆에 바짝 붙어서 돌봐야 하는 아이도 있고, 삶의 패턴이 꽤나 불규칙적이라서 더 그런 것 같아요. ㅠㅠ 뭔가 방법이 없을까요?"

쓰기가 루틴으로 정착되려면 일단 본인의 라이프 사이클(패턴)에 대한 분석부터 해보셔야 합니다. 평일과 주말 동안의 반복적 일상 시간표가 어떻게 이루어지는지 적어서 살펴보세요. 책쓰기를 위한 루틴을 세팅하는 데 도움이 될 겁니다.

라이프 패턴 자체가 단순하지 않은 분이라면 일정한 집필 리듬을 찾기가 힘들 수 있다는 거 이해해요. 그런 분들은 짬 시간을 적극 활용하시는 수밖에 없는데요, 대개의 경우는 아침 시간이 저녁 시간보다 창작활동(집필 포함)을 하기에 훨씬 낫습니다. 뇌의 집중 에너지가 저녁 시간에는 소진돼버려서 오랫동안 집중도 못할 뿐더러 능률도 오르지 않으니까요.

나는 진짜 야행성이라 새벽엔 힘들다 그러면 밤에라도 시간을 몰아서 써보세요. 매일은 못하시더라도 월, 화, 목요일 3페이지씩이라도 쓰는 걸 목표로 해보세요. 생활 자체를 규칙화시키는 게 루틴 형성에는 최고라고 말씀드렸죠. 불가피하게 루틴 생활을 못하시는 생활 패턴이시라면 그렇게라도 조금씩 전진하시는 수밖에 없습니다. 파이팅!

[홍선녀 예비 저자님] 레오짱님. ㅜㅜㅜㅜㅜㅜㅜㅜ 마지막으로 제가 보낸 원고 좀 다시 보내주세요. 오늘 마무리하려고 했던 초고 100여 페이지 전체가 날아갔어요…. ㅜㅜㅜ

[레오짱(장치혁)] 으잉?

[레오짱(장치혁)] 파일: 초고_북치기박치기.doc

[레오짱(장치혁)] 이것을 말하는 건가용?

[홍선녀 예비저자님] 흑…. 이건 1장 쓴 거 하고 2, 3장 다듬기 전 버전이네요. ㅜㅜㅜㅜㅜㅜㅜ

[레오짱(장치혁)] 아니 근데 100페이지 원고 전체를 삭제해버렸다고요? 평소에 구글 드라이브나 네이버 드라이브 등에 매일 단위로 원고를 백업해놓지 않으셨나요? 원고, 그거 용량 몇 킬로바이트밖에 안되는 데… 겸손한 용량에 비해 콘텐츠 자체는 너무나 손이 많이 가니까 매일 작업 끝나면 즉시즉시 클라우드 드라이브에 백업해 놓으세요. 그럼 부분적으로 날아가도 별 타격 없이 계속 작업을 이어갈 수 있어요. 저는 수년째 그렇게 하고 있어요.

[홍선녀 예비 저자님] 평소에 원고는 외장하드에 저장해놓고 작업해서 클라우드 백업을 안 해놨어요. ㅜㅜㅜㅜㅜㅜ 워드… 얘가 자꾸 이상한 서식이 붙고 용량 부족 어쩌고 그래서… 삭제를 눌러버렸지 뭐에요. ㅜ

[레오짱(장치혁)] 헐! 요즘엔 외장하드보다 클라우드가 백업용으론 더 안전해요. 워드 등의 원고를 쓸 때는 ctrl S(저장) 버튼을 수시로 눌러가면서 하세요.

그게 열 원고의 목숨을 살려줍니다. 삭제 버튼을 잘못 눌렀다 싶으면 ctrl Z(되살리기) 버튼을 시전! 이건 파일 전체에도 해당하는 명령키에요.

[홍선녀 예비 저자님] 오, 되살리기가 파일 전체에도 해당되는군요. 너무 좋은 꿀팁 감사드려요!

중요한 원고 파일은 고작 몇 킬로바이트^{kb}밖에 안 돼요. 그러니 귀찮다 생각 말고 수시로 백업해두세요. 한 단락 끝낼 때마다 백업 명령어인 ctrl S^{save}(저장)를 습관적으로 눌러주세요. 저는 이 습관 덕에 근 20년 넘도록 단 한 번도 문서 파일을 날려본 적이 없어요.

전체 파일 백업도 클라우드에 수시로 해두세요. 혹시 당신은 수입 창출$^{Money-making}$도 못하는 소일거리 영상 하나에 몇 기가바이트^{gb}씩 컴퓨터 용량 차지하며 살고 있진 않으신지요? 당신에게 진짜 수익 창출을 해주는 100쪽짜리 원고 파일은 아무리 많이 채워도 불과 118kb정도밖에 되지 않아요. 그러니 아까워 말고, 귀찮아 말고, 클라우드 드라이브에 날짜별로 매일매일 백업해 놓으세요.

저 같은 경우에는 구글 드라이브에 오전 버전, 오후 버전으로 나눠서 매 버전을 백업해두고 있답니다. 파일 날릴 걱정이 없으니 마음이 편안해져요.

에필로그

이 책에서는 책쓰기에 꼭 필요한 마인드와 기본기, 올바른 기획법에 대해 상세히 알려드렸습니다.

'책을 쓰면 뭐가 좋아요?' 편에서는 여러분이 미처 모르고 있던 책의 놀라운 효용과 활용법을 일깨워 드렸습니다. '책으로 역전승한 13명의 사람들' 편에서는 책을 써서 인생역전급 성취를 일군 제 주변인들의 이야기와 노하우를 알려드렸습니다. '망하는 책쓰기의 7가지 원인' 편에서는 여러분의 책쓰기가 왜 망하게 되는지를 7대 병증 진단을 통해 짚어드렸고, '팔리는 책쓰기의 7가지 대원칙' 편에서는 어떻게 하면 팔리는 책쓰기를 할 수 있는지 그 기본을 알려드렸습니다. '분야별 책쓰기 비법' 편에서는 책 콘셉팅의 기본과 코로나 이후의 출판 트렌드, 분야별 책 쓰기 방법들을 가이드해드렸습니다.

특히 저만의 일급비밀이었던 '절대 지지 않는 책 기획 9가지 시크릿' 보따리는 정말 큰마음 먹고 공개해드린 것이니 소중히 활용해주시길 부탁

드립니다. 아울러 저의 트레이드 마크인 '새벽 글감옥 실천 비법' 편에서는 제 상세 노하우를 전수해드렸고, 책쓰기에 필연적으로 따라오는 '슬럼프를 극복하는 마인드 강화법'도 알려드렸습니다. 책쓰기에 필요한 마인드로 중무장까지 다 하셨으니, 이제 2권을 통해 실전 테크닉을 아주 상세하게 익혀 보도록 해요.

2021년 가을에

레오짱 드림